稀見筆記叢刊

見聞續筆

[清] 齊學裘 撰　林日波 整理

文物出版社

圖書在版編目（CIP）數據

見聞續筆／（清）齊學裘撰；林日波整理．—北京：文物出版社，2023.10

（稀見筆記叢刊）

ISBN 978－7－5010－8159－2

Ⅰ.①見…　Ⅱ.①齊…　②林…　Ⅲ.①筆記－中國－清代－選集　Ⅳ.①Z429.49

中國國家版本館 CIP 數據核字（2023）第 155515 號

見聞續筆　［清］齊學裘　撰

整　　理：林日波
責任編輯：劉永海
封面設計：程星濤
責任印製：張　麗
出版發行：文物出版社
地址：北京市東城區東直門内北小街 2 號樓　郵編：100007
網站：http：//www.wenwu.com
印　　刷：寶蕾元仁浩（天津）印刷有限公司
經　　銷：新華書店
開　　本：880mm×1230mm　1/32
印　　張：16.875
版　　次：2023 年 10 月第 1 版
2023 年 10 月第 1 次印刷
書　　號：ISBN 978－7－5010－8159－2
定　　價：88.00 圓

前　言

中國文言小説發展到清代，出現了繁盛的局面，數量之多前所未有。鴉片戰争之後，隨着列强的入侵，國門逐步被打開，社會政治、經濟、軍事、科技、倫理、文化等諸多方面受到衝擊，道德日頽，風俗漸變。處在這樣一種前所未有的大變局中，許多服膺儒家仁義思想的文人士大夫有意識地撰寫筆記小説，期望藉助文字的力量來明道淑世、敦風化俗。齊學裘在同治十年（一八七一）前後編撰、刊印的《見聞隨筆》二十六卷以及光緒二年（一八七六）刊行的《見聞續筆》二十四卷便順應這股潮流，承襲《閲微草堂筆記》類小説餘緒，隨筆札記，間發議論，呈現出明顯的勸善懲惡的旨意。

民國初期，劉錦藻所撰《清朝續文獻通考》將《見聞續筆》列入『小説家异聞』類，同《見聞隨筆》一樣，若僅着眼於其中有關内容的小説特性，《見聞續筆》與清末數部體式較近於《閲微草堂筆記》的著作一樣，也難免『亦記异事，貌如志怪者流，而盛陳禍福，專主勸懲，已不足以稱小説』[二]的批評。但通覽全書，可以發現《見聞續筆》與《見聞隨筆》的編輯思路已有較大變化，除了與怪异奇聞、因果報應等相關的記載外，齊學裘還大量録存自己不同時期的詩作及家藏畫目録，抄録其父齊彦槐的七篇文章，這些内容實際已經逸出『小説』的範疇，然而爲我們提供了了解齊學裘的身世、經歷的難得資料。

一　齊學裘的生平經歷及其學識養成

齊學裘（一八〇三—一八八三），字子治，號玉谿，安徽婺源西鄉冲田（今江西上饒婺源縣賦春鎮冲田村）人。年垂髫，居鄉從塾師學。生母余氏早卒，年九歲即隨侍其父齊彦槐宦游江蘇。齊學裘少時因患目疾，遂束書不讀。總角之年，從師學琴。年二十三，患病咯血，不能鄉試，欲捐納小吏不果。後遭太平天國兵難，奔走江淮間。年七十餘，始捐納候選府知事。工詩，能書畫，喜收藏，克紹家學。所著除《見聞隨筆》

[一]　魯迅撰《中國小説史略》，北新書局，一九二六年，第二四六頁。

二十六卷、《見聞續筆》二十四卷外，有《蕉窗詩鈔》十四卷、《劫餘詩選》二十三卷傳世〔二〕。

同治末年，年近古稀的齊學裘將祖父齊翀所撰《三晉見聞録》五條抄入其《見聞隨筆》卷二十三中，對『憂畏爲養性之本』一條特發感慨說：『學裘少時患病，中年多故，老來遭難，一生困苦流離，吃虧忍辱，無事不逆，無境不逆，無時不逆。』〔三〕語雖嫌誇張，但字裏行間溢出的酸辛不免令人動容。另外，齊學裘晚年曾作《遺懷五首》，第四首完整地回顧了自己的人生經歷：『我生胡不辰，坎壈多纏身。弱冠病魔擾，廢學六七春。琴畫以養疴，撫摩逢异人。三十家難興，垂釣桃溪濱。弦歌樂山居，梨花香滿林。

〔二〕按，齊學裘生平大概，散見於其晚年所編《劫餘詩選》各詩及相關詩注中，《見聞隨筆》《見聞續筆》諸條目中也有不少其自述身世的内容。關於齊學裘卒年，參見王中秀輯《清末畫苑紀事補白》，王中秀等編著《近現代金石書畫家潤例》，上海畫報出版社，二〇〇四年，第四〇六頁。

〔三〕（清）齊學裘撰，林日波整理《見聞隨筆》卷二十三，文物出版社，二〇二二年，第四九五頁。按，《劫餘詩選》卷七《沱川理源余氏姊殁於丙寅十二月，丁卯五月二十二日裘到申江晤余心軒表弟，方知姊考終之信，詩以哭之》中有『少多疾病』『壯遭家難』『老遇兵燹』等語（清同治八年天空海闊之居增修本，《續修四庫全書》第一五三一册，第四四〇頁）。『丁卯』即同治六年（一八六七）。

中年悲風木，四十入吴門。先集付剞劂，鴻寶壽貞珉。先志能克成，全憑書畫船。交游遍湖海，揮灑如雲烟。東南好山水，一一紀詩篇。西寇一朝至，鼓鼙聲厭聞。汗牛充棟物，半遭劫火焚。萬死不得死，呵護如有神。一葦浮江去，婿鄉居七年。石港菊三徑，揚州月二分。風驅楚氛净，重作無懷民。』[二]

根據詩中所概括，齊學裘的人生經歷大致可以劃分爲六個階段[三]：（一）二十歲前後隨家人居金匱官舍、宜興春暉堂，此一時期齊學裘多病廢學，以琴詩書畫養心安神，生活較爲閑適恬淡。（二）三十二歲時因家難避居綏安山中雲留軒，此一時期齊學裘山居寂寥，以讀書臨帖、詩酒酬唱、結伴登臨諸法排悶；期間長子不幸病殁，乃游歷山水以遣怀。（三）三十八歲時移居蘇州，此一時期齊學裘父親去世，他繼承父志整理家集及所藏書帖，并籌資刊印，爲此往來蘇杭等地售賣書畫，交游甚廣；期間太平軍攻占金陵，江南震動，携家避地宜興兩年多。（四）五十八歲時遭遇兵難，此一時期齊學裘先

[二]《劫餘詩選》卷九，第四五五—四五六頁。

[三] 按，齊學裘人生各個階段的具體經歷，《見聞隨筆》《見聞續筆》《劫餘詩選》中所載頗多，限於篇幅，在此無法展開，僅作綱目式條列，今後將專文論述。

是被困蘇州數月，幾乎喪命，脱險後逃至陽湖，期間回宜興探弟妹消息而無所得，遂渡江至通州石港（今屬江蘇南通），寄住女婿于昌遂（字漢卿）家七年。〔五〕六十五歲時赴上海收拾二弟遺骸歸葬宜興，後應友人上海道台應寶時之邀，移居上海校勘宋儒陳亮文集及亡友蔣敦復文集，此一時期齊學裘寄寓也是園，暇日與新知好友相往來，暢談古今；六年後，齊學裘移寓揚州地官第，與酒朋詩友或登臨攬勝，或節令雅集，此一時期女婿于昌遂亦僑居揚州養志園，常設宴相招；在揚州居留五年，七十五歲的齊學裘爲籌資重刻先人全集重返上海。〔六〕七十七歲時再回揚州，此一時期齊學裘與闊别三年的摯友方濬頤重逢，又得到女兒女婿照應，寓居生活和樂安適。然而不久女婿于昌遂即携子遠赴西安謀職，方濬頤亦欲歸合肥，不覺黯然傷神。

齊學裘早年從其父學詩，規模韓愈、蘇軾等唐宋名家，自言『兒時好吟咏，詩思頗不遲。努力師古人，心摹而手追。先子見詩笑，兒心樂無涯』〔二〕。詩作卓煉清超而不失少

〔二〕《劫餘詩選》卷十一《方子箴都轉己巳除夕與許叔平明府聯句，用東坡三首韵索和，次韵酬之》，第四六八頁。

年英發之氣，『以詩名著江左，文人咸相引重，以爲綽有父風』〔一〕。齊彦槐宰金匱及移居宜興之初，詩友劉開屢到訪，二人夜間談論古詩文辭亹亹不倦，齊學裘侍坐達旦，獲益良多。道光元年（一八二一）十九歲的齊學裘讀到前輩盛大士（一七七一—一八三九）的詩，有感而作《寄懷盛子履先生》七律二首表達傾慕之情。盛大士見詩之後贊賞有加，『許以近古』，指出齊學裘『駸駸乎入退之、子瞻之室』，誠爲明敏〔三〕。

齊彦槐所藏書畫品類甚多，摩挲久之，鑒別經驗日富，年少的齊學裘恭聽教誨，年過古稀尤記憶不忘。同治十三年（一八七四）秋，七十二歲的齊學裘爲其父《先大夫雙溪草堂書畫録》作跋稱『兒時過庭，親聆教勘書畫法帖真僞，歷代紙絹墨色异同，骨董

〔一〕（清）吴鶚修，（清）汪正元纂《婺源縣志》卷二十《人物志四·經濟·齊彦槐傳》，清光緒九年（一八八三）刻本。按，《劫餘詩選》卷三《壬戌除夕遣懷四章用漢卿雪中謁富都護感懷原韵》其二注：『辛巳（道光元年，一八二一）除日雪，先大夫用東坡《聚星堂》韵作《雪》詩，命裘和之，先大夫復作詩示裘。』第四〇四頁。又，齊彦槐十四歲從姚鼐學作文，二十歲以詩謁袁枚，『驚爲曠世异才，以遠大期之』，『所爲詩元本風雅，胎息於杜，出入於韓、蘇，撫時感事，有爲而作者居多，不屑屑於絺章繪句』，見（清）方濬頤撰《二知軒文存》卷三十四《金匱縣知縣齊梅麓先生墓表》，《清代詩文集彙編》第六六一册，上海古籍出版社，二〇一〇年，第五一九、五二一頁。

〔三〕（清）齊學裘撰，林日波整理《見聞隨筆》卷二十四《盛子履》，第五〇六、五〇八頁。參見（清）盛大士著，葉玉校注《溪山卧游録》卷三，西泠印社出版社，二〇〇八年，第一四三頁。

家造作半真半僞之流弊』[一]。齊彦槐在金匱任上八載，期間友人往來，不乏深諳書畫創作者，齊學裘屢受教益。當時書家陳希祖（一七六五—一八二〇）嘉慶二十五年（一八二〇）告老返鄉，舟過梁溪，逗留月餘，暢觀齊彦槐所藏書畫，興到臨池，『命學裘伸紙，耳提面命，口傳八法，囑裘觀其運腕運肘之法，不必觀其落紙之書』[二]。還有展露性情的婺源黄啓多，嘉慶十七年（一八一二）泊舟錫山驛，訪齊彦槐於官舍，流連十日，『吟詩作畫，醉舞狂歌，無一不驚人心目』，年僅十歲的齊學裘親見其『氣宇軒昂，筆墨超妙，衣服華麗，侍從衆多』[三]，心靈頗受震動，晚年回憶時仍描繪如生。

齊學裘受到父親熏染，亦有好古之風。十五六歲時，齊學裘獲得一件周代饕餮尊，居家之日片刻不離，中年困頓，『處境愈窮交愈堅』[四]。正是少年時期養成的興趣和與日俱增的學識，齊學裘於道光二十年（一八四〇）寓居蘇州後，儘管囊中羞澀，仍多次鑒

[一]《見聞續筆》卷十九。

[二]（清）齊學裘撰，林日波整理《見聞隨筆》卷二十五《陳玉方先生》，第五二五頁。

[三]（清）齊學裘撰，林日波整理《見聞隨筆》卷二十六《黄啓多》，五六五頁。

[四]《見聞續筆》卷十六《周饕餮尊歌》序稱：『余得此尊三十載矣……偶有所感，歌以紀之。時丁未十一月二十一日也。』

購古物，道光二十五年（乙巳，一八四五）買入一把鐵壺，并作詩紀其事[一]。時隔約兩年，道光二十七年（丁未，一八四七）又購入一個鐵爐，與鐵壺相配，亦作詩紀其事，自言『嗜好與俗酸鹹殊』，將鐵爐視作『娱我清懷慰客居』的知己[二]。道光二十八年（一八四八）五月十六日舟泊揚州，齊學裘至市廛訪古，重價購得周齊乙公萬壽尊鼎，『傾囊購買喜不勝，珍重載歸忘飢渴』[三]，次日又獲周諸女尊，『頓增氣色書畫船』[四]。齊學裘對所獲一鼎一尊的尺寸、款識詳加記載，并考定其真，與早年家藏周代饕餮尊、漢代銅龍滴水器一齊視作珍寶[五]。

[一]《見聞續筆》卷十六《鐵壺歌》。
[二]《見聞續筆》卷十六《鐵爐歌》。
[三]《見聞續筆》卷十六《周齊乙公萬壽尊鼎歌》。
[四]《見聞續筆》卷十六《周諸女尊歌》。
[五]齊學裘嘗自言，道光二十八年秋七月二十四日，見一古董家持古銅器易楊振藩（號蕉隱）所藏华嵒畫，其以器爲真，而左輝春（字青峙）則定爲贋，二人互致長信進行辯論，繼而又面争，相持不下。待心平气和後，乃細審銅器的體制、款識，始知其僞，贊左氏爲良友。（《見聞續筆》卷十六）

二 《見聞續筆》的内容特點及其價值

與前期《見聞隨筆》典型的志怪小説集相比，《見聞續筆》二十四卷所載内容相對比較駁雜，大體包括四類：第一類是摘録他人筆記，如吴存義《雲軺録》、方士淦《蔗餘偶筆》，共四卷；第二類是齊學裘親見及其同鄉、朋友、親戚等人的轉述或親歷的奇人异事，形諸文字，并揭示其中寓含的『道理』，間或附録相關詩文，共有七卷；第三類是齊學裘的大量自作詩文，涉及早年至晚年的不同時期，共有八卷；第四類是齊學裘抄存先人遺文及家藏書畫目録，共有五卷。

關於《見聞續筆》體例不純的疑問，齊學裘好友方濬頤撰《玉谿見聞續筆序》稱當時已有人提出：『是編多載詩歌，未免有乖體例。』方濬頤指出：『古人不必具論，請讀阮文達之《小滄浪筆談》《定香亭筆談》，即可以廢然返已。』其實與阮元兩筆記圍繞『小滄浪』『定香亭』等人文歷史景觀記述仕宦履迹并録存詩歌的特點不同，《見聞續筆》中八卷詩歌僅是齊學裘某一時期或某一類創作的彙編，缺少具有歷史深度和時代廣度的解説，價值難與阮元之作同日而語。

就第一類而言，有保存史料的價值，吴存義《雲軺録》現已不存，賴《見聞續筆》保存三十則，内容涉及雲南的山川景物、時節風俗、人文世情等，與齊學裘生活的江南地區大异其趣。如卷一《梯田》條稱：『東西迤數千里，重巖複嶺，坡陀漫衍，無一平區。農田皆依山開築，塍隰層叠，隨山高下，謂之梯田。』時至今日，雲貴一帶極富地域特色的農耕文明特色及其體現出的勞動人民智慧，仍能令人嘆爲觀止。他如《開化夷人》《草籤》《師娘》《夷婦拿魂》等均記述了雲南偏遠地區少數民族較爲普遍崇信巫卜、消除疾患甚或害人的社會風俗。《夷婦拿魂》條即載：『東川聒通間，夷人有變爲虎爲馬爲牛羊者，挾一帚於後咒之，即變爲諸獸形，怖人於路而奪其貨。即不行劫奪，亦必月三四變，云可免疾病。』另外，《新纂雲南通志》根據《見聞續筆》的記載，採録《雪山》《繩渡》《梯田》《壙神》《芭蕉膽》五條[一]，是其史料價值展現的一個方面。

吴存義（一八〇二—一八六八），字和甫，安徽休寧人，寄籍江蘇泰興。道光十八

[一] 李斌等點校《新纂雲南通志》卷二百六十三，雲南人民出版社，二〇〇七年，第五五八—五五九頁。

年（一八三八）進士，官翰林。道光二十二年任雲南學政。咸豐五年（一八五五）任雲南鄉試正考官，又留爲學政。在任期間，吴存義視學勤謹，當地學風漸變，『士民益親學使如家人』[二]，頗有功於地方文教發展。吴存義兩番任職於雲南，前後八年，《雲軺録》從書名到内容都反映了其任職邊徼的人生經歷和學識積累，有助於研究者更全面地了解他。

就第二類而言，同《見聞隨筆》一樣，齊學裘『用心在勸善懲惡，假之神道，使賢者知其意，愚者震於因果報應，而增其向善之心，是深有功於世道人心』[三]，當然在今天看來其記事大都怪誕不經，且繁雜無統緒。略作歸納，有關於作惡遭譴、行善德報或殺人被索命，如《董阿祥投子報怨》《貪酷惡報》《胡翁德報》《盗女報仇》等；有關於動植物异聞，如《蝦游天際》《竹枯示兆》《犬鳴冤》等；有關於鬼神精魅，如《狐

[二]（清）譚獻《誥授資政大夫封光禄大夫吏部左侍郎吴公行狀》，（清）譚獻著，羅仲鼎、俞浣萍點校《譚獻集》，浙江古籍出版社，二〇一二年，第七七頁。關於吴存義的事迹，還可參見（清）許奉恩著，文益人點校《里乘》卷六《吴和甫侍郎軼事》，齊魯書社，二〇〇四年，第一四九—一五一頁。

[三] 中國科學院圖書館整理《續修四庫全書總目提要（稿本）》第十二册，齊魯書社，一九九六年，第八〇頁。

婿》《烏魚精》《蜈蚣精》等；有關於孝子烈婦，如《朱孝子》《李義僕殉主難》《劉烈女》等；有關於太平天國戰爭，如《朱小尊》《張麻子》《費姓善報》等；有關於親友言行事迹，如《吴侍郎德政》《先大夫送唐石佛入焦山歌圖題咏》《張壽齋先生家傳》等。

總體而言，這一類材料涉及清代社會生活諸多方面，如卷七《花爆落鬼》條無錫人潘晝堂稱『吾邑風俗，嫁女出門，輒放九龍入雲花爆爲樂』，《雷擊奸騙》條載『蘇州至杭嘉湖及各村鎮，有所謂航船者，人納一緡，得一席地，男女混雜，最爲不堪』，等等，可以增長我們的知識，豐富我們的感知。涉及太平天國戰爭的細節描述，如卷二十《朱小尊》條載咸豐十一年（一八六一）『五月初二日，賊首僞侍王帶馬隊賊數千騎、步隊賊萬餘，冲出金華府東門直逼曾營，不一時曾營大潰，尸横遍野，血流成河，曾提台、滕都戎陣亡』『賊首拉兩廣兵至侍王府，侍王命捆柱上，破腹挖心，慘不可言』，《張麻子》條載『西寇所到，殺人如麻，尸積遍野。有何氏子年二十餘，逃至丹徒界，意欲逃避江北，途中適與賊遇。何見賊旗逼近，無處躲藏，急將尸覆身上以避賊』，等等，使我們對戰亂造成的慘象有直觀的了解、沉痛的感受。涉及對傳世書畫文獻的考證，如卷八

《〈澄清堂昇元帖〉考》載『《澄清堂古帖》一卷，中刻虞世南、褚登善、顔魯公、賀知章、徐季海唐五人書，清潤天授，神彩奕奕，紙墨細膩，古香撲鼻』，『帖前有「澄清堂帖」四字，帖尾有「昇元二年三月建業文房模勒上石」十四字』，『汪宗魯仲儒跋……云：「此帖傳於董大宗伯，授受有緒，真罕世奇珍，臨池寶筏也。」余謂此帖前署「澄清堂」，後記「昇元二年」，合人莫解其故，以兩帖之名合爲一帖之款識，是耶非耶，真耶僞耶，是一是二，余不得而知矣』，齊學裘論所見《澄清堂帖》的諸家筆迹、墨色，考其命名、流傳情況，并對『澄清堂』『昇元』合名一帖提出是非、真僞的疑慮，進而希望尋找機會訪求『杭人吴曉帆觀察煦家藏《昇元帖》全部』，『當著《昇元帖考》以解疑團』。此外，涉及訴訟斷案的條目，光緒三四年間胡文炳編刻《折獄龜鑒補》時收入《成衣匠奸計》《淫婦殺子伏誅》《梁心芳廉訪結獄》《陸給諫懲無賴僧》《丘大惡報》五條，且着眼於刑法述説，對標題和内容進行了修改，如將《梁心芳廉訪結獄》改爲《翁劫媳棺》，將《丘大惡報》改爲《謀産毒計》；將《丘大惡報》條末『天報極惡，侍於丘大一破其例，造物之巧，較丘大錦囊如何爲哉』前後七十餘字刊落。

齊學裘早歲因病棄科舉，中年經營書畫，法帖鑒賞經驗豐富，咸豐初年曾刊行《宝褉室法帖》初集十二册，并有續刻二集、三集的計劃，當時書法名家包世臣爲作序，稱賞有加〔二〕，《〈澄清堂昇元帖〉考》當有一得之言。然而近代學術大家容庚根據齊學裘的記載，疑此《澄清堂帖》爲僞造，其《澄清堂帖考》稱：『案所見三卷本，「澄清堂帖」之下還有卷數，此卷没有。帖尾年月，前人所記都没有，疑是僞造。海山仙館摹古帖卷八刻有南唐昇元帖殘本，實乃僞刻。帖尾也有「昇元二年三月建業文房模勒上石」楷書兩行，祇是「五月」和「三月」的小小差异。』〔三〕

另外，卷八《得墓圖先兆》附録阮元《跋得墓圖》一文，即《揅經室三集》卷四《鄭氏得墓圖跋》，除個别异文外，附録之文尚有『嘉慶甲子夏五月，阮元書於杭州節院』的落款，可補集本不足，且有助於阮文繫年和年譜的編訂。卷八《先大夫送唐石佛入焦山歌圖題咏》詳細記載了今已難覓踪影的石佛之石座上所刻文字，可資輯佚，且所附相關詩作九首，頗有與現存别集中諸作不同之處，可互爲校勘，尤其如張井一首，其

〔二〕（清）齊學裘撰，林日波整理《見聞隨筆》卷一一《包大令》，第二一九—二二三頁。
〔三〕曾憲通編《容庚文集》，中山大學出版社，二〇〇四年，第三九〇頁。

《二竹齊詩鈔》（道光十五年刻本）卷五無『石佛詩成效柏梁』至『肉髻光連清寄堂』八句及詩注，有補佚價值。

就第三類而言，可根據相關詩作梳理出齊學裘早年的心境和游歷，以《陽羨綏安詩》上下卷（卷九、卷十）爲例。道光十四年（一八三四）齊學裘遭家難，不得不携家眷寄寓宜興西南綏安山中（張渚鎮）鈞橋村雲留軒[二]。相比於東鄰西舍漁樵農耕的終日奔勞經營，不事稼穡的齊學裘飽食之餘，時或抒發『山居落寞少人過』（卷九《秋聲篇》），『空山罕人迹，寂寞與誰交』（卷九《山居十首，用皮陸〈郊居〉韵》〔其二〕），『空山苦寂寥，默默我何堪』（卷九《清談》）的孤苦心緒。爲了消解山居造成的百無聊賴，齊學裘或是讀書以銷永日，其詩云『離群而索居，終日苦寂寞。何以破寂寞，閉户抱書讀。日長如小年，讀書苦不足。何以補不足，日盡繼以燭』（卷九《山中讀書》），又云『何事破寂寥，萬卷勞雙瞳』（卷十《遺懷》）；或是臨帖佐酒、賦詩排悶，其詩云

[二] 參見（清）齊學裘撰，林日波整理《見聞隨筆》卷四《天開眼》（第六四頁）、卷六《三足能》（第一〇三頁）、卷八《雲留軒狐》（第一六一頁）、卷十一《潘明經》（第二一三頁）、卷二十四《盛子履》（第五〇七頁）諸條。

『細界烏絲臨古帖，沈酣緑蟻破愁顔。東軒延佇頻搔首，一卷新詩待友删』（卷九《山居偶成》），又云『如何排悶好，日夕賦新詩』（卷九《山居十首，用皮陸〈郊居〉韵》〔其四〕），『愁魔既揶揄，窮鬼復來前。吾以詩驅之，敢不爲深潛。可以忘我憂，可以窮歲年』（卷九《論詩三首》〔其三〕）；或是與訪客清談盡興，繼而切磋詩作，其詩云『忽聞佳客來，快與爲清談。今宵好風月，前山横夕嵐。各將近作詩，津津道再三』（卷九《清談》）。

遠離都市喧囂，擺脱塵俗煩擾，閲歷既多的齊學裘曾於『山居無一事，獨坐雲留軒』（卷九《静坐》）之際反躬自省，作《遺懷》七首吐露胸臆。就交友而言，齊學裘自謂：『人心不可測，君子貴擇交。我生好交游，至契在衡茅。初交城北徐，謂伯宏。把臂如同胞。繼交潘郊老，謂曉村。相投如漆膠。急難相扶持，文字相推敲。一日不得見，中心如煎熬。三人永爲好，骨相皆孤高。』（卷十）徐伯宏、潘曉村皆爲諸生，其父輩均沉淪下僚，家世與齊學裘相近，性情意氣亦相得，三人遂成爲摯友。徐伯宏、潘曉村之外，與齊學裘志同道合者仍復不少，彼此間你來我往，時常結伴出游，『行行二三里，歡笑竟無涯』（卷九《同諸君游仙人洞》），崇岡、龍池、惠山龍光塔、廣德太極洞、澄光寺、虎跑山、仙人洞、鷄籠山……『登皋以舒嘯，臨流而賦詩』（卷九《將游太極洞，得詩三首》〔其二〕），排解寂寞。尤其是齊學裘所居綏安山中多梨樹，綿延三十里，每當花時，『連天雪白香成國』[一]，齊學裘置酒高會，良朋歡聚，連日賞花賦詩，『如徐祖香、伯宏、慕雲、朱橘亭、崔仲綸、戴柳堂、陳文俊、文新、文耀、蔣安壽諸君，飲酒賞花，同吟香雪，不工詩者，罰之以酒，作十日游。長夜飲，互爲主賓，詩箋滿壁，五色琳瑯，顔之曰「詩世界」，即余所居雲留軒也』[二]，雲留軒裏觥籌交錯，翰墨淋漓，笑語盈耳，熱鬧异常。此外，來新夏先生依據卷九《收租行》一詩序中記載的齊學裘赴宜興收租情形，闡發己見稱：『「得米數十石」爲地租，其他各物則爲若干附加租。地主階級的「快然自足」，正是農民階級在痛苦呻吟。剥削榨取之酷，於此可見。』[三]

此外，卷二十四《吴門出難記》一文詳細記述了咸豐十年（一八六〇）四月十二日

[一]《見聞續筆》卷十四《古樹名花詩·綏安山中梨花盛開，詩以賦之》。
[二]（清）齊學裘撰，林日波整理《見聞隨筆》卷十一《潘明經》，第二一三頁。
[三] 來新夏《清人筆記隨録》，中華書局，二〇〇八年，第三八二頁。

至十一月二十二日，齊學裘被太平天國軍圍困在蘇州時的遭際。此文初稿乃齊學裘因摯友方濬頤詢問其當時情形而據回憶寫成，後經方濬頤删改，因此方濬頤《二知軒文存》中也收入此文，具有較高史料價值。齊學裘原稿輾轉流傳，民國時期爲學者龍沐勛（字榆生）所得，其詳加校録，以《庚申蘇城見聞録》爲題刊載於《中和月刊》，其題記稱『此卷爲婺源齊學裘手稿本，前歲偶於金陵莫愁一小肆中收得之。所記爲咸豐十年夏忠王李秀成入蘇州時事，雖屬見聞瑣屑，要足以資譚助，廣异聞，亦治太平天國史者之絶好資料也』，『適瞿兑之先生索爲録副，備載《中和月刊》』，落款爲『癸未春分前三日，龍沐勛識於金陵寓齋』〔二〕。手稿本文字恰可與方濬頤删改本文字對勘，二者之間差异不少，這一文本頗具典型性，有值得深入探究的價值。

就第四類而言，齊學裘抄存其父齊彦槐代表性文章七篇，涉及天文學説、漕糧海運説、賑災之法等。據史料記載，齊彦槐雖然沉淪下僚，但他勤廉愛民，善施惠政，具經濟才，名流賢達喜與之交游，『同時鉅公長德，陶文毅公外，如潘榕臯、韓桂舲、

〔二〕龍榆生《庚申蘇城見聞録·題記》，《中和月刊》一九四三年第六期。

張芥航、陳芝楣、梁茝林諸大老先生，或以尊行，或以上官，率忘形爾汝，傾倒特至』[二]。諸人之外，齊彦槐亦曾與林則徐書信往還，并附詩作求教。道光三年（一八二三），林則徐在江蘇按察使任上辦理水災賑濟事宜，即寫信向齊彦槐咨詢其知金匱縣時的賑災經驗[三]，齊彦槐《復林少穆廉訪書》稱『接奉手書，猥以彦槐所呈憂旱諸詩及金邑捐賑録，爲尚有可取，嘉許過當，至不敢承。復承詢及前書勸民買米之説，反復推求，必得一當……今歲水災，爲江蘇數十年來所未有，民間之苦較甲戌之旱爲尤甚，荒政之辦固不待言』，『附呈拙詩二首，伏乞教定』。二人交誼還體現在齊彦槐所製龍尾水車得到林則徐的稱賞、推廣，以及齊彦槐撰、林則徐書的《陳玉方先生家傳》等方面。至於齊彦槐的天文學實績，則是一架至今還保存在中國歷史博物館的、能轉動的天球儀，據其上『時上章攝提格仲吕月婺源齊梅麓監製』的題款，可知此儀鑄造於道光十年（一八

[二]（清）方濬頤撰《二知軒文存》卷三十四《金匱縣知縣齊梅麓先生墓表》，《清代詩文集彙編》第六六一册，上海古籍出版社，二〇一〇年，第五二一頁。

[三] 參見來新夏編著《林則徐年譜新編》，南開大學出版社，一九九七年，第一一九～一二〇頁。

三〇）〔二〕。梁章鉅（字芷林）稱嘆：『齊梅麓太守彦槐以精銅製天球全具，界以地平，中用鐘表之法，自能報時報刻，以測星象節候，不差毫釐。』〔三〕關於齊彦槐的漕糧海運思想，可參考倪玉平《齊彦槐與道光初年海運》一文的詳細論述〔三〕。關於齊彦槐的《雙谿草堂書畫録》，大類以卷、册、軸區分，然後又按照『家鷄野鶩同登俎，春蚓秋蛇共一奩，君家兩行十三字，氣壓鄴侯三萬籤』分裝二十八匣，如『家字匣』中裝：『唐王右丞精能山圖，卷。唐林藻《深慰帖》，卷。宋蘇文忠書方玄英詩，卷。宋黄山谷書梵志詩，卷。米虎兒海岳庵圖，卷。墨皇定武《蘭亭》，卷。米南宫書《崇國公墓志銘》，卷。黄山谷草書《臘梅三咏》，卷。夏禹玉山水，卷。元吴仲圭山水，卷。錢舜舉竹林七賢，卷。明沈石田設色花卉，卷。楊椒山書《雁山記》，卷。陳白陽花卉，卷。陸包

〔一〕中國歷史博物館編《華夏之路（四）》，朝華出版社，一九九七年，第二五八—二五九頁。參見胡炳生、郭懷中著《安徽科技簡史》，安徽師範大學出版社，二〇一〇年，第一〇〇—一〇一頁。

〔二〕（清）梁章鉅《浪迹續談》卷八《自鳴鐘》條，（清）梁章鉅撰，陳鐵民點校《浪迹叢談　續談　三談》，中華書局，一九八一年，第三九〇頁。

〔三〕中國社科院歷史研究所清史室編《清史論叢（二〇〇六年號）》，中國廣播電視出版社，二〇〇六年，第二一二—二二三頁。

卷。吴漁山雲山，卷。仇十洲輞川圖，卷。惲南田三花，卷。』唐宋元明名家山翎毛，卷。吴漁山雲山，卷。仇十洲輞川圖，卷。惲南田三花，卷。』唐宋元明名家匯聚，展卷琳瑯滿目，誠所謂『佳本甚多，頗足以爲鑒賞家之資也』[二]。可惜經歷了太平天國戰亂，齊彦槐創建的宜興湖山書畫樓，『了無一物，三徑全荒』，但在齊學裘眼中，相比於冒辟疆水繪園、錢謙益絳雲樓、阮元文選樓等樓閣損毁，藏品隨之蕩滅，其家『樓未毁而樓中書畫流落人間猶有存者』（卷十九跋語），時移世易，今日亦全然不知所終矣。

三 《見聞續筆》的編刻及其流傳

關於《見聞續筆》編刻、流傳情况的材料頗難得，僅就目前所見略述如下：

方濬頤《玉谿見聞續筆序》稱《見聞隨筆》二十六卷『梓以行世』後，『玉谿則坐隨安室，手操不律，矻矻寒暑無少休，近復成《續筆》若干卷，屬予序之』。按，《見聞隨筆》始刊於同治十年（一八七一），若依方氏所言爲據，則《續筆》的編纂當始於此

[二] 中國科學院圖書館整理《續修四庫全書總目提要（稿本）》第十二册，第八〇頁。

年。又，方濬頤《序》落款時間爲『同治癸酉秋七月』，王春寅《題跋》落款時間爲『癸酉孟春之月』，同治癸酉即同治十二年（一八七三），則《續筆》在同治十年至十二年間完成的『若干卷』或已具全書雛形，而後又經過兩年編集纔最終定稿刊行，牌記稱『光緒二年刻於天空海闊之居』。

爲《見聞續筆》題辭、題跋者僅有孫簪勛、劉熙載、潘曾瑩、王春寅四人，相比於《見聞隨筆》，《見聞續筆》在齊學裘友朋間流傳并不廣。約在光緒五年（一八七九），潘曾綬讀到《見聞續筆》後，賦詩一首寄給齊學裘，齊學裘隨即次韻一首寄呈[一]。民國八年（一九一九）《見聞續筆》進入了常熟地方官員徐兆瑋的閲讀視野中。徐氏在民國八年二月七日至十二日的日記中連續記録了每日『閲齊學裘《見聞續筆》』二到六卷不等的情況，但没有任何闡發，倒是二月五日徐氏曾翻及卷四《周文矩雪擁藍關圖》條，稱：『周文矩《雪擁藍關圖》，原書作劉松年真迹，此則當從《續筆》，以此圖即齊氏藏

[一] 《劫餘詩選》卷二十二《次韻奉和潘紱庭丈（曾綬）題〈見聞續筆〉五律一首，即寄都中》，并附録潘曾綬《題〈見聞續筆〉寄玉谿》，第五六六頁。按，《劫餘詩選》中詩作大致按時間順序編排，此詩處於己卯年即光緒五年詩作間，故繫在此年。

畫，不容有誤也。』[一]

《見聞續筆》版本簡單，全本僅有光緒二年（一八七六）天空海闊之居刻巾箱本，北京大學圖書館、清華大學圖書館、北京師範大學圖書館、南開大學圖書館、鄭州大學圖書館、復旦大學圖書館、華東師範大學圖書館及中國國家圖書館、南京圖書館等高校及公共圖書館多有收藏，皆屬同一版本系列。本次整理以《續修四庫全書》影印華東師範大學圖書館藏本爲底本，其中漫漶殘缺之處，參照南圖藏早期印本補足。書中誤字較多，整理時已儘量改正并出校記，對於齊學裘自作詩文及其摘録父親及師友的詩文、筆記等内容，大都據原書（如齊學裘《蕉窗詩鈔》、《劫餘詩選》、齊彦槐《梅麓文鈔》、方士淦《蔗餘偶筆》等）進行了校改，但難免有所遺漏，懇請讀者不吝指正；至於『戍』『戌』『己已巳』『剌刺』等形近誤字則徑改，『元』『邱』等避諱字則回改爲『玄』『丘』。限於學識，本次整理在文字、句讀方面定然存在疏誤，尚祈方家匡我不逮，以期將來能有進步。

[一]（清）徐兆瑋著，李向東、包岐峰、蘇醒等標點《徐兆瑋日記·劍心簃日記》，黄山書社，二〇一三年，第一九五一頁。

玉谿見聞續筆序

文人不可無筆，玉谿則兼擅三絶，横掃千人，玉谿可謂有筆矣。予兒時常聞先大夫言玉谿之孝心，竊志之不忘。及來揚州見玉谿，則固罣罣然一隱君子也。迹其内行敦篤，終始勿渝，故天佑善人，雖陷賊中，卒能縋城而出。年過花甲，聰明强健，猶日以書卷自娱。爰舉數十年來目見耳聞之事，擇其有關風化、堪備勸懲者，隨筆紀之，得二十六卷，梓以行世，中外士夫幾於家置一編。而玉谿則坐隨安室，手操不律，矻矻寒暑無少休，近復成《續筆》若干卷，屬予序之。

予惟用筆之道不同，有直筆，有曲筆，有正筆，有重筆，有輕筆，有放筆，有縮筆，且有鋪張之筆；有反筆，有簡括之筆，有烘托之筆，有針對之筆，有典雅之筆，有游戲之筆，而絶不可有一俗筆，有一率筆也。若玉谿之筆，玉谿自知之，何待予之饒舌？而予獨嘉其講因果，説禍福，婆心苦口，足令頑石點頭，則言近旨遠，又儼若畫家之雙管齊下也。其傳世，奚疑焉。或難之曰：『是編多載詩歌，未免有乖體例。』予應之曰：

『古人不必具論，請讀阮文達之《小滄浪筆談》《定香亭筆談》，即可以廢然返已。』

同治癸酉秋七月，定遠方濬頤撰

題　辭

宣城孫簪勛小尹

此日騷壇熟主盟，客途何幸遇先生。千秋史筆褒忠節，一代詩才寫性情。克紹箕裘完素志，君刻尊先祖父遺稿并《寶稧室古今法帖》，皆承先志也。兼精書畫擅奇名。大江南北游踪遍，贏得公卿倒屣迎。

自是君身福德全，高人名士地行仙。素甘淡泊心常泰，曾履憂危體愈堅。豪興長存惟好友，前因雖悟不參禪。君夢前生爲僧。早知述作能傳世，更祝康强到百年。

題跋

尊著《見聞隨筆》刊就，讀之曷勝忻慕。先生積數年而成此書，神閑意暇，力果心精，均爲不可幾及。至其旨關勸戒，有裨世道，其美更未易一二言也。

興化劉熙載融齋

承示《隨筆》一部，言之有物，意在勸懲，與搜神志怪迥別。佩甚佩甚！

吴縣潘曾瑩星齋

玉谿先生《見聞隨筆》據事直書，筆力復能深入顯出，足以達其所見。至寫勸懲之處，直令雅俗共賞，有功於世道人心，洵非淺鮮，定與前明郎公之《七修類稿》、本朝紀文達公之《如是我聞》四種并傳於世，巨眼有瞳者當自識之。

江都王春寅熙臺

癸酉孟春之月謹跋

皖江張德堅石朋

三不朽之義，立言其一也。然必如是立言，斯不朽耳。先生住世七十年，交友遍海内，所見所聞輒筆記之，正同暮鼓晨鐘，發人聾聵。在儒宗爲有功世道人心之文，移易風俗，足以佐中興郅治。况是粲花妙舌，何异生公説法，能令岩石點頭，在大雄氏又爲無上等咒。當與宋槧《漢書》、天竺《陀羅尼經》并用檀木爲匣，什襲藏之，以備净几晴窗，焚香快讀也。

同治十一年壬申六月，鄉晚張德堅拜識〔二〕

〔二〕此題跋原無，據南京圖書館藏同治十年刊本補。

目録

卷二十一

卷一

婺源　齊學裘　子治

吴和甫太史

休寧吴和甫太史存義寄籍泰興，道光己酉之冬，余載書畫出游清淮，返棹至泰興，訪太史於城中，留談兩日，吟詩讀畫，樂不可言。太史贈余詩云：『雲璈聲寫衍波箋，別有霓裳咏衆仙。一樣玉谿生性格，不將錦瑟感華年。』『紅樹滄江一棹開，衝寒十里載詩回。豪情更作游山約，泰華峰巔槖筆來。』『淋漓畫稿染烟霞，海岳風華擅一家。好是雙谿草堂上，釣橋春雨寫梨花。』『料峭西風撲綺窗，酒波燈影夜幢幢。更闌聽説神仙事，爲我邗溝訪雪江。』

越一日，余早起開船時，太史同余振衡先生、明欽五參戎同來畫舫作竟日談，暢觀書畫，題余仿大痴畫卷云：『去艣動波影，我來重繫船。樹雲邀後晤，書畫得前緣。蒼翠大痴筆，清泠中散弦。夜深有虹月，真似米家船。』跋云：『玉谿大兄舟過延令，將解維矣，適余奉謁，復停泊竟日，出諸圖册，法書名畫，縱觀數十種，最後示所摹大痴横卷，覺生氣遠出，姿態横逸，余誇眼福，因成四十字，即書卷尾，以博一粲。』予倒次其韵奉答，詩云：『一夜西風好渡江，爲君特地卸帆幢。張燈對酒談無盡，菊影參差上紙窗。』『文章經世筆生花，餘事吟詩作大家。待到紅塵功行滿，黄山同去卧烟霞。』『如仙好句破空來，獨坐篷窗誦百回。怪底閑愁千萬疊，一時都逐衍波開。』『小住蘇臺又十年，與君細説地行仙。謂吴雪江數學。他時酬唱知何限，定翦江波續彩箋。』辛亥秋日，余寄懷太史詩云：『菊影横窗酒滿杯，吟詩讀畫好懷開。他年重放延令棹，再候清風入座來。』

同治十一年壬申之秋，余客邗江，得遇太史之二令嗣禮園世兄寶清，出示太史手著《雲軺録》一卷，遂採數十則刊之，以永其傳云。

蘭

蘭有七十餘種實非蘭也，以花葉似蘭即蘭之。魚子蘭，即江南之珠蘭；虎頭蘭，莖長三尺許，花大如拳，望之可怖；雪蘭，白潔如雪，但不香耳；最异者爲風蘭，連根葉以繩繫於檐際則作花。物性之异如此。

雪山

雪山去麗江府不遠，山雪積自太古，長亘數百里，上無草木，土石峰崿澗壑皆雪也。雪光所照，穀不能實。每歲至四月間，雲氣迷漫，將山全護，居民即蒔秧，至九月獲稻甫畢，雲氣復開，寒光逼人矣。民食之重，天心仁愛，特遣雲以助農事焉。

仙人掌

仙人掌，江南養於磁盎爲几席玩，從無見有作花者。滇中田塍、山麓遍處叢生，且高至丈餘，大圍經尺，礧砢層叠，擁腫縱横，望之可憎。每掌端作花，黄瓣紅心，錯雜歧出，不可方物，真足詫异。

山茶

山茶花甲天下，而真武廟尤盛。廟正殿以銅爲之，梁柱窗欞皆銅鑄，俗謂之金殿。旁有山茶一株，高二丈，花時萬朶齊放，大如碗，赤如朱，光耀璀璨，奪目眩睛，真奇觀也。

開化夷人

陳廣文有光言：開化有夷人，足忽拘攣不能伸，痛不可忍，數日將垂斃。鄰人曰：『何不請鬼婆視之，莫是被人魔害否?』鬼婆者，女巫也。於是合村中家各一人，携一碗米至鬼婆處，令視米碗。鬼婆乃指一人曰：『此汝妻魔法，歸令自除之。』其人新娶夷婦，歸即問之，始極抵賴，衆因縛而倒懸，以竹梢拷掠，乃承認用魔，現埋後墻。破壁取之，有草人長三寸，一針穿其足股。乃釋婦，令解其法。乃拔去針，其人之痛即止，但足不能行矣。

村衆舉婦投諸風洞，風洞者，滇中處處有之，風從洞出，深不可測。若遇妖婦害人及劇盜，獲之即投於洞。其事爲情理之外，其治之亦出情理之外，真宜存而不論也。

草籤

草籤，夷人之卜也，即鷄骨卜之類。隨意取草卜之，能知吉凶，往往奇驗。有劇盜久不獲，官購之急，有捕役佯爲盜，往投入夥，同劫掠者數月。一日，盜取草籤卜之，曰：『今日不吉，若行劫，三人中必損一人，不如且同醉一宵，明日再議。』二役佯諾，乃沽酒痛飲。盜衣藤甲，刀不能入，有鐵椎能殺人於數丈外，佩不去身。二役乃笑請曰：『今日無事，可請解甲及椎，令我輩一演試，當北面受教也。』盜乃解甲與椎付二役，遂醉卧。二役因殺之以報官。

夫以草爲卜，乃不拘何草，又毋庸再三，即能驗吉凶，亦奇矣。至盜知必損一人，而不知自當授首，真天奪其魄也。

陳廣文言。

師娘

又言有師娘者，亦鬼婆之類，皆夷中女巫稱也。孀婦有一子年十五六，慮其爲夷女跳月所誘，乃請師娘魘之。師娘取此子之褲，攪叠極緊咒之，埋山石罅中，此子即如奄割。後三四年將娶婦，復延師娘解之，及取褲，則爲山水所浸，久已腐爛。師娘曰：『法當伸直其釘方可解，今已爛，法不能行矣。』此子終身不能人道。

借冬

諺云：『四時常似夏，一雨便成冬。』其實四時皆如春，秋分六月中，亦有絮襖，不御扇葛。冬日多晴，衣不裘，水不冰，木葉不脱。惟七八月間，積雨兼旬，則寒氣砭骨，土人謂之借冬。

賣雪

點蒼山在大理府，有十九峰，峰頂積雪，盛夏不消。土人取之和糖鬻於市，謂之賣雪，人競買食。

繩渡

麗江府廓外金沙江有繩渡，兩山夾江，峭壁縣空，怒流迅駛，舟梁勢阻，因緣繩而渡焉。繩以篾爲纜，長及百丈，渡有二纜，一左昂右低，一右昂左低，兩端皆繫於巖石。削木成瓦形覆纜上，又縛索於木瓦，垂索絡兩股，以雙手攀索，人已懸空，將木瓦一推，則緣纜下趨，瞬息已達彼岸。欲右渡者，就左昂處坐索推之；欲左渡者，就右昂處坐索推之。《漢書·西域傳》：『烏托國有懸渡，谿谷不通，以繩索相引而渡。』當即似此製也。

馬雪樓居士

馬子雲上舍名之龍，號雪樓居士，麗江人。博極書畫，尤精内典。著有《雪樓詩鈔》《卦極圖説》《心經印疏》。生平不娶，游迹遍齊楚吴越間。年六十歸寓昆明，多與方外交。

甲辰之冬，余按試迤西，與楊嶰谷廣文候於滇池之西，就野寺中拾松毛煨酒，相約時，余先見子雲詩，欲晤其人，故嶰谷邀之同來也。余爲賦『雪山有奇士』詩三章以贈，復書楹帖寄之云：『心同古雪不渣滓，身與白雲無是非。』即雪樓集中句也。

梯田

東西迤數千里，重巖複嶺，坡陀漫衍，無一平區。農田皆依山開築，塍隰層叠，隨山高下，謂之梯田。

爨使君碑考

爨使君碑在陸凉州，熊仲山同年以拓本見示。己巳七月道經陸凉，與州牧繆親訪此碑，額題『宋故龍驤將軍護鎮蠻校尉寧州刺史邛都縣侯爨使君之碑』，碑之下方有宜徵相國題跋云：『此碑文體書法皆漢晋正傳，求之北地，亦不可多得，乃雲南第一古石，其永寶護之。』

《雲南通志》引桂馥《札樸》云：『宋爨使君碑在陸凉州蔡家堡爨君墓前，碑高丈餘，有穿有陰，額在穿上。大明二年故吏趙次之、杜長子等所立。文爲爨道慶作，正書，兼用隸法，饒有樸散之處。爨君名龍顔，字仕德，建寧同樂州人。近祖肅，仕魏爲尚書僕射河南尹。君於晋義熙十年舉秀才，除郎中，遷甫蠻府參軍，試守建寧太守，遷本號龍驤將軍，護鎮蠻校尉，稱東爨烏蠻、西爨白蠻是也。碑叙世系，遠舉楚之子文，漢之班固。《風俗通》云：「班姓，楚令尹鬥班之後。」按：班爲子文之子，《左傳》作般，猶公輸般亦作班。碑雖傅會，亦有典據。爨氏見於載記，《華陽國志》昌寧大姓有爨習，《蜀志》建寧大姓有交州刺史爨深。梁武帝以爨瓚爲寧州刺史，瓚有二子，曰震曰翫。

隋開皇十七年，翫反，史萬歲征討，請降，明年入朝被戮。其子宏達，唐武德中爲昆州刺史。南詔碑有南寧州都督爨崇道，至後晋有爨判，借與段思平兵〔一〕，以敗楊干貞。是爨氏自魏歷十數代未衰也，故謂之大姓。碑中多假借及别體字，如「紹蹤」作「紹縱」，「鉞斧」作「越斧」，「簪纓」作「振纓」，「九列」作「九例」，「采石」作「菜石」，「幢蓋」作「幢盞」，「班」作「斑」，「匪」作「邇」，「淵」作「渊」，「匠」作「近」，「驎」作「騂」，「爨」作「爨」，兩「顯」字竝作「顯」。《集古録》云：漢綏良校尉熊君碑，其書「顯」字皆爲「顯」，莫解其義。馥案：濕水，《禹貢》《孟子》《漢書·地理志》竝作「漯」字，蓋隸變「㬎」爲「累」也。謚，從「益」不從「㿽」，與《魯峻碑》同。戴侗曰：唐本《説文》有「謚」無「諡」，是從「益」爲正體，可證徐氏《説文》之誤。碑陰「軒」即「幹」字，漢碑陰有洪氏《隸續》言之詳矣。其頌以闔、哲、殺與遰、外、會、裛爲韵。案：殺，《廣韵》音所界切，《禮器》「不豐不殺」即此音。曹植《黄帝贊》以哲韵制、《王粲誄》以闔韵乂是也。又以霜、藏、傷與融、躬、

〔一〕 段，原誤作『殷』。

蹤、功爲韵。案：東方朔《七諫》以當韵功、陳琳《大荒賦》以遑韵躬、陸雲《陸府君誄》以章韵蹤，可爲比照也〔二〕。』

余以今尺度之，碑高九尺，廣四尺五寸，厚八寸，額作陽文，碑陽漫漶十餘字，碑陰蝕十餘字。仲山拓無碑陰，紙墨亦甚劣。過陸涼時，又未能摹拓，甚以爲憾也。

透明魚

透明魚出廣西阿廬山洞中，余試瀘西時，令人往取。視之，魚長六寸餘，形略似江鰣，口坳八寸許，通體無鱗，潔白如玉，明澈如水晶，骨刺腸胃絲縷皆見。昔東坡謂蝦爲『白角衫裹水晶人』，此魚則并不著白角衫矣。

阿廬山在州城外十餘里，聞洞甚深邃，中有天生石床石几，秉炬以入，莫測所止。以非驛路所經，未能一訪其勝。

〔二〕比，原誤作『此』，據桂馥《札樸》（嘉慶十八年小李山房刻本）卷十改。

界魚

撫仙湖與星雲湖相接，各寬數百里。撫仙湖出𩼽㿜魚，長五六寸；星雲湖出大頭魚。兩湖接壤處曰海門橋，有大白石横水中，兩湖之魚至石即止，謂之界魚。

燕子洞

燕子洞在臨安府東四十里，洞口廣百餘丈，一山中分，兩口相向，一洞宏敞，中構禪閣游闌，對巖之洞，則黝黑深邃，不知幾十里。瀘水奔入，澎湃之聲，終古振吼。洞中嵌室皆巢海燕，群飛出入，如恒河沙數。水聲燕聲，噌吰嘈雜，幾覿面不聞人語。甲辰三月，與桑百齋前輩及朱箬生、次民兩昆季宿此。乙巳之秋〔二〕，復與劉蓉嶠刺史宿此，則燕蟄巖穴，惟高枕納江聲而已。

〔二〕乙，原誤作『己』。

廠頭孫某爲城隍

家秋垣司馬言，東川府廠頭銅廠承辦采礦謂之廠頭。孫某爲會澤縣城隍，與趙味堂相友善。先是，孫某殁後數日，忽附其弟，言：『某爲會澤城隍，今以廠務款項未明，速請味堂趙公來一證之。』趙即至其舍，因言：『某月日所領工本，已交廠户某某，匆遽未有案牘，恐滋疑，故歸了此事。』

味堂叩其以何善行得爲神，曰：『某五六歲父母相繼逝，撫於祖母，家貧業賣餅，日售於市，日所得錢，暮歸奉祖母，不敢私用一文。及長，能力作，傭工銅廠，日得值，皆爲祖母備甘旨，已飢寒弗以爲苦。後祖母以壽終，某以誠實，共舉爲廠頭，遂成室家。昨初死，見冥王謂事祖母二十年如一日，以此孝行，當本處城隍焉。』趙謂：『可常往來否？』曰：『公可，它人不可。公將爲昆明土地，如以禮相召，則仍當附弟身以酬答。』

時會澤令黄君夢菊，江西人，庚子進士，以太翁染微恙，聞味堂能與城隍語，屬其代查太翁壽數，遂書啓焚之。忽其弟來作神語曰：『黄公，江西人，江西始有册可稽，今已移文往詢，一日可返也。』翌日，其弟復來作神語曰：『據江西城隍覆札云，册籍無黄公名，惟有姓黄名某者，子爲會澤宰，某年當就養至署，某年月當患小疾，未知是否？』所謂名某者，即太翁之乳名也。因知冥中册籍，皆注乳名，不注官諱。東川太守山左李君德生异其事，托叩官階，曰：『此又需至山東代查矣。』翌日至，曰：『已查得公家四代業醫，自高曾祖父，皆以術濟世，不問富貧貴賤，必盡心力療治之。以此功德，得蔭後人。公好爲之，正未艾也。』

味堂，昆明人，方伯趙述園先生以清厘銅務延入藩幕，詢以此事，信然。夫生爲醇孝，殁爲明神，此鑿然至理，即所言兩事，亦皆不謬。惟云注册皆用小字，不用名號，則不可解也。

普洱太守紀夢

普洱太守黄公以交代未畢，與新任守同居府署，夜夢二役云：『城隍奉招。』不覺隨之往，見廟宇宏敞，即郡廟也。因趨入，將及殿階，神出位迎，謂之曰：『非公也，乃新任太守某耳。然既來此，可少待。』設坐接以賓禮。

須臾新守至，神復坐堂皇，怒曰：『四川某邑令訟汝，知之乎？』方欲申辨間[二]，旁一人以手捧首於頸訴曰：『某爲令，虧帑至數千，法當誅，即因公挪移而不早爲措置，罪亦當得。惟同時被逮者六人，虧數視某爲倍之，而某守任首邑令，爲委審官，乃巧脱諸人罪，獨以宿憾置某於獄，使不能告貸償款，致陷大辟。是以控諸冥王，求與赴質。』神命鬼卒褫某守冠服，即械解送冥王處聽處分，舉袖一揮，守令皆不見。顧某公曰：『見否？』遂命抶馬送之還，馬逸驚醒，即呼僕偵新守，正中惡暴卒矣。

礦神

銅廠祀礦神最虔，神嗜觀劇而畏官長，酬神必演劇。管廠之官皆相戒不得鳴騶至廠，云聞唱道聲，則神驚匿而礦失矣。蓋神本猓猓爲之，故畏見官長也。不知真有所受，抑

[二] 辨，原誤作『辦』。

造作斯語也。

路南州歲辦銅數萬斤，以不能足額，多賠累。州牧耿君雲亭不勝其苦，力求卸任。省中諸員無敢往者，大吏不得已檄澂江府兼辦其篆，時澂江許菊泉太守亦不得已而任其事。甫接印，即有廠報礦旺，使人驗之信，遂詳請給工本，一月得銅六十餘萬斤，省中嘩然。耿以前累，復求回任，星夜馳往。接印日，召諸廠户至，則默默相視，問之云：『一夕礦皆走矣。』取前所取礦煎之，亦不成銅。及一月所辦仍不足額，乃復至省，仍以許攝之。接印日，礦户又報云得堂礦，洞中得礦最大者，謂之堂礦。驗之信，遂詳請大給工本，得銅千萬餘斤，以議叙加道銜。

余初至滇聞是事，以爲故神其説，及晤菊泉太守，詢之云信然。後雲亭以邊俸遷普洱太守，會於會城，詢之亦云信然。因遍詢辦廠諸公，皆云礦之衰旺，實非人力所能爲，則神主之矣。廠皆祀神而不皆旺，則又非神力所能爲矣。豈地不愛寶而出必以時，固不可測耶？

冬蟲夏草

淪齋中丞著《本草圖説》，多於時珍《綱目》者數千種，撫滇時，復得异卉數百種，非惟陸璣、稽含所未知，即其奇形异色，真有思議所不及者。有冬蟲夏草，冬則爲蟲，蠕蠕而動，首足皆具；夏則爲草，作紫翠植色。山中人取其半蟲半草者鬻之，植物動物合爲一氣，又不特雀蛤雉蜃之化矣。何造物之奇也！

千張紙樹

千張紙樹高丈餘，結實如皂莢，長二寸許，寬二寸餘，絳紫色，破之，中有紙層叠襞積，大可三四寸，潔薄勻净，不啻千百。甲辰冬，余於景東途中見之，偶劈一筴，而紙則隨風飛颺，真异聞也。

道中又有樹高數丈，大合抱，葉厚而植圓，大六七寸，每枝頂結黄實如枇杷。詢之土人，云是枇杷；問可食否，曰不可。因折一小枝，而折處有白漿如乳。不知樹爲何名。

大凡滇中樹木花卉，有從古圖經所未載，里人隨意呼名，亦無從考證，并有詢之土人云是花無名者。

救軍糧

救軍糧處處有之，高五六尺，枝幹虬結，實如天竹子，緣枝層累，其赤可愛。每株結滿，翠葉紅實，勝天竹多矣。土人採之，斗量囊載，可以充飢，故名救軍糧。

夷婦拿魂

朱箬生云：建水、石屏間夷婦有拿魂術，與人有嫌隙，即伺其人行處，取所踏土咒之，其人之魂即隨之，婦禁於罌盎，三日即死。習是術皆是婦女，男子不能也。挾術者云拿魂多則可長生，故雖無仇怨，路過之人亦即拿之。爲所拿者若知而破其術，婦亦即死。

東川聒通間，夷人有變爲虎爲馬爲牛羊者，挾一帚於後咒之，即變爲諸獸形，怖人於路而奪其貨。即不行劫奪，亦必月三四變，云可免疾病。

山谷僻陋，蠻夷性成怪誕，不可究詰，類此甚多。

玀夷

玀夷有旱玀夷、水玀夷兩種，水玀夷婦女每日清晨必往山中浴，着桶裙立水次，以次卷其裙，即以次就深處，至卷裙於首，則全身浴於水矣。日日如之，人人如之。

每春夏瘴發，則男皆腹脹卧床席，而婦女不染瘴，一切力作、趕街子皆玀婦也。城鄉皆間數日爲市，北人謂趕集，滇人謂趕街子，有虎街、猪街等名，即其日干名之，即趁墟也。各種人，亦婦女力作居多。

猓猓

迤西一帶，凡肩輿負擔皆猓猓，冬夏皆披一黑羊皮。余按試景東，道經南澗，周心穀年伯爲余言，每歲正月，猓猓男女十百爲群，至署跳歌，每以短刀剺面，血涔涔下，且剺且歌，意甚歡悦。初大詫怪，詢之云跳歌所以示敬，劃面者藉以免災。必至署爲之者，賴官長之福也。乃知剺面雕題，確然有之。

夷歌

習聞夷人蘆笙跳月事，南澗多夷人，因唤男夷四人至驛舍，二人吹笙，笙二尺，五管參差，以匏承之，復懸半匏于管杪〔一〕，離寸許以納聲。二人唱歌，兩兩相對，迴旋躍舞，以足築地爲節。笙音靡曼，歌則一字不可解，亦不甚可聽。

後行近景東，至一山脊，聞女子泣聲凄惋悠揚，裊入雲際，及轉坡，見一女簪山花滿髻，顧輿夫而笑。因問輿夫曰〔二〕：『適聞泣者此女耶？』曰：『歌耳，非泣也。』輿夫屬其歌，即引曼聲一響，凄動心魄，迥非前男夷跳歌聲也，惜未聞跳月時歌聲若何。

〔一〕于，原誤作『干』。
〔二〕問，原誤作『聞』。

羅漢松果

羅漢松果長一寸，近蒂處紅如櫻桃，可七分許，下平上鋭，一子綴於上，色純緑，酷肖一僧披紅袈裟而趺坐焉，始知命名之肖物也。味甚甘，處處有之。

芭蕉膽

王摩詰雪裏芭蕉，謂得畫禪。滇南少雪，而芭蕉則隆冬青翠不凋，叢生有至數畝者。夜中或有赤丸光如火，自葉中突起數丈，若流星。居人挾利刀伺之，見赤丸起，即揮刀斷其本卧根上，則丸落於懷。取佩之，云可辟炮火，謂之芭蕉膽。然取時稍緩，則落於地，雖掘土求之，終不可得。滇中人人知此説，而亦未有見者，即所云辟炮火，亦未知信否。

楊老四將軍

嚴欣園言昔署金沙江知事，因夏月感受瘴氣，寒熱交作，自開方服之，藥無效。五六日後，病勢愈沈，心中煩悶，夜不能寐，忽聞窗外二人對語，一人曰：『此公病將愈否？』一人曰：『不能。』一人曰：『此公頗解醫，能愈。』一人曰：『今三更當昏憒，尚能定方藥耶？』欣園聞之，因嘆曰：『嚴某從江南至此一萬里作官，自謂無過惡，竟病不起，命也，奈何！』忽窗外語曰：『公放心，有我在，病無憂也。』欣園應之曰：『今將三更矣，倘昏憒，尚望起耶？』窗外人曰：『不發熱，則自不昏憒矣。』欣園因詢其姓名，病愈當圖謝，應曰：『我楊老四，人呼我爲楊老四將軍。』再問之不答。忽悟深夜何人相問答，人又何以稱將軍，正驚訝間，覺汗涔涔而病若失矣。

明日起，詢土人云楊老四將軍者，金沙江神也，有小廟在江干。趨往謁之，逼隘如土地祠，前任張某甫創祀焉。於是謁誠謝後，逢朔望必虔叩，擬鳩工拓其祠宇，而力不能任，居民寥寥數十家，勸捐又不能辦，旋亦離任。

霸王鞭

霸王鞭又名金剛纂，本類仙人掌，但爲長條五棱，亦枝枝層累而生，高亦丈餘，作小花赤色，隨地有之，其根可作朝珠，謂之隨花香。

卷二

婺源　齊學裘　子治

先大夫梅麓公文鈔四首

天球淺説

天球者，渾然天體，渾天之學也。觀臺所設渾儀以爲測驗之用，圓徑八尺，體大質重，故不能爲機以運之。近日所傳紙殼天球，小纔數寸，亦不能自運，又無黄赤兩規，無從測驗，乃虛器耳。今所製天球，黄赤經緯悉備，凡天文家所當推算之事，一覽而知，藏機於中，默運潛移，與天密合。家有此器，雖婦人孺子可以知星，誠天學之初桄，儀象之要物也。球外三圈，最外一圈與架相連者曰地平規，規分三百六十度，四分之爲四方，子、午、卯、酉。各相距九十度；二十四分之爲二十四向，各十五度，太陽出入之廣，於是而測，是爲經度。如春分日，太陽出卯入酉，距午正各九十度；春分以後，出入之度漸廣。至於夏至，出寅入戌，距午正一百一十七度，是爲最廣。秋分日，太陽亦出卯入酉，距午正九十度；秋分以後，出入之度漸狹。至於冬至，出辰入申，距午正六十三度，是爲極狹。所謂出卯入酉、出辰入戌，皆主地平方向言之，非謂時刻也。夏至出寅入戌，冬至出辰入申，但指江蘇地平言之。各處北極高度不同，則各節氣太陽出入之廣亦不同，可隨地驗之。

大地一丸，正在球心，而地平規反在球之外者。天球爲天外觀天，故置地平規於球外，而後度數可求。此推步家所以必引地平綫於球面，而後弧角可算也。從地平經度子午向，開兩缺口，中立一圈，爲全球所繫者曰子午規。規分三百六十度，四分之爲象限，球之軸繫於北頭者爲北極，繫於南頭者爲南極。南北兩極爲天之樞，從北極至赤道，赤道至南極，南極至對衝赤道，對衝赤道至北極，各一象限九十度。此圈乃諸曜出入，地平適中之界，而各處北極之高下，由此而定，是爲緯度。

子午規者，南北圈也。又東西一圈，與子午規十字相交，正當球之腰圍，兩半合縫之處曰赤道規。規分三百六十度，平分之爲半周，各一百八十度；四分之爲象限，各九十度；六分之爲紀限，各六十度；十二分之爲宫爲時，各三十度。赤道之用，有動有静。十二宫爲動的赤道，動者，隨天左旋，與黄道相交，日躔之南北，於是乎限，球之兩半合縫一綫是也。十二時爲静的赤道，静者，太虚之位，亘古不移，晝夜之時刻，於是乎紀，與子午規十字相交之一圈是也。是爲赤道經度。子午規之度，爲赤道緯度。

一圈刻綫麗於球面，與赤道斜交，半出赤道南，半出赤道北者，曰黄道規。規分三百六十度，乃太陽一歲所躔之軌迹也。黄、赤道相交之兩界爲春秋分。距赤道南二十三度半爲冬至，距赤道北二十三度半爲夏至。春秋分相距皆半周一百八十度，冬夏至距春秋分各一象限九十度，六分象限爲節氣各十五度。是爲黄道經度。從黄道至黄極南北各九十度，是爲黄道緯度。黄極距赤極二十三度半，故兩道相距亦二十三度半，黄、赤經緯參伍錯綜，而弧角之算生焉。弧角之算皆算此球也。有球可以省算矣，有球可明算理矣。

星官名數，古今不同，此球謹遵《欽定儀象考成》。星名與古同者，總二百七十七座，一千三百一十九星。星分六等，近南極星二十三座，一百五十星。中國所不見，仍依西測之舊，其無名不入等之星不與焉。經緯度分，則依乾隆甲子新測，按歲差加減推衍至道光丙戌，得其真度。

天球用法

辨北極高度以定地平　如京師北極，出地四十度，則移子午規自北極下四十度，置地平圈上，即得京師地平。江寧北極，出地三十二度，則移子午規自北極下三十二度，置地平圈上，即得江寧地平。地平既定，則太陽恒星出入時刻、太陽午正高弧、中星高弧，凡所見之星與所不見之星，皆定矣。太陽出入須看黄道腰綫與逐日節氣綫横直相交之一點，方是真太陽。此點出地是爲太陽出地，此點入地是爲太陽入地。再看此點引長之綫切赤道上何時刻，即爲太陽出入時刻。太陽高弧總以此點驗之。○北行二百五十里，則北極高一度，近北極之星多見一度，近南極之星少見一度。南行二百五十里，則北極低一度，近北極之星少見一度，近南極之星多見一度。子午規一度，當地二百五十里，極人目所到不能二百五十里，則是不能望盡圈之一度，故所見之地皆平，其實地體渾圓，與球無二也。

對法。北極出地平圈上四十度，則赤道距地平必五十度；北極出地平圈上三十二度，則赤道距地平必五十八度，總以九十度進退。兩邊較準，無少低昂，爲安球高下要訣。北極高度，另有全表，各處按表安之。

審節氣以知時刻　黄道節氣綫，每日太陽之躔次也。太陽行天，一日一周而不及天一度，故節氣綫亦一日一周而退一度。如立冬巳正一刻開球，則移黄道立冬綫切赤道圈上巳正一刻即得，但球有回度，必將回度退盡至不可回之處，節氣與時刻相對，是爲得之。不然，節氣綫雖對巳正一刻，將球回轉，尚是巳初三刻也，須將節氣綫約透過前兩刻回轉來便得。如回轉來已過頭一刻半刻，須將球重撥一周，總得真正時刻而止。時刻既定，任球自移。立冬日，但看立冬綫所切赤道時刻，即得各時刻。立冬後幾日，則看立冬後幾綫。日退一度至小雪，則看小雪綫。餘可類推。夜間時刻，不必於地平圈下查看，祇看對衝節氣切對衝時刻即得。如立冬夜則看立夏綫；立冬後第幾夜，則看立夏後第幾綫。巳時作亥時，午時作子時，餘可類推。

對衝節氣：冬至對夏至，小寒對小暑，大寒對大暑，立春對立秋，雨水對處暑，驚蟄對白露，春分對秋分，清明對寒露，穀雨對霜降，立夏對立冬，小滿對小雪，芒種對大雪。

對衝時刻：卯對酉，辰對戌，巳對亥，午對子，未對丑，申對寅。

正方案以測中星 中星者，正南之星也。先用羅經對定子午爲正方案，人當案面南立，仰視天星，不拘高下，總以正午一綫爲中星。如球未對準，但看天上何宿何星當中，則移球上某宿某星與子午規相直即得。若球已對準，但看球上中星，便可對天上中星。中星既符，則偏西出入地之星無不合矣。故必對星，而後知球之妙也。

凡球上所有之星，皆經星也。金木水火土五星爲緯星，緯星各占一重，天行度參差不齊，非天球所能帶。如欲知五星之形狀，試取青黄白赤黑五色紙各剪一星，按《七政經緯時憲書》本月各星躔何宿度，照依經緯度分貼於球上。晨見夕見，一望而知，久之五星皆可辨别矣。若欲知太陰行度，則將金紙按照每日躔次貼之，亦可知白道之所在，此法最便。於生人墮地時，二十八宿、七政、四餘瞭如指掌，而修造營葬、擇日選時、考驗星辰尤爲真確，此固人間必不可少之器也。《七政經緯時憲書》每歲一本，欽天監頒發，蘇州閶門越城内書坊有發賣者。

中星儀説

中星儀者，有北極無南極，得大圓之半，蓋天之學也。然自赤道南四十度内之星皆有之，其近南極之星，固中國所不見者也。蓋天家初爲俯儀，形如覆釜，後人以仰觀爲勞，改爲仰儀，然終不若立天於對面平視之爲便。故天球者，天外觀天也；中星儀者，對面觀天也。

中星之法，古疏今密。《堯典》四仲，第有鳥、火、虚、昴四星而已。《月令》紀十二月，復分旦昏，則有二十四星。後人於二十八宿之外，又加十七星，共四十五大星，而以七十二候，候分二十四小時測之。中星立法於是乎密，然終不能日日測之，刻刻測之。且所用以測者，止四十五大星，不能周天之星測之也。自有此器，而周天之星皆可以爲中星，逐日逐時逐刻皆可以知中星之所在。自來言中星，未有簡且密於此者。測驗中星爲天文家第一要事，故中星儀爲天文家第一要物。

中星儀有銅圈二，最外一圈爲時刻圈，即天球之赤道規也；麗於星盤者爲節氣圈，即天球之黄道規也。但赤道有赤道之極，黄道有黄道之極，兩極相距二十三度半，是黄、赤二道不同心。今既爲儀，自一管出針，則不同心者，必使之同心而後可。其推算甚難，此前人之所以未作也。今用渾蓋通憲之法算之，時刻圈平分，節氣圈不平分，黄、赤二道皆合矣。

星盤者，天也；時針者，太陽也。太陽一日一周而不及天一度，故星盤一日一周必過時針一度，方與天合。如立冬日時針指立冬第一綫，明日時針須指立冬第二綫，日退一度，至小雪日，時針自指小雪綫也。但節氣圈既不平分時針，遇節氣疏處，必退後一二度；遇節氣密處，必進前一二度。俗目視之，未免疑惑，故節氣圈外層，復爲平分之節氣。時針之行，仍然一日一綫。而測驗中星，必用内層節氣，方毫髮無差。初製中星儀，未加外層，節氣進退觀之可也。

天下中星，時刻皆同，惟時刻遲早不同耳。東西相距二百五十里，則時差四分，東方交子，西方尚是亥正三刻十一分也。東西相距七千五百里，則差一時，東方交子，西方始交亥也。東西相距二萬二千五百里，則差三時，東方交子，西方始交西也。然某節氣某日某時幾刻見某星，當中天下皆同，不過東方早見，西方遲見耳。如立夏夜亥初一刻見角星中，天下皆同，但東方見角星中時，西方尚未交亥初一刻，見角星偏東。至西方交亥初一刻，亦見角星中矣。餘可類推。南北相距雖萬里，其時刻遲早皆同，故中星儀不論北極高度。

用　法

中星儀開法，與開自鳴鐘同。每開可行十六日，爲行滿一節氣也。但節氣有十四日者，有十五日、十六日、十七日者，伸縮長短不齊，而節氣圈每節氣皆十五度，或進或退，須撥星盤就之。星盤但可順旋，不能返轉。如撥星盤或過頭一兩度，則須重撥一周，不可勉强退轉，致傷輪齒。天球亦同。

日間開鐘，對準時刻，次移星盤節氣綫與時刻相切，則得真正中星。

夜間開鐘，對準中星，次移時針與節氣綫相切，則得真正時刻。對中星法詳『天球説』中。

海運南漕議

駁海運之説者三：一曰洋氛方警，適資盜糧。二曰重洋深阻，漂没不時。三曰糧艘須別造，柁水須另招，事非旦夕，費更不貲。然三者皆可無慮也。出吴淞口迤南，由浙及閩、粤皆爲南洋，迤北由通、海、山東、直隸及關東皆爲北洋。南洋多礒島，水深浪巨，非鳥船不行。北洋多沙磧，水淺礁硬，非沙船不行。小鳥船亦吃水丈餘，沙船大者纔吃水四五尺。洋氛在閩、粤皆坐鳥船，斷不能越吴淞而北以争南糧也。沙船聚於上海約三千五六百號，其船大者載官斛三千石，小者千五六百石。船主皆崇明、通州、海門、南匯、寶山、上海土著之富民。每造一船，須銀七八千兩，其多者至一主有船四五十號，故名曰船商。

自康熙二十四年開海禁，關東豆麥每年至上海者千餘萬石，而布茶各南貨至山東、直隸、關東者，亦由沙船載而北行。沙船有會館，立董事以總之。問其每歲漂没之數，總不過百分之一。今南糧由運河，每年失風，殆數倍於此。上海人視江寧、清江爲遠路，而關東則每歲四五至，殊不介意。水綫、風信，熟如指掌。關東、天津之信，由海船寄者，至無虚日，此不得以元明之已事爲説也。秦漢唐漕粟入關，未嘗言官艘，唯《劉晏傳》有寬估之説，諒亦雜雇民船。國家除南糧外，百貨皆由采辦，采辦者，官與民爲市也。且間歲有采買米糧，以民船運通之事，而山東、江南撥船皆由雇備，是雇船未嘗非政體也。取其便適無他患，何必官艘哉？

沙船以北行爲放空，南行爲正載。凡客商在關東立庄者，上海皆有店，有保載、牙人在上海店内寫載。先給水脚，合官斛每石不過五百餘文。船中主事者名耆老，持行票店信，放至關東裝貨，并無客夥押載，從不聞有欺騙。又沙船順帶南貨，不能滿載，皆在吴淞口挖草泥壓船。今若於冬底傳集船商，明白曉諭，無論其船赴天津，赴關東，皆先載南糧至七分，其餘准帶南貨至天津卸於撥船。每南糧一石，給水脚銀五錢，上載時每石加耗米三升，卸載時以九五折收合，計南糧三百五十萬石，不過費水脚百七八十萬兩，曾不及漕項十之三四。而陸續開行，二月初江浙之糧即可抵淀，往返三次，全漕入倉矣。

船商以放空之船反得重價，而官費之省者無數，一舉而衆善備焉。先期咨會浙江提鎮哨招寶、錢陳，江南提鎮哨大小洋山，會於馬迹，山東鎮臣哨成山十島，會於鷹游門，以資彈壓護送。而淀津有撥船數千號，足敷過載，由淀津抵通二百里，無糧艘阻滯，挽行順速。惟裝卸及發水脚之時，若任吏胥剋扣需索，則船商或畏怯不前耳。然悉心籌畫，專意了此一節，亦非甚難之事也。

謹議。

乙酉二月奉委赴上海查辦海運事宜通禀各憲稿

敬禀者：卑職接奉憲札，欽奉諭旨，飭籌海運一事。兹查前任金匱齊令在浦時，曾經陳及海運可行，除奏明飭委齊令會同吳丞查辦外，欽遵諭旨，指飭事理，一一熟籌，悉心計議，以憑會核奏辦等因。卑職等遵即會同細加查訪，據商牙等稱，向來各處沙船往來上海者，本有三千餘號，近年商賈利微，脚價太賤，船商無力修艌，以致朽壞者居多。

自今寬大堅固沙船，通計不過一千二三百號，正月半後攬載，四散開行。現在停泊浦江未開之船，頃於二月廿六日查勘，除裝四五百石不能遠涉重洋之小船不計外，其自八九百石至一千二三百石之大中兩號沙船，實祇有八十餘隻。數日以來，每日進口少則七八隻，多至二十餘隻不等。據聞三月以後，船到漸多，吊查二三四年號簿，三月四月分，每月進口大小沙船少則五六百隻，多至七八百隻不等。合計兩月所到之船，約共有一千五六百隻，内除小船居半，其大中兩號沙船總可有七八百隻。歷查三載，約略相同，則本年三四兩月所到沙船，比照此數，應可無虞缺乏，而五月後到船亦多。如糧艘來遲，尚可雇用。

此外又有閩省鳥船，大於沙船一倍，大者能裝三千石，小者能裝一千六百石，須於五六月間始到，到時約有四五十號，然不能知其必來。惟此千數内外之沙船，皆從關東裝載豆貨回南，總在上海交卸，其來可必。至往返次數，初無一定，自正月開行，可以四次三次，三月初旬開行，猶可兩次，至四五月，衹能一次矣。緣七月以後西北風多，不能出洋也。夫次數多，則船數亦從而多；次數少，則船數亦從而少。本年海運開行，算來總須春末夏初，衹可單行一次。若浙省諸幫全數渡黃，衹剩江廣糧艘籌辦海運，以每年所到船數計之，當可敷載。倘浙省幫船亦須海運，應請飛咨浙撫憲，將寧波所有彈船、三不像船一律封雇，移送吴淞口受兑，否則上海沙船恐不敷用也。

惟是非常之原，黎民所懼，現在蘇松太道詳定脚價七錢，已屬從優鼓舞，而各處船户猶未免觀望不前者，一則畏交代之難，二則畏守候之苦。自非明定章程，不能祛其疑惑。卑職等悉心籌議，本年隨船耗米及州縣津貼，業已給與軍船，萬難退出。惟有飭令旗丁押運，一手經理，以專責成，船户但管駕船，米石裝卸，應與無涉。進口之後，隨雇隨開，到津之時，隨卸隨放，使其無所畏難，必能踴躍應雇。

謹就管見所及，開具數條，上呈鈞覽，伏惟鑒察。

一、沙船自三月以後進口漸多，除小船不能遠涉重洋，仍聽攬載客貨開行以通商賈外，其大中兩號沙船及彈船、三不像船，一律封雇備用。但守候太久，未免苦累，聚泊過多，亦恐滋事，應請俟江廣幫船到京口後，不拘一幫兩幫，即便飭知受兑，隨時開行，以免擁擠留滯。至沙船受米，船主在上海者，應令船主具結，在他處者，即由耆舵具結，報税牙行，加具報結。

一、沙船祗能到吴淞口，自吴淞口以上至長江，沙多水淺，不能前進，而江廣幫船篷高面闊，亦難駛入内河，應令停泊京江一帶，雇船駁運。查有崇明百號米船，可裝四五百石至八九百石不等，每船牽算裝米七百石，駁運一次即可裝米七萬石；又有無錫湖船約百餘隻，大小與崇明米船相等；又江陰、靖江、通州、海門、鎮江、揚州等處江船，常從長江攬載，船數多寡難定，約裝六七百石者居多。此三項船隻，雇令赴京口裝米，由長江徑至吴淞口兑上沙船，往來駁運，似較小船由内河駁運稍爲省便，且免州縣到處提船，紛紛騷擾。

一、漕糧兑上沙船，飭令旗丁押載，一手經理，以專責成。每一旗丁，許帶二人幫同照應。其卸去之糧艘，即令頭工、舵工照管歸次。查頭舵皆有家眷，旗丁如帶家眷者，飭同頭舵家眷一并歸次，不得帶上沙船。歸次後水手人等即令各船遣散，毋許逗留滋事。至各幫運糧干總，彈壓旗丁，亦應在船押運。

一、沙船水脚銀兩，應請交蘇松太道當堂給發，其駁船脚費，應由雇備該處州縣領銀給發，取具沙船、駁船全領結狀，以免胥吏剋扣。

一、沙船赴津，向帶茶布薑果等物，或代客帶，或船户自帶，所帶本屬無多，每船除七分裝米外，應請照軍船之例，略帶貨物，免其報税，以示體恤。至各船商享國家樂利百數十年，無不情殷報效，其船數較多、踴躍急公者，可否奏明量予議叙，伏候憲裁。

一、沙船在内洋尚可銜尾行駛，一出大洋，船有大小，帆有高低，同時開行之船，收口先後有參差數日者。沙船到津，應請咨會倉場總督，隨到隨卸，不必守候幫齊，俾得迅往關東攬載豆貨回南。非惟免船户苦累，亦使貨物流通，無碍閭閻食用。

一、沙船出洋猝遇颶風擱淺，抛弃貨物至船浮而止，名曰鬆艙，遍詢豆商，此等情事，秋冬之交容或有之，春夏二運最爲平穩。但風雲不測，亦難保其必無，設遇此等，飭令耆船協同旗丁於沿海州縣營訊呈報，驗明確實，應請免其賠償。

一、沙船自上海赴津，經歷江南、山東、直隸地界，上海開船由寶山、崇明至佘山係内洋；自佘山往東北至山東之石島，又東北至裏島，又西至成山，過威海子母島、廟島等處，直赴天津之王瓜蓋皆係大洋。方今洋面肅清，自可無虞盗賊，但漕糧經過，理合整肅軍容，應請奏明，飭下江南、山東、直隸提鎮，飭委水師員弁出洋會哨，以昭慎重。

稟復魏元煜制軍稿

昨奉鈞函，詢及海運一事究竟可行與否，即須切實稟復等因。仰見大人慎重漕運，計出萬全之至意，曷勝欽服！卑職於海運一事究心有年，自二月中旬接奉憲札，抄示廷寄，奏委查辦以來，逗留上洋四十餘日，廣諮博采，益得其詳。竊以爲海運之在今日，其可行者有四，其無不可行者有三，而其不可不行者有五，謹就管見所及，一一爲大人陳之。

昔丘瓊山慮海道不熟，擬募漁户造艘，往返十餘次以尋元人故道。今開海禁百三十餘年，濱海居民以船爲業，往來天津，熟習有素。一可行也。昔人擬於崑山、太倉起廠造船，毋論所費不貲，且船經官造，率虛器不堪用。今上海沙船，自千石以上至三千石者，約不下一千二三百隻，約計每船裝米一千石，往返兩次即可裝米二百四五十萬石，照英協揆所奏起運米數正耗敷載有餘。二可行也。旗丁運糧猶有偷減之弊，沙船船商皆係上海、崇明等處土著富民，出入重洋，無處侵漏。向來關東豆貨往來，并無客夥押載，從未聞有欺騙，何况漕糧，一交沙船，更不必委員押運。三可行也。本年海運，公和幫費已給旗丁，不能不另籌款項。明年海運，即以旗丁出運所領漕贈各款，及各州縣津貼旗丁之項，作爲沙船、剥船脚費，無煩動帑。四可行也。

或疑其不可行者則曰盜賊，不知向來匪徒出没，總在南洋，蓋南洋多山，易於藏匿。北洋無山可據，南洋之船尖底龍骨，一入北洋，沙綫不熟，時虞阻淺。是以從前洋氛未靖之時，浙省商船赴北運貨，皆進上海口，在蘇銷售，此匪船不過江南之明證。方今海面肅清，南洋亦無盜賊，何况北洋？此無不可行者一也。或又疑其不可行者曰風濤，不知遭風擱淺，斫桅鬆艙，事誠有之，然不過千百中之一二，且率在秋冬之間，春夏二運從無此事。試思大號沙船造價盈萬，中號亦需數千，而載豆一次，豆價總值銀五六千兩，商人以財爲命，利害之見最明，如果出洋輒遭漂溺，誰肯以巨萬之資輕於嘗試？此無不可行者二也。或又疑其不可行者則曰霉變，夫軍船由運河到通，動經數月，米色霉黯，統由熱蒸積久所致。沙船抵津，不過旬日，爲時甚暫，何有霉變之虞？若謂鹽水鹽風最能壞米，不知沙船艙有夾底，去船底甚高，船之兩旁皆有水槽，下有水眼，水從槽入，即從眼出，艙中從不沾潮。如果水能入艙，豆之爲物，見水脹發，船艙便當迸裂矣。且茉莉、珠蘭等花，質最柔脆，京師所值，皆由沙船載往，露置船頂之花，不畏鹽風，深藏船艙中之米，反畏鹽風，萬無此理！此無不可行者三也。

然使運道暢通，糧艘無礙，固可不行，今則運河受病已深，節節皆形淤塞，明歲正宜挑浚，難籌挽運。此不可不行者一也。然使倉儲充裕，陳陳相因，猶可不行，今則畿輔户口殷繁，天庾正供斷難一歲遲緩。此不可不行者二也。駁運、陸運流弊多端，不特遠近騷然，抑且糜費無算。此不可不行者三也。且漕弊已極，軍船水手猖獗無忌，暫行海運以殺其勢，實爲遠慮。此不可不行者四也。京國咽喉，惟資一綫，豈惟河梗可慮，而人事亦可憂，前明王宗沐云：『海運如富人造屋，别開旁門，以備不虞。』未雨綢繆，所當早計。此不可不行者五也。

夫集事固在於謀，而成事必在於斷，此時毅然定計，一切章程札商奏定算來已近漕時，若稍遷延，又恐無及。卑職現奉藩司面諭，將所有應辦事宜悉心計議，俟斟酌定時，即繕寫呈覽。兹將海運可行及不可不行之故，先行稟復，然非恃大人知遇之深，亦不敢盡言如此。伏惟鑒察，幸甚！

卷三

婺源　齊學裘　子治

先大夫梅麓公文鈔三首

對張師誠中丞札詢本年江廣漕米海運各條四月續奏廷寄後[一]

問

運價是否仍照前議，每石曹平紋銀七錢？能否先給一半，抑先給八成，或須全給？如何給發，可免胥吏剋扣？

答

查沙船脚價，前委員何士祁禀稱：據税牙唐萬豐等云，往年關東裝豆極貴之時，每

[一] 奏，齊彦槐《梅麓文鈔》（《雙溪草堂全集》本，道光年間刻本）同，《梅麓文鈔目録》作『奉』，且『四月』前有『乙酉』二字。

石二兩四錢，極賤之時，每石八錢，適中之時，每石一兩四錢。關石多蘇石一倍，適中時價，酌給七錢。此蘇松太道每石曹平紋銀七錢之價所由定也。殊不知關斛一石，合蘇斛二石四斗二升，脚價一兩四錢係六八串，合制錢九百五十二文，以二石四斗二升除之，每蘇斛一石，合制錢三百九十四文，折實曹平紋銀三錢三分七厘。蘇斛一石，又大於漕斛五升，以漕斛計之，每石曹紋三錢二分一厘。此適中之價也。前議曹紋七錢，大於市價不止加倍，且三月初旬沙船若非運糧，尚可貿易兩次，予以倍價，猶可解説，今則雖不運糧，亦止能攬載一次，似無庸加倍給價，應請憲臺出示曉諭，價仍原議七錢，照上海豆規六八串錢給發。每漕斛一石，合制錢四百七十六文，折實曹平紋銀四錢零八厘，已比適中之價較大。至豆商雇定沙船，即時全給脚價，運糧水脚亦應全給。其銀應交上海道當堂給發，可免吏胥剋扣。

問

每石應准折耗若干？每船准帶貨物若干？如何取具互保各結？應令何人出具領運米數清單承認交代？是否仍須原運丁弁督押，一手交通？能否即令行商具保，耆舵出具承攬？倘有偷盗及捏報遭風等弊，如何追賠究治？

答

查《漕運則例》，隨船作耗之米，每石或一斗六升，或二斗七升，總以路之遠近定耗之多寡。本年耗米，已全結旗丁，不能退出，故須令旗丁押運，所有蝕耗，應旗丁認賠，與沙船無涉。若明年海運，耗米貼與沙船，所有蝕耗自可責沙船賠補，并不必旗丁押運矣。沙船受兑，自應出具領運米數清單，船商在上海者應令船商具結，在他處者即令耆舵具結，報税牙行，加具保結。船商皆殷實之家，重洋無侵漏之地，關東豆貨往來，每年數百萬石，并無客夥押載，從未聞有欺騙，何況漕糧？偷盗一層固可無慮，然必將艙門釘固，加貼印花，一則慎重收藏，二則易於交卸。再大號沙船造價盈萬，中號亦須數千，而桅價居船價之半，故向來鬆艙以斫桅爲驗，况有旗丁在船，遭風豈能捏報？至沙船帶貨，不過茶布花果之類，所帶本屬無多，大約一船七分裝糧，其餘三分應准耆民、旗丁分半帶貨，免其報税，以示體恤，似不必拘以成例。

問

船商承辦急公，應如何酌給職銜，使之感奮？耆舵承運妥協，應否酌加獎賞，以示招徠？

答

查上年臺米赴津，商人皆賞給職銜，若仿照此例，奏請議叙賞銜加級，船商自益加感激。至耆舵、水手，係船商所雇，自有工食，如承運妥協，止須賞給銀牌，足示鼓勵。惟船抵淀津，隨卸隨放，給與執照，俾得遄往關東，裝豆回南，不至在北守凍，則船户無不踴躍矣。

問

麻袋能否不用？抑仍必需，應如何分限趕辦？

答

查沙船裝載豆麥，皆散貯艙中，從無麻袋，即白糧用袋，亦止備起駁挑運之用，一上糧艘，仍然散貯，并不用袋。緣船中易於發熱，散貯則氣頭衹在浮面一層，若用麻袋，一經發熱，全袋皆壞。且糧艘到通，動經數月，米色霉變，總由熱蒸積久所致。沙船抵津，不過旬日，爲時甚暫，何有霉變之虞？若謂鹽水鹽風最能壞物，沙船裝豆，艙用夾底，去船底甚高，船之兩旁皆有水槽，下有水眼，水從槽入，即從眼出，艙中從不沾潮。如果水能入艙，豆之爲物，見水即發，船艙便當脹裂矣。風從天來，豈有鹽味？若海風果鹹，則茉莉、珠蘭等花，吹之合萎，船頂露置之花不畏鹽風，米糧藏貯艙中，艙門封固，反畏鹽風乎？此皆稅牙造作語言，明知百萬麻袋急切無從措辦，故意刁難，不知果有鹽水鹽風，亦非麻袋所能隔避。多此一項，爲費不貲，應請刪除，以免糜帑。

問

沙船現有若干？能先運若干？現已將及夏至，何時尚可放洋？何時斷不可行？計至何時約得沙船若干？共可運米若干？

答

沙船現有若干，須委員到上海查明，方知確數。現在已過芒種，將及夏至，南風司令，正好開洋。小暑以後，南風更大，自上海抵津，祇須七日。或謂六月不能行駛，此又欺人之談，所謂六月不能行駛者，乃自北而南之船，上海俗語謂之守夏凍。夫自北而南之船至不能動，則自南而北之船穩妥速利，不問可知。一交立秋，西北風起，便難出運。至八月又有南風，謂之桂花風，亦可行駛，然總不如五六兩月之穩當。故頭辦海運，須及此時，再一徘徊，便無及矣。計至何時可得沙船若干，固難逆料。前在上海即查遞年沙船進口號簿，道光二年五月分進口沙船共五百卌六隻，三年五月分共七百十五隻，四年五月分共八百五十四隻，六月以後尚有進口之船，約不下三四百隻。但彼時沙船隨到隨放，三月出口之船，五月即可進口。本年三月以後大中兩號沙船，封雇者約不下五百餘隻，四月初旬始行放出，此五百餘隻之船，皆須在關東守夏，不能回南，故知本年五月進口之船，必不能如往歲之多。然以大數一千二三百號計之，自四月二十五日起，截至六月十五日止，約仍可得五六百隻，每隻通算載米一千二三百石，總可載六七十萬石。加以蜑船、三不像船，若得百隻，約可裝二十萬石；再加以福建鳥船數十隻，約可裝十餘萬石。自今趕辦，凡進口之船，自千石以上者一律封雇，江廣漕米庶幾尚可敷載。

問

計需經費若干？所運係別省漕糧，其經費是否由蘇先墊？既墊之後，是否由該省籌畫，或於旗丁得項內追繳，或另請動項，均由該省籌定解還蘇省？歸款蘇藩庫貯之數，是否足敷經費，抑須另籌？

答

查前議每石曹平紋銀七錢，米百萬石，便需銀七十萬兩，又麻袋十二萬兩，駁船脚費約十萬兩，席片騎釘一萬四千兩，再加夫役人等各項雜用不下萬兩，計米百萬，約需銀九十四五萬兩。若七錢之價照上海豆市六八串錢折實曹平紋銀四錢零八厘，則沙船脚價可省銀二十九萬二千兩，麻袋不用，可省銀十二萬兩，計米百萬，祇須銀五十餘萬兩。此項原係別省漕糧，但既由江蘇籌運，則經費自應由蘇先墊。上海道庫存貯挑浚吴淞江銀三十萬兩，現在水利暫緩興修，此款即可借用。各幫存公銀兩，飭令解交。其餘不敷銀兩，應由蘇藩庫墊用。除存公銀兩外所有經費，應請奏明作正開銷，墊用款項應由該省解還歸款。

問

內河駁船，大半已赴清江，能否再雇？如何給價？抑即將浙省最後尾幫折回京口，直至吴淞過載？

答

現在內河駁船大半已赴清江，無船可雇，再飭州縣封雇船隻，勢必貨船皆押令卸載，胥役恣行需索，騷擾不堪。查有崇明百號米船，可裝四五百石至七八百石不等，往來長江，熟習沙綫，不拘現有多少，一概封留；再進口小號沙船，均能裝五六百石，即可雇其剥運。其或不習沙綫，可先用毛竹數十根上標旗幟，向小新港及扁擔洲等淺處，遍插筌影，俾知開避。且有崇明米船以一領十，自可行駛。此二種船，由江剥運。再無錫湖船，亦可載三四百石至六七百石不等，約有百餘號，其船由内河剥運，從京口受米，運至吴淞口兑上沙船，每石酌給價曹平紋銀八分，應出示定價，委員明雇，不經胥役之手，踴躍應募者必多。其中號沙船情願自雇熟習沙綫舵工駛至京口受兑，應照剥船水脚每石加二分給之。省一剥運，更爲簡便。至大號沙船，自吴淞口以上，沙多水淺，行駛維艱，守風候潮，恐致遲悮，惟有停泊吴淞口等候受兑。此皆主江廣諸幫而言也。若能將浙省尾幫折回京口，直至吴淞過載，則剥船皆可不用，但高寶一帶河面不寬，江廣幫船在浙幫之後，中流塞斷，恐難退回，不如使江廣幫船退至京口爲便。

問

米經海運，如弁丁須押運赴津，其船令何人管駕歸次？水手如何安頓？旗丁得項，是否能追？應如何酬給？每名應給若干？

答

運船以旗丁管米，頭工、舵工管船。旗丁押運赴津，其船即令頭舵管駕歸次。縴夫、水手皆係臨時雇覓，并非長雇之人，歸次後飭令各船賚發遣散，毋許逗留滋事。嘉慶二一十年江浙因旱停運，道光四年因水停運，各州縣皆如此辦法。幫船在次，俱各安静，亦未見散去水手滋生事端。至旗丁所得津貼，陸續動用，萬不能追。頭舵人等自有行糧月糧，足資飯食，亦不必更議酬給。

問

官兵難於護送，應否咨會山東、直隸會哨以聯聲勢？

答

查向來匪徒出没，總在南洋，蓋南洋多山，易於藏匿。北洋無山可據，且其所乘之船，底尖而有龍骨，一入北洋，營船追捕，陷入沙中，寸步不能移徙。是以從前洋氛未靖之時，浙省商船赴北運貨，皆進上海口，在蘇發售，此匪船不過江南之明證也。方今寰海肅清，即南洋亦無盗賊，何况北洋？官兵護送一層固可不必，但漕糧經過，理宜整肅軍容，咨會山東、直隸提鎮，飭委弁兵出洋巡哨。國家體制攸關，似不可少。

代擬海運奏稿陶雲汀中丞命作。

奏爲漕河不能兼顧，江蘇近海州縣，漕糧宜暫行海運，先議簡要章程數條，以順商情，以儲國計，仰祈聖鑒事。

竊惟國家自開中運河以來，糧艘銜尾北上已百數十年，一旦改由海運，不特漕運章程皆須更變，而以國計攸關之糧米，試之深險不測之波濤，物議人情自多懼惑。前此督漕諸臣所以徘徊不决者，其意皆在於此。

臣等恭膺簡命，初莅江南，海運情形素未深悉，委員查訪，廣諮博采，近得其詳。據聞沙船出洋，不畏深而畏淺，不畏風而畏礁。元明之時，海道不熟，以致觸礁擱淺，失事者多。本朝自康熙二十四年開海禁，濱海居民以船爲業，貿易關東、天津，一歲之間三四往返，水綫、風信，熟如指掌。至於沙船之堅固可用，船商之殷實可靠，北洋之盜賊無虞，春夏之風濤較穩，悉與協辦大學士英所奏大概相同。

第思天庾正供關係緊要，如果河流順軌，糧艘依限抵通，而必妄議更張，誠爲喜事。若漕運既未便遲延，河道又多形淤塞，而必執前人攻駁海運之説，坐使河漕兩悮，亦非臣子公忠體國之所爲。臣等察看河道情形，雖現在湖水蓄至八尺有餘，但淮南運道全淤，挑浚之工既不可復緩，清口河身高墊，刷沙之利亦難以遽收。再四思維，明年非暫行海運，别無他策。惟是非常之原，黎民所懼，趨避之習，商賈尤深，自非明定章程，不足以破其疑心而策之趨事。謹就管見所及，敬爲我皇上陳之。

一、江蘇近海州縣，新舊漕糧應如協辦大學士英所奏，全徵本色，由沙船海運抵津也。蘇藩司所屬蘇松常鎮太四府一州，距海口較近，新舊正耗約有一百五六十萬石。查上海沙船底册，除小船不計外，其大中兩號沙船，自千石以上至二千石者，不下一千三四百號。通計每船裝米一千二百石，已可敷載，但受運漕糧，必須挑選實在堅固之船，方保無誤。萬一沙船數或不足，此外仍有浙江、寧波之蜑船、三不像船，往來關東、天津，熟習沙綫，與沙船無异。其船比沙船較大，每歲進上海口者約有二百餘號，咨會浙江撫臣封雇移送備用，一運抵津，可期敷載不悮矣。

一、沙船水脚擬仍照前議每石曹紋七錢，而以正耗并計也。沙船水脚中價，原不過四五錢之間，但此就客貨滿載而言，若受運漕糧，恐防擱淺鬆艙，祇可七折裝載，僅予中價，未免太少。且每石七錢，前經蘇松太道龔麗正出示曉諭，前撫臣張據以入奏，盡人皆知，遽行議減，似不足以取信。今擬水脚仍照每石七錢，米則正耗并計，照北倉紅斛以一石二斗五升爲一石，合漕斛每石五錢六分，雖比中價較多，然海運初行，似宜稍爲從優，以示招徠鼓舞。至此項銀兩，即將每年旗丁出運所領贈貼各款，并州縣津貼旗丁之項，湊合已屬有餘，不另開銷帑項。惟是沙船向來承載客貨，水脚皆當下全給，一則船商殷實，可無侵蝕之虞，二則沙船出洋，藉爲修艙之費。所有沙船脚價，應請於受兑之時，全數給發，則商情益加踴躍矣。

一、交米應責成沙船耆民，不必旗丁押運也。軍船旗丁不諳海性，使之押運，固屬無益，勢必仍向州縣需索津貼，糜費滋多。設有蝕耗，耆民、旗丁互相推諉，尤屬不成事體。自應飭令沙船交米，以專責成，即剥船亦由州縣另行雇備，不必用糧艘剥運。但旗丁運糧，向有隨船作耗之米，每石一斗三升、一斗五升不等，沙船自上海抵津，至遲不及一月，不比軍船之曠日持久，折耗自必無多。今擬每石予以耗米一斗，應可無虞缺乏。其所餘三升、五升零數耗米，飭令州縣易銀，以作北灞駁運之費。至委員押運一層，自爲慎重漕糧起見，但沙船出洋，不能如内河銜尾前進，或先或後，無以照應。且非海洋素習之人，一上沙船，頭目昏眩，飲食嘔吐，無能爲役，抑恐以官威相迫，舵水不能自由，轉滋貽誤。今擬各府監兑，派委南北二員，一員常川臨倉慎選米色，一員由陸赴津，照應交卸。其一路漕糧經行地方，咨會江南、山東、直隸提鎮，領率水師員弁梭織巡防，更番會哨，足資彈壓護送矣。

一、沙船到津交卸，應限以時日，以免經紀、花户人等留難需索也。沙船受兑漕糧，他無所畏，惟畏交米一事，一則恐守候稽遲，致悮關東豆汛，二則恐經紀人等藉端需索，賠累不堪。應請敕下直隸督臣，將天津倉廒先行修理完固，沙船進口，預備縴夫牽挽，停泊東門外，監量過駁，運至北倉，暫時收貯，陸續轉運赴通，則沙船可以隨到隨兑，隨卸隨開，不致守候駁船，致稽時日。至經紀、吏役需索諸弊，嘉慶年間曾經馬履泰、隆泌先後奏明，請旨飭禁。本年四月協辦大學士英奏請分出倉場侍郎一人，并欽派户部堂官一人，同駐天津，有弊立懲，其法最善。惟是一二大臣，勢難逐處稽察，應請添派科道數員，赴津監兑。查驗米色，以樣米爲憑；監量米數，以平斛爲準。進口出口以十日爲期，并飭蘇松太道，每船給發印照一張，仿照各關商税親填檔册之例，著該船商親填到津及卸載日期，其照即於户部堂官處呈繳，核驗有無稽留情弊。如經紀、吏役人等勒索使費，許將確數親填照内，以憑照例懲辦，庶弊竇可塞，而商船無所畏懼矣。

以上數條，實爲海運初行，商情畏葸，不得不破除成格，俾知有利之可趨，杜絶弊端，使其無害之可避。至於急公踴躍者之如何獎勵，收藏不慎者之如何議賠，帶貨免税如何限之不得多裝，擱淺遭風如何使之不敢捏報，脚價防吏胥之尅扣，米色嚴州縣之責成，以及調劑旗丁、安頓水手之一切應辦事宜，臣等當與司道悉心籌畫，總期上不糜帑，中不累官，下不病民，以仰副我皇上宵旰憂勞、疇咨諄切之至意。臣等愚昧之見，是否有當，伏乞訓示施行。謹奏。

復林少穆廉訪書

少穆先生廉訪閣下：接奉手書，猥以彦槐所呈憂旱諸詩及金邑捐賑録，爲尚有可取，嘉許過當，至不敢承。復承詢及前書勸民買米之説，反復推求必得一當，仰見大君子虛懷善誘、樂取人善之盛心，而憂國如家，愛民若子，益爲蒼生幸也。今歲水災，爲江蘇數十年來所未有，民間之苦較甲戌之旱爲尤甚，荒政之辦固不待言。顧近來州縣辦災，類有三法：一曰飭市平價，二曰諭民平糴，三曰禁米出境而已。

愚竊以爲，此三法者皆非法也。物價之低昂，視乎物産之多寡，當米穀充足之時，雖有奸商百計鑽營，求增一分之價而不得，及米穀匱乏之日，雖有賢吏多方勸導，求減一分之價而不能。理有固然，無足怪者。州縣一勒市平價，勢必强者搬運，弱者深藏，而外來之商聞聲而却步，其患將至於無米。宋王覿所謂物價不特甚貴爲害，而甚賤亦爲害者此也。

常平之設，所以平市價也。然限於功令，糶三存七，其數無幾，距城遠者不能爲升勺之米而來，貧民之沾惠者蓋寡。而當平糶倉穀之時，市廛之米必閉而不出，豈惟不出，且勾通奸胥蠹役，設法以入之，故倉穀糶畢而市價復昂。社倉設於各鄉，所以濟常平也。而邇來社倉經理不得其人，大都有名無實，一邑之中有義倉者甚少，而義倉但贍本族，不及旁人。若殷實有田之家，終歲之計皆在於米。遇米價貴，慮無不早糶者，而欲責其買米平糶，此正來教所云除官辦之外，雖薦紳有不願爲者矣。

至於禁米出境，尤非通達治體者所宜言。春秋之世，列國兵争，而葵丘之盟猶曰無遏糴，况今天下一家，又近在封疆數百里之内，一遇荒歉，遂使商賈不通，窮鄉絶食，如之何其可也。且一縣禁米出境，所以斷米去路也。不知縣縣禁米出境，即所以絶米來路，一縣之米，終不足一縣之食，禁之出境，亦復何益？徒授胥役索詐之柄，開奸民搶奪之端。故愚以爲此三法者皆非法也。

夫州縣親民之官，既不能轉移風氣，使民務勤儉，少訟獄，耕三餘一，多所蓄積於平時，而臨事籌之，亦當爲數月久遠之謀，不可作目前苟且之計。再四思維，計惟有勸民買米一策，猶可彼善於此。辱承垂問，敬爲閣下陳之。夫利之所在，趨者必多，凶年飢歲，百貨不行，惟米糧留遷，其利可操券而得，而富民所以不敢遠出者，蓋畏關津遲留需索之苦、城邑鄉鎮堵截搶奪之虞耳。

今使采買三千石以上者，中丞予之執照，一千石以上者，監司予之執照，願往者十有三四矣。典商一歲之息，多不過一分四厘，今使采買一次，除資本運費之外，予以典商半歲之息，願往者十有七八矣。或一人而請一照，或數人共請一照，隨請隨給，不使稍有時日之需。照內注明某縣采辦平糶米商某某，約買米若干石，以免弊漏。

采買已畢，飭取所在州縣回照，載明米石、米價實數，以杜浮欺。米一到縣，即將兩照呈繳，報明脚費，官爲核算無异，加息七厘，視與市廛時價相去幾何而斟酌增減。即傳集米牙，分散城鄉各鋪户，鋪户兑價而後受米，其銷賣也予息三厘。或同時所到之米，買地不同，價有參差，以適中者爲率；或同地所買之米，買時不同，價有貴賤，則後至者量加。官爲隨時出示，定價外來之米，賣與鋪户者，照鋪户入價，不得以其异商而减少；本地之米，賣與散户者，照鋪户出價，不得以其豪右而增多。惟請照採買之米，立簿稽核，不得運販他方；外來之米，去留聽其自便，如此則市價平而人心亦平矣。一人采買獲利，繼起采買者必多，而采買之家挾資重往，源源不絕，一石之銀可收數石之米，則地方之糧食自充，商販之事兼得惠濟之名，則富民之捐賑亦樂。此彦槐囊者在金邑辦災，勸民買米之大略也。

愚昧之見，是否有當，伏惟鑒察。至宋悦研先生所云，吴下米舟，來者頗多，欲仿長中丞撫吴故事，借帑截買，平糶後歸款。此固非常之恩，縱三郡一州二十八縣之災黎未必皆能遍及，然多此數十萬米於民間，終有益無損。惟事歸官辦，不能不經胥役之手，是在區畫盡善耳。

附呈拙詩二首，伏乞教定。諸惟爲國，珍重不宣。

卷四

方蓮舫年丈《蔗餘偶筆》摘録

婺源　齊學裘　子治

香烟結字

康熙間，全椒廣文孔先生，軼其名，聖裔也。某年丁祭，見香烟繚繞成雲，中現『漆雕開』三字，逾時而散，人以爲精誠所致。孔公壽九十有八。前明賀相國逢聖，相傳司鐸應城丁祭日，香烟結『仲由來享』四字。靈感正同。

貯顔堂

六安鄧氏藏顔魯公墨迹，堂曰貯顔。嘉慶乙丑，余欲乞觀，諗知早被豪奪，所存者鈎本也。嗣閲梁聞山先生巘論書筆記，鄧氏所藏，實蔡明遠帖也。真希世之寶。

碑拓貴肥

唐碑拓無不肥者，不可得矣。宋拓已稱希世之珍，北宋紙粗，南宋紙細，皆羅紋也，字腴厚，凸出紙上，手摩似有棱者。然顔魯公《乞御書天下放生池碑額表》有云『前書點畫稍細，恐不堪經久』，可知唐人鐫碑版文字，無不肥者，其明徵也。

南宋殿試題名録

南宋文信國榜殿試題名録一本，人名下兼署小字，蓋當時體例也。余見之於壽春孫春墅國榮齋中。

金鵝山墓地

德清縣金鵝山，爲後漢海昏侯沈戎墓地，葬之日，金鵝翔集，時有『金鵝鳴，沈氏興，代代出公卿』之謡。而沈氏遂自三國六朝唐宋迄今，人文弗替，考其譜繫，足爲千古以來第一巨室。

古 錞

《宋洪文敏公年譜》：紹熙三年，得古錞一於長楊縣。蓋虎錞也。公家蓄古彝器百種，以虎錞爲冠。又據《容齋續筆》考證古錞于，精核之至。予家亦有虎錞，高二尺餘，規制與洪公《續筆》適相合。

石 笋 祥 兆

烏程閔氏，浙中巨族，代有偉人。其始祖墓前神道兩旁，每産石笋一對，出土數寸許，是年准有登甲科者。

閔莊毅公絶對

莊毅童年，有朝貴至其家，適上元節，封公設席，莊毅隅坐，朝貴云：『上元不見月，點幾盞燈，爲乾坤生色。』命莊毅屬對。莊毅甚窘，忽聞街市金鼓聲，乃朗吟曰：『驚蟄未聞雷，擊數聲鼓，替天地宣威。』識者卜爲名臣之器。

豐道生書法

豐道生，字南禺。官吏部考功司，在香光前。工書，有評論書法一卷。議論高超，當時書家少所許可。曩見前湖守趙季由先生學轍藏手卷一軸，真草篆隸無法不備，蒼秀古健，迥絶凡蹊。圖章印泥更佳，世罕見。

二龍戲珠地

明華亭相公徐階，家世寒微，封公傭於常州，年老而殁，土人憐其長者，給衣衾，用兩缸合殮，葬諸二土坡之間。後有精堪輿者，審視其地，問係冢乎，此間地形如二龍戲珠，棺用圓制始合。土人告之，嘆其暗符道妙。

不傷水族德報

杭州相國徐文穆公之父尚書文敬公始顯貴。文敬之封公寒微，居錢塘江邊，每子午潮退，將緣岸數十里水族，親掃入江，不傷一物，自少至壯無間。一夜潮極大，巡江武官見潮頭火光一團，大風涌入徐家，敲門以告，適文敬公誕生，遂以潮名。

徐文穆聯句

文穆曾任湖北藩司，二堂有對云：『飲建業水，食武昌魚，千里馳驅，到處聚觀香案吏；對紫薇花，撤金蓮燭，九霄瞻仰，何年却向帝城飛。』集句典麗自然。

福文襄決卜

福文襄郡王督師經陝，途中奏摺已拜，欲得卜者以決之。縣令某以駱進士師璟薦卜，得《晉卦》，王欣然曰：『我名福康安，《晉》康侯，大吉之兆。』人知文襄將略冠時，不知其儒雅敏決如此。駱，滁州人，時在陝司書記。

天后顯聖

文襄督師征臺，浙閩制府家勤襄公隨行，舟至海中，忽不能動。王焚香告神，良久見遥天一綫，迎面而來，乃一小舟，如瓜皮然，直衝大船。風濤洶涌，徑至臺城，削平巨寇，紅旗報捷。請加天后封號，凱旋致祭，得旨允准。而大魚已先在海邊相待，閩人以魚爲有知也。

浪頭涌月

勤襄公嘗云，某年過臺，月既望，夜方二鼓，坐船頭，見洪波巨浪，千重萬叠，每一浪頭，涌出一月，環海皆明鏡照耀，真大觀也。

海虎

勤襄公度大洋，見一虎，海中躍出，爪按船頭，船竟不動。一老篙工從容持香，請公拜神，以香擲虎頭，虎入水不見，舟乃長行。

夢白虎踞座

直督桐城家慤敏公，少時奉其祖父戍黑龍江，有淮安劉叟亦在戍，一日劉夢白虎踞座間，清晨慤敏以喪服謁叟，坐次適如所夢，劉厚給之，且以女許字焉。慤敏扶櫬入關，行至直隸某山澤中，軸折險甚，有寺僧端坐入定，遥知之，百餘里徒步往勞。公後任直督，感其義，重新廟宇。

酒量甲於天下

長洲顧俠君太史嗣立酒量甲於天下。

酒錢二十餘萬

劉文恪公，相傳前身爲鍾離雲房公，非前門涌金樓之酒不飲。罷相南歸，門生史望之尚書致儀核公飲數，於樓肆據公邸第自取者，五十年中不下二十餘萬錢，燕會餽遺不計也。公廣額豐頤，濃眉紫翠，雙目炯炯，不見白精，望之如祥雲捧日，榮光出河。

食量懸殊

謝金圃侍郎墉每日兩餐，飯僅半盞。達香圃總憲椿每日常饍之外，必得猪頭、肥鴨、金腿、油鷄四種，率雙分以爲常，惟吴香亭少宰玉綸招飲必到。二公皆洊清華，躋通顯，而口腹之量殊懸。

夢唐錢起來謁

金圃侍郎典學江蘇，夢唐錢起來謁，稱門生，甚异之。翌日點名，果有名錢起者，侍郎以前賢名不可襲，乃改棨字，即湘舲三元也。

夏王建德墓

湖州毛吟樹閣學謨督學順天，考廣平府，適届歲除，新正二日，府署演戲侑酒，三更後回院，忽抱病甚劇，一晝夜而薨。蓋廣平府大堂暖閣下，有夏王建德墓，向不開，一時偶忘之也，梟雄之爲祟亦烈。

蝦蟆入鼻

香亭侍郎文名甲天下，聞公襁褓中，每睡熟，家人開床帳，見小蝦蟆跳躍入公鼻中，殆猶歐陽公前身鸜鵒與。

平侍郎前身是僧

山陰平寬夫侍郎恕，乾隆壬辰二甲一名進士。初，封公與高僧友，叩其清修何益，曰：『願與我公做兒子。』封公以爲戲言。卒，封公夢僧來，願往公家五十七年，官二品。翌日而侍郎誕降，一生畢驗。

太平宰相

乾隆癸卯，東武劉文清公典京兆試，茅耕亭閣學元銘分校，得蔣礪堂相國攸銛卷，呈薦。公先閱詩，詩題《仙露明珠》，第二韵『夜静珠騰采，天高露洗秋』，公用墨筆重圈十字，撫案曰：『太平宰相也。』滿堂賀得人，真不愧風鑒人倫矣。

憂　謚

南昌相國彭文勤公疾革，協揆河間紀文達公往問，文勤書一『敏』字於文達掌，文達領之。彭公於謚不喜『敏』字，紀公時爲大宗伯，故以爲屬。昔李西涯臨終憂謚，楊一清以『文正』請，古今人有同情也。

紀文達誕降仙人避居

紀文達未誕降時，家寓仙人，歷年已久，倏辭謝將去，問之，曰：『兵部尚書至矣。』村中有大火球，光焰燭天，每夜群相喧逐，恐被災也。精於目力者細審之，見嬰孩棲其中，靈警异常。一日火球至公家遂息，未幾公生。

奏字卜鼎甲

嘉慶丙辰會試，某尚書招飲公車，適本衙門以奏稿來畫，尚書即指『奏』字，卜今日坐間有無鼎甲。一人應聲曰：『三人之中有二人。』時狀元趙介山觀察文楷、探花帥仙舟中丞皆在坐，果如其言。

珊瑚頂裂

初，頤園尚書彭齡長鬚髯，望之尊嚴若河岳。然夏月御園侍漏，忽聞凉帽頂有聲，急脱視，乃珊瑚縫開裂，未幾緣事罷職。

紅蜻蜓十二對

嘉慶庚申，趙介山殿撰文楷、李墨莊員外鼎元册封琉球。中山王精於煉丹，磁碟融凝，送兩天使。到京後始知從碟底敲開，藥方附焉，内有洞庭湖君山紅蜻蜓十二對。

待漏默誦經書

曹文正每奏事，手捧黄匣，必高於頂。屢典春官，終日危坐堂皇，盡心衡校。朝房待漏，坐而假寐，默誦經書，數十年如一日云。

太常仙蝶

太常仙蝶，都人呼爲老道，見者必有仙緣。吾師紫垣先生夏月退朝，兒孫輩削瓜以進，忽有蝶飛來，棲瓜上飲啖。公知其异，肅然起敬，冉冉而去。明日遂拜兵部尚書。

劉阮重來

嘉慶間，阮太傅撫浙，督兵駐台州，適學使少宰劉公鳳誥按臨，同游天台，樹『劉阮重來』之坊。

白青麒麟

白相國麟字玉亭，初，封公夢至古廟求子，神人引登殿，公見案上黃白青三麒麟，欲取黃者，神急收去，謂此非汝所有，以白青二者與之。後生相國及皂麟，亦官武職大員。

汪薰亭先生

休寧汪薰亭先生，乾隆丁酉優貢，受知於學使秦公潮，屢困秋闈，就藩庫大使而缺難得。戊申春，在秦公邸第看馬吊牌竟誤投供。年逾五旬矣，旋擢科甲，入翰林，官至閣學，壽近大耋。先生光風霽月，奬掖後進。余與公子忠均爲丁卯同年。

程魚門編修

程魚門編修晋芳，隨園畏友也。久困公車，乾隆辛卯元旦早朝回，擲骰子以六紅色決春闈得失，至晌午不見，最後舉手一握曰：『盡在此矣！』擲仍不得，乃連盆抛鄭院落。家人暗中拾取之，皆六紅也，果雋。

章相國名言

錢塘相國章文簡公嘗語，守令爲官者動言去弊，弊乃養人之物，豈可輕言厘剔。人以爲名言。

桂文敏前身是僧

少司農長白桂文敏公鞫案湖南，行至武昌疾歿。時曹文正與公同掌翰林院，先一日，文正夢司農辭行返杭州理安寺，翌日而遺摺至。文敏前身，殆爲理安寺高僧歟。

陳酒療病至孝格天

河南李太史師舒由天津守擢江南糧道，太夫人老年病癱患，倏署中掘地得古瓮，乃陳酒也。適老僕病噎，試之而愈，遂供太夫人，飲及半霍然，臻上壽。李公奉母稱至孝，人以爲靈感云。

汪文端起幽拔滯

嘉慶癸酉，汪文端師典試兩浙，將出都，語門人曰：『此行必起幽拔滯。』及榜發，果獲耆隽，多久困棘闈者。

記楊忠武公軼事 三則

微弁時，被賊衝突，獨騎下山，賊黨逼近，公無計可施，乃下馬箕踞路旁。匪追及，但相公之面，用鼻作聞嗅狀而去。

公破道口，僅率家丁二百人，乘所獲野黑驢，長鬚結辮，以身先之。時賊氛擁塞道口，見公至，儼若神人，争先快睹。路分兩開，大兵接踵，直抵滑城。

公任固原軍門，新年駐省，監司留上元觀戲，某公登場演《聞鈴》，公扮陳元禮。時有《竹枝詞》一絶云：『莫笑梨園弟子行，堂堂司道也登場。無端演出《長生殿》，龍虎將軍又姓楊。』

記楊邁公中丞護相法 四則

乾隆甲辰，公登第，年逾四十，殿試十本進呈，新進士齊集宫門聽宣。或以狀頭問公，曰：『我方物色，適見一人極雄偉，必此君也。』有心者遂向禮曹手摺暗叩之，乃茹古香尚書棻也。有頃奏事官呼名，果茹公第一。

公用主事，分兵部，告歸，人問之，曰：『十年不利名場，五旬外出仕，不過十年，外放必至封圻。』

初，守淮安，因公蹋勘，朱恕齋方伯士達時爲諸生旁立，公詢知爲咏齋尚書文定公之胞弟。他日晤封公郁甫先生，賀曰：『次郎爵位，將來不在長君之下。』

嘉慶戊寅、己卯，公由浙撫内遷壽州，孫晴軒樹南隨任京邸，公一見，謂紹泉丈曰：『賢郎一舉可必。』晴軒果於道光乙未北闈獲雋。

惟德動天

道光丙戌，逆回蠢動，七月二十日，陝督西蜀楊忠武公接欽差大臣關防，未刻，大雷雨；長白長文襄公由伊犁總統授揚威將軍，十一月接印，大雪，雷電交作。《易》曰：『師，貞，丈人吉。』《書》曰：『惟德動天，無遠弗届。』信然。

忠烈冢裂

收復四城，首逆逃遁。揚威收死事員弁兵丁骸骨，齊瘞一冢，名曰忠烈，奏請旌表。冢將成，忽然開裂，不可復合，蓋貴賤難分也。隨征將士環冢哭禱，始合。

海蘭察公

海公蘭察勛威顯赫，文武屬官少所許可。聞公曾與甘鳳池友，精武藝，膂力過人，心慕久之，督師至滇，一見傾心，下交折節。

公在南河，專理度支而修防悉中，河帥蘭公第錫甚相得。河標中軍某驕縱不法，面折不悛，公怒曰：『自離軍營，勇技不用久矣。曷先試吾拳，再請上官參奏何如？』某雙跪乞罪，自是奉公唯謹。

斷碑硯

同年齊梅麓彦槐有磚硯一方，長四寸，碧色腴潤可愛。背面數字，蘇公《墨妙亭詩》，蓋以斷碑爲硯，以碑陰開池，左角鎸小字銘曰：『身可污，心不可滅。藏千年，化爲血。』款署『道周』二字。後閱《金石契》一卷，内有摹拓古硯一方，長亦四寸，背亦《墨妙亭詩》，正面乃王陽明先生款識。新建裘氏家物。梅麓所藏，武進錢氏家物也。

周文矩雪擁藍關圖

梅麓有『雪擁藍關馬不前』手卷一軸，忠臣去國之懷，溢於楮墨，周文矩真迹也〔二〕。

〔二〕周文矩，方士淦《蔗餘偶筆》（同治十一年兩浙運署刻本）作『劉松年』，蓋爲齊學裘據家藏手卷題款改。

談星命

梅麓精天文推步，造渾天儀，嘗言談星命者，須生人時將經緯度於皎日下對準方驗，若僅據某日某時推算，毫厘有差，休咎或爽，内外盤往往不符。識者韙之。

吴玉騶侍讀

全椒吴玉騶侍讀國對幼時敏慧絶倫，十行俱下。一日，封翁指大士像曰：『觀音。試對之。』侍讀應聲曰：『流火。』翁曰：『不對。』侍讀曰：『音不可觀而觀，火不能流而流，以義對耳。』翁大奇之。又一日，讀《論語》，塾師以『子曰』上一圈命作破題，侍讀援筆立就，破云：『於聖人未言之先，渾然一太極矣。』塾師曰：『此子吐屬不凡，必大貴。』昔李韶賦梅花，孫文簡咏紅燭，戴大賓『月圓風扁，馬嘶牛舞』之對，俱以神童稱，侍讀何讓焉。

節婦求傳

桐城姚姬傳先生鼐主講鍾山，婺源有某節婦，托戚人爲木商於金陵者，求先生立傳，木商忘之。無何節婦殁，又幾年而先生歸道山，節婦降神以責之，薦道場禮醮始息。

章解元

乾隆甲午，江南首題『享禮有容色』，解元爲青陽章君道鴻，遲至嘉慶壬戌始捷南宫。見總裁長白玉文恭公，公持手版，熟視良久曰：『昔年甲午江南榜首，同君姓名，其首藝我輩誦習久矣。』章君起立曰：『即門生也。』公乃愈服。

暗見題字

乾隆庚申，南闈首題『述而不作』一章，主試不重末句。嘉慶庚申，全椒吴小山孝廉（鑾）進頭場，昏夜題紙至號，暗中見一『作』字、一『彭』字，俱碗口大，然燭視題，與前科同，因悟闈中衡文，必翻前見，後二比竟從老彭上發議，遂隽。

夢出天榜

嘉慶庚午南闈，徽州一老叟夢看鄉場題，『才』字當首，俄頃出天榜，僅記第四名牛雲芬。是科題『才難』四句，揭曉看全録，牛雲芬乃倒數第四名也。

蕭進士

乾隆戊辰會試題『好人之所惡』一節，定遠蕭進士比捷中式，謁座主長洲尚書沈文慤公，公誦其中比兩末句云：『何畏乎巧言令色孔壬，安所得舟楫鹽梅霖雨。』贊不絕口。大興朱文正公，蕭同年也，撫皖過定遠，訪其子孫，厚恤之。

治化之隆也

道光癸卯北闈，南元某出馮太史桂芬房，馮在闈中，夜聞窗外有人讀『治化之隆也』，啓視寂然，心异之。翊日薦某卷，主司定元後看首作對比少一起句，調勘墨卷，恰『治化之隆也』五字。『曲終人不見，江上數峰青』，豈偶然歟。

張孝廉

泗州張孝廉士愷，戊子舉於鄉，首題『憲問耻子曰邦有道穀』，孝廉以此章書原憲自記立意，通場所無，遂隽。孝廉天姿敏捷，下筆成章。會試報罷，將出都門，同人屬賦長排，首韵限『頭』字，孝廉應聲曰：『别路難分手，天街想狀頭。』

卷　五

方蓮舫年丈《蔗餘偶筆》摘録

婺源　齊學裘　子治

黄琴士詩

巢邑楊體之大令欲仁重游泮水，適令孫入學，繪圖索詩。全椒黄琴士茂才典五步東坡《石鼓歌》韵，妥帖排奡，附録於此：

君捷南宫歲乙丑，英姿卓犖追堯叟。何意金閨著作才，腰綰墨綬風塵走。豐城峨峨資保障，鏡懸虚堂碑在口。惠澤群高鄭渾名，清風遠紹關西後。自從解組還居巢，恥談驥騖軼二九。浮槎嵐翠濡須碧，閑隨漁樵問花柳。有時著書擁百城，玄精耿耿羅星斗。有時忽作方丈字，浪掀墨海風生肘。有時作詩抗元白，秀擢心苗去稂莠。有時畫梅兼畫松，冰肌鐵骨歲寒友。俗子亦解弄柔翰，何啻豨苓并馬穀。先生嗜古更成癖，漢冢秦碑搜隸蚪。半生足迹半天下，公卿折節迎耆耇。經談白鹿義不鑿，書傳黄耳人誰嗾。歸家一硯授孫子，珍重有若彝與卣。年少翩翩入黌序，儀賛禮官樂奏瞍。先生時年七十七，魯殿靈光埒岣嶁。芹宫重到甲子周，諸生濟濟瞻楊厚。回憶同游泮水人，姓名幾欲忘誰某。飽啖紅綾已陳迹，再著襴衫亦希有。橋門含笑携瑶瑜，小雅陳詩祝栲杻。精神福澤天所畀，那羨神仙龍作狗。丹青淋灕走顧陸，吟哦雜遝來曹偶。揭來書劍游冶溪，僧舍清閑歡聚首。仰視北斗何崇窿，氣呑天槍及天棓。昔余塵鞅羈廣陵，長吉文章任手取。謂李申耆先生。兩年絳帳依春風，爲我湔滌胸中垢。忽忽已經廿四年，潦倒一氈仍株守。披君圖畫讀君詩，此詩此畫兩不朽。他日瓊林重赴宴，四海人知松柏壽。

李忠定印歌

李忠定公印歌用昌黎《石鼓歌》韵。篆文『尚書右丞親征行營使李綱』，印旁鐫『靖康元年敕賜』，壽州孫飲生中翰所藏。

忠定李公有遺印，飲生家醇示我屬我歌。南渡業已弃淮汴，拈韵誰克希陰何。印方四面一寸許，字體柳脚兼虞戈。靖康元年紀敕賜，玉石光潤疇琢磨。親征行營名號壯，紅泥摹勒宜輕羅。公之聲望儷趙鼎，立朝丰采咸峨峨。奈何大廷失其政，權奸盜竊持太阿。此印直可擬鐵券，寶器定有神鬼呵。花石朘民民力竭，撫字安得循南訛。公登進士隸邵武，釋褐曾瞻孔壁蝌。麟鳳在郊應時瑞，鈞天廣樂鼓靈鼉。提舉安置屢顛蹶，龜山悵望手無柯。作相僅能七十日，斜陽返照如織梭。駭絶魏公出蜚語，此老行事豈委蛇。況復金牌召良將，之水而外僅曹娥。回首中原半淪喪，傷哉漢廣江之沱。却溯我公策仕初，早在政和與宣和。陳東撾鼓訴公屈，罷辟誰實司其科。歐陽澈戮倍慘酷，善類澌滅何其多。和議已成甘忍辱，會見荆棘埋銅駝。此印無乃竟虛設，三湘八閩勞經過。人生精骨自有限，奚堪既切仍復磋。尤恨伯彦與潛善，更工讒譖與風波。公竄南荒不許赦，刑章國典真偏頗。宵小鬼蜮緣底事，全軀保室匪有佗。建炎當宁靦人面，用人行政誠婞嫛。遐想我公當此境，抑塞無語空摩挲。君從何處得此印，助我酒興長吟哦。好將拓本慎藏弆，譬如名帖珍群鵝。稽之史傳數百載，流光瞥去洵刹那。彼蒼夢夢信難測，獨使賢傑遭坎軻。公之精爽寄斯印，應懸霄漢凌山河。題詩願和《石鼓》韵，敢云學步翻蹉跎。用杜詩『蹉跎翻學步』。

劉南溪

劉南溪先生司鐸嘉定，皖撫朱文正公語之曰：『錢竹汀宮詹，邑之馬、鄭也。』及之任，常請業焉。先生修黃文節公祠，培人才，辦荒政，浚水利，時汪稼門制軍志伊秉臬吴門，將擢民社，乃引疾歸，竹汀老人隸書楹帖爲贈云：『治經欲繼胡安定，養士還如許正平。』

天門開

道光壬午，夢令孫嘉嗣獲雋，頭題『弟子入則孝』一章，檢歷科考略，乃乾隆乙酉江南鄉試題也。乙酉嘉嗣果領鄉薦，乙未成進士。

先生幼時讀夜書，三更後，見天上西方開一長方洞，深邃之至，良久，若關閉然。入室以告，封翁曰：『此天門開也。』

天開眼

予守湖，家人夜半聞天上雷聲，仰視開一長條，兩頭尖，中間橫闊，如棗核然，或世所謂天開眼歟。

三　絶

王子安《滕王閣叙》、范文正《岳陽樓記》，勝地高文，江山生色。我朝凌泉莊廉使燾、翁覃溪閣學書《叙》[一]，張文敏書《記》，皆刻諸屏風，信三絶也。

黄鶴樓太白堂楹帖

『樓未起時先有鶴，筆從擱後更無詩。』曾大令衍東題黄鶴樓太白堂楹帖也。超妙之作，足冠斯樓。阮太傅總制楚中，命去之，然早已膾炙人口矣。

仙　迹

香光謂吕仙東老詩類張長史，題黄鶴樓似李北海，仙書尚以名家爲師。余觀西

[一] 覃，原誤作『潭』，據《蔗餘偶筆》改。

湖金鼓洞山門『飛來野鶴』墨筆四大字，亦仙迹也，儼然香光筆法，神仙又奉香光爲師矣。

堪輿

徽歙某有應京兆試者，精堪輿，先覓小寓，相正屋中間安床，必中元，乃前一月移居焉。旗人正屋中間向不設坐，爲祖先神位也。某夜設榻，晝則撤之。八月初六日午後，程蘭翹太史昌期强借宿焉，竟獲南元。

錢金粟爲冥官

宫星楣侍讀焕與同年錢金粟學士林同寓上斜街，金粟素稱冥官，一日問星楣君有何感，星楣不解，數日又問，星楣怪之。金粟謂近在殿上屢見君，星楣不樂。已而果病，金粟解醫，密告其家人曰：『不起矣。』及卒往唁，屬孝子迴避，自携一大紙包，至靈前默祝焚化畢，大哭而去。

余姓老人

余姓老人寓巢縣運漕，鎮人莫測其來由，言語行止似風顛，善醫，多靈异，人呼之爲神仙。徐山民太史江延治封公疾，問何時痊，答曰：『老者安之。』太史嘉慶甲子舉於鄉，乙丑春闈，頭場題『老者安之』三句也。三場甫完，而封公之訃至京，太史亦登甲科。

鐵舟和尚

鐵舟和尚，楚産也。畫筆清超拔俗，蕉園制軍慶保官吴中時，招同張船山翰林問陶讀畫評詩，傳爲韵事。

風　鑒

四川金孝廉某，善風鑒，名動京師。道光丙子，相余曰：『科名中人，行將方面矣。』費新橋太史丙章亦至，金曰：『此翰林也。目勝君，外臺亦速，官至方伯。子僅一點。』後歷歷皆驗。

子平

内城劉謩，子平精絶，見賞於汪文端師，聲價十倍。

傳神

東坡謂龍眠居士作華嚴相，皆以意造，而與佛合。合肥施墨痴工傳神，能爲人懸揣作像，雖無一面之雅，而不爽毫髮。孫陶圃誥祖屬寫四十賢人圖，直似書家背臨法帖者然，孰謂古今人不相及耶？

奇技

閩中有織畫，乃裁紙條以組織，與刺綉無异；蕪湖湯天池製鐵畫，山川人物鎔鐵鍊成；揚州包君翦紙作書畫，皆奇技也。宋芷灣觀察湘工書法，晚年作字興到時，隨手取物書之，不用筆而古意磅礴。聞瘿瓢以墨水洗兩足，踐踏白紙，爲無數毛蟹；墨水浴臂，坐壓紙絹，側身而起，便作巨桃。斯又入神出化，不可以恒情度矣。

精　奕

合肥周天叙精於奕，昔館予家，體肥大無鬚，或以美髯戲之，由是大鬍之名著淮南北。有僧慕名來訪，當局對著，互執牛耳。時稱國手者，毗陵潘君一人而已，評者謂天叙僅亞之。潘就成邸聘，名噪都下，惜未與周一角伯仲。

夢老子

桐城茂才劉孟塗開工於詩，公卿延譽，曾夢老子邀其適館，後亳州刺史聘修志，始悟。偶月下獨酌，問僕人時刻，云夜大半，長嘯曰：『可以去矣。』端坐而逝。

能言前世事

錢竹汀宮詹不取輪迴之説。蔡生甫學士之定前身實爲老嫗。晋撫申文恪公能言前世事。趙虚舟太守玉能言前三世事。

崆峒山

崆峒山，黄帝問道處，山如束笋，孤高無輔。大佛寺頭天門居山之腰，登者挽鐵絙，穿石壁，蟻旋而上，躋真武殿，西楹爲李老君殿[一]，銅像八尺，嚴峻如生。其巔有玉清閣，隨園嘗以未至爲憾。余過平涼，攬勝有詩。

天下第一

塗山禹王廟銀杏，天下第一樹。宣聖殷比干墓隸碣，天下第一書。真定大佛，天下第一佛。閩中萬安橋，天下第一橋。金陵報恩塔，天下第一塔。

求雨鐵牌記

湖州郡庫藏求雨鐵牌，仙迹也。乾隆間前守雷公輪有記，予搜獲，刻入《金井洞志》中，并附録於此：

[一] 西，原誤作『兩』，據《蔗餘偶筆》改。

古者郡國旱，公卿行雩禮，閉諸陽門，興土龍，立土人，舞童二佾，七日一處，禮也。丙午春，余奉簡命守吴興。故事：歲五月二十日，太守率僚佐，具牲醴，往郡北弁山之黄龍洞致祭於龍神，答神貺也。四載以來，雨暘時若，上下安之。己酉夏，不雨者兩月，民心皇然，走告余，願請古所遺鐵牌者以祈之。時惟設壇通籙，日與諸從事徒步禱天寧寺，至所云鐵牌者，余固未之知也，有老僕進而啓曰：『昨郡圃愛山臺大風拔木，於址下見一古鐵，形模甚异，將所謂鐵牌者非耶？』亟取視之，土花剥蝕，隱隱現五星靈文，果鐵牌也。隨割牲塗釁，遣法曹王君賫往山麓，懸諸洞中，不數刻，天油然作雲，雨如注者累日。田野沾足，槁枯勃興，向之皇然待澤者，一朝頓解其隱憂。以此見天心之仁愛斯民，而神物之不終湮没也。顧牌之所由來，不可以不記。按宋真宗朝，遇旱，禱黄龍洞，輒應，遂錫金簡。考《爾雅》，簡謂之畢；《説文》云簡，牒也；又蔡邕《獨斷》云策者，簡也。古以竹木，唐宋以金玉，大中祥符間有玉牒文，其明徵矣。明初已無復存者，潘羽士桂源鑄鐵牌以實之。夫鐵本金屬，牌者牓也，緣有紐，故謂之牌，其義即取諸此歟？若夫霈澤宏敷，休徵立應，則神之靈也，民之福也，余何力之有焉。爰敬謹貯藏，爲後之守此土者，備雩祭之一助云。

黄龍洞

黄龍洞，山水奇僻，郡人姜虬緑，號大海樵人，創爲《志》。招華亭李鍊師，縋幽鑿險，盡攬其勝。有七古一首，録之可當卧游焉。

忽然一石如岩扃，忽然一石如軒楹。忽然一石如疏櫺，復有一石如竹節。亦頂一石如芝莖，如蜂巢亦如檐冰。如壁爐竈如瓶罌，亦如雲氣繚復縈。又如波濤勢湃湃，自高自下不記名。千雕萬鏤皆殊形，其實一氣呵凝成。仙人秘此三千齡，山中老翁髮星星。了了掌故多分明，問之不辨訝人驚。海樵山人搜丹經，青牛道士來華亭。奇情一發山膽横，開山伐石呼雷霆。洞中小仙不敢守，舉火任我衝風行。從兹靈秘齊開生，自來游客俱蒙萻。因思此外絶壁上，尚有空洞南西向。五五三三制各殊，通中大率皆奇狀。會須一日游一洞，或引丹梯或飛控。那有痴人敢我隨，世間好事惟爾共。

吴興西崦梅花

吴興西崦梅花，不減沈瀆觀桃也。山麓居民皆管姓，實夷吾之裔，其社神祀鮑叔牙，宜哉。

定海大寺珠寶觀音

普陀山隸浙江，定海大寺有珠寶觀音一尊，昔年紅毛國人藉拜佛竊去，至大洋，海水陡涌蓮座，舟不能進，送回。

神　鐘　庵

懷遠洛河界地名馬廠，明季家汗青太史之先某公見大蛇亘於道，祝之曰：『爾若有靈，當廟以妥之。』蛇遂行至路旁盤曲焉，因建東岳廟。廟成，獨少一鐘，廟距河遠，忽一年大水泛漲，河中自來一鐘，宏大古厚。又稱神鐘庵。

瑪瑙大士寶相

許玉年大令乃穀有瑪瑙鼻烟壺，瑩白可愛，上半纏絲如雲，一毫不亂，平底光明，大士趺坐合掌僅黄豆大，神采宛然。

猫石

湖北省城東門外，長春觀大殿階前青石内有猫，宛然如生，水澆石面，則鬚毛畢現。相傳猫聽經入神而化，殆所謂精誠貫金石歟。

顧夫人墓志碑

太湖北門外，牧童見群豕於泥土中搜得一石，遂取爲抵門之用，夜半，忽聞婦人叩門曰：『我顧夫人也。吾女苦節多年載於碑，勿以廢石相弃，願送學署。』旦明拭視之，果故宋顧夫人墓志，并載其女爲進士黄忱之妻，賢而守節者，遂以碑呈余弟士鼒，列其名於總坊之首，碑立節孝祠中。

記西域軼事 十六則

海馬

伊犁三台海子周圍數百里，四山環繞，空水澄鮮，島嶼中有海馬，人常見之。水清洌异常，或擲草石等物，立刻涌上邊岸，殊不可解。

葫蘆天池

烏魯木齊巴克達山，高峰插天，冰雪不化。山頂有天池二，形似葫蘆，清冷可愛。開闢之初〔二〕，某將軍欲引池水通渠水，不下注。相傳爲達摩面壁之所，仰視峰尖，如在天際，不能上矣。

巴里坤八景

巴里坤八景，曰天山松雪、蒲海鼉城、岳臺留勝、我朝岳大將軍駐兵山上。尖山曉日、鏡潭宿月、黑溝藏春、龍宮烟柳、秋稼堆雲。惟岳臺最雄傑，前有八陣奇門，兩旁能容萬馬。黑溝去城三十里，路難行，一入山内，豁然開朗，蒼崖絶壁，別有洞天。惟高處

〔二〕開，原誤作『闢』，據《蔗餘偶筆》改。

不勝寒，風雪無常耳。鼉城，海中蜃樓也，天陰則現。龍王廟獨有柳樹，他處絶無，故有烟柳之勝。

石人引道

鎮西府城外三十里，路旁石人一坐。雍正間，岳威信兵行迷路，深夜有兩人引道，天明視之，則兩石人也。不解何時移其一至奇台城外。此間石人高四尺，頭大而面上略具眼鼻，近能行動，踐踏田禾，土人建圍墻木栅以限之。兩石人余皆見焉。

敦煌太守碑

漢敦煌太守碑在鎮西府關帝廟，石質年久，光明如黑玉。相傳拓本能避風，船上携之吉。

天山松樹塘

南山口松樹塘去巴里坤二百里，天山絶頂松樹極多，异草奇花，流泉百道。對面山脚下，沙坡横長數十里，獨無青草。唐營沙壓，至今常聞金鼓聲。

姜信本征匈奴紀功碑紀异

山脊有唐貞觀十九年姜信本征匈奴紀功碑，守將砌以石屋，不使人讀，讀之則風雪立至。余往返經行，歷驗不爽。道光戊子二月，伊犁領隊大臣某東旋看碑，忽大風揚沙走石，雪片如席。某趨馬下山，雪深丈餘，巴里坤廠馬壓死無數，行路不通，文書隔絕。其异如此。據紀文達公《閲微草堂筆記》，爲侯君集平高昌碑筆誤也。

福文襄碑

福文襄郡王碑一坐。

關廟聯句

關廟據山之勝，聯句頗多，唯徐星伯太史松有句云：『赫濯震天山，通萬里車書，何處是張營岳壘；陰靈森秘殿，飽千秋冰雪，此中有漢石唐碑。』

哈密苦水

哈密以東至安西州千餘里，中多苦水。夏秋之季，土人鑿地引泉，僅足供用，若遇徵調，短絀時形。丙戌秋，大兵過境，楊忠武每下車，必先探水源，源不竭，克敵之兆有徵矣。

漢張騫碑

伊犁西南卡倫外那林河草地，群山圍繞，中有大海，海沿有碑，相傳漢張騫立。松湘浦相國筠遣人摩拓，字在有無間，不可辨識。昔有筆帖式某隨大員經過，見一石矗立，略具人形，遂用筆戲寫眉目鼻口，有頃，暴風大雨，人馬難行，大員望山禱祭。有心者潛往看石，則墨戲已被雨淋，净如拭矣，奇哉！

浩　罕

浩罕，一大部也，有兵四萬，三時務農，一時講武，適合古法，强悍甲於回部。

和　闐

和闐人皆唐衣冠，相傳唐裔也。

濕死乾活草

伊犁有草，生石面上，紅花，嬌艷可愛，家家用衣綫懸於窗槅間。見水則萎，名曰濕死乾活。

札義烈公現像

札義烈公，伊犁將軍保文端公之父，乾隆間，葉爾羌殉烈，至今城門上時現公像。伊犁南門外龍王廟，相傳龍神像確似義烈公。

鴉換班

伊犁白頸鴉，十月從南路飛來，烏鴉飛去，二月烏鴉北來，白頸鴉南去，謂之換班。

夢竈君

勤庵十六叔父，丙子夏五月夢至大宇深巷，一人黑衣冠，貌甚偉，念必竈君，長揖唯謹，祈决科名。竈君稱公爲進士，許來春會試，但不連捷。及退，竈君送至階下云：『將來用知縣，祇可做一年。』是秋登賢書，己卯成進士，即用知縣，分發廣東，亦未赴省。王楷堂比部亦有筆記。己亥夏，公夢陳月漁孝廉燮云：『今科君家中三人。』公答云：『祇聞東園中一人名方遠志。』迨南闈揭曉，從弟錧中式，錧所居即東園也；而六安、徽州中兩方姓，合錧果三人。是科予子濬頤北闈獲雋。遠志，予子七歲，隨任時自名，人無知者。『除夕生兒，未滿三朝成兩歲』，老對語也，從無屬對者。今春公偶於枕上得句云：『端陽刈麥，纔過首夏又新秋。』足稱名雋。

老道

嘉慶丙子七月，余補中書，次日將出門，見廳右窗上有老黄色蝴蝶飛繞，心甚异之。時兒子濬頤生周年餘，小鬟領之嬉戲，捉以入室。家人素知有老道，棲諸紙匣。待余歸，急取視之，神采不凡，捧至院中且默祝焉，但見兩翅一分，干霄直上，真仙品也。時寓賈家胡同。

劉節婦示夢

再從弟蓉輝宅居南街，有劉家牌坊，歷年所矣。道光某年，劉姓遵例具呈移去。一日，蓉輝夢婦人眇一目，語之曰：『我真節孝也，一坊奈何折毀？』蓉輝駭然，詢之故老，劉節婦實一目，蓉輝爲之立碑於大道之側。

長生術

餘齋公觀察西江，曾見一老人百二十餘歲，問其長生之術，答曰：『一生祇是不動心。記某年入山，遇猛虎，亦復毫無驚恐。』公聞之肅然。

卷六

方蓮舫年丈《蔗餘偶筆》摘録

婺源　齊學裘　子治

吳學士

全椒吳山尊學士鼒誕時，封公衣言先生見僧人入室，是夜學士生。後登己未進士，列詞垣，開春坊，受知仁廟。嘉慶戊辰，乞養歸里〔一〕，主講梅花書院十餘年，卒於揚。先是，有人贈白鶴一隻，學士留養家園，忽一日長鳴冲霄而去。家人异之，未幾而凶耗至。顧君千里以『獨鶴與飛』挽其額，蓋紀實云。

〔一〕里，原誤作『曰』，據《蔗餘偶筆》改。

福大宗伯

長白福大宗伯慶工詩，熱河回京，成邸叩其新製，福以《途中即事》有『蟹螯驢背舞，蟬翼馬頭吟』句爲對。成邸戲曰：『古有崔鴛鴦、鄭鷓鴣，君其福驢乎？』聞者絶倒。

王比部

大興王楷堂比部廷紹高談雄辨，都人稱爲嚷王。長於詩，倚馬可待。署中公暇，口號云：『司中呼小馬，堂上坐長麟。』時協揆長公牧庵麟爲大司寇，或譖之，一日長公以好對聯相戲，比部應聲曰：『司官曾有句：名醫唯扁鵲，良相是中堂。』長公大笑。

大硯

比部曾於肆中得端溪大硯，長數尺，蔡端明學士『大硯盈尺，風韵异常』二語可以移贈。阮太傅有長歌一首，米家硯山不得專美於前矣。

袁蒲桃

桃源袁玉堂大令潔畫學青藤，尤工蒲桃，人呼爲袁蒲桃。直督章佳，文毅公門下士也。文毅長嗣静止參帥容安屬畫，自題兩絶云：『春風曾傍狄公門，桃李深懷種植恩。漫把蒲桃擬芝草，一枝未敢説無根。』『九天卿月仰彌高，幾載雲霄夢想勞。尺幅龍鬚真有幸，西飛先得待旌旄。』

鵝卵石

先大夫曾拾得小鵝卵石子，豇豆大，頗白細，上面一人騎黑驢，驢蹄噛，攬轡者作銜勒狀。

室内見牛

余兩周歲，先慈宣太恭人哺余粥，余背窗面向内坐，忽見西北隅兩小牛犢，一青一黄，歡躍特甚。余驚訝之而口不能言。至今如在目前。

夢驗

乾隆壬子北闈，八月十六日夜，晴巖二伯父夢出號舍，放牌尚早，月色皎潔，『龍門』二字照耀异常。有頃放牌將行，一五品官止之曰：『走角門。』至大門見大車，將登矣，一四品官止之曰：『坐小車。』乃乘以出。醒後殊悒悒，是科中副車，後官部郎，以覃恩獲四品封。

公謂東園凌丈泰封神似陳遠山榜眼萬青，又謂龍子嘉同年汝言必擢狀元，皆不爽；與漁洋決嚴寶成虞惇、趙書山晋必登鼎甲，事實相類風鑒，洵不虚也。

神鴉

瑞庭十一叔父以福州郡丞署蚶江別駕，度洋回省，海中水如山立，舉船惶恐，篙師跪求神佑，良久見二神鴉大如車輪，迎面分飛，少頃化險爲平，舟行無阻。乃知所見者大魚曝翅，二鴉天后神使也。

烈　女

吾鄉張烈女，父以藝名，許字於文學吳君之侄，吳氏子歿，烈女死之。先伯祖耐齋公捐田以葬，餘齋公爲之立傳。

葉儒童修泰聘閔禮堂翁之女，修泰勤學死，烈女殉節。時余守湖，少宰杜公塏視學兩浙，聞而悲之，爲賦柏梁體長古以紀其事。

烈婦武氏傳

吾家再從兄錦之聘妻有宫氏稱烈女焉，乾隆庚戌兄殤，烈女聞而自經。余方四齡，心知怵异之。今老矣，何不幸而又見烈婦之事。烈婦武，從侄泰之婦也，年十八來歸。翁晋三公，繼姑金孺人，時已先赴粤西需次縣令，泰讀書應童子試。烈婦生一子一女，不數年俱殤。泰體弱善病，遂輟學。辛卯、甲午，翁姑相繼卒於粤，歸櫬於里。既除喪，泰携渤、瀠兩幼弟僑居縣城，烈婦在中饋。泰爲渤成室，瀠擇聘，家無擔石，宴如也。大父農部晴巖公、繼大母孫太宜人，下世數十年，未歸窀穸，獨煢煢焉以爲大戚。丙午孟春，泰隨兩叔父率昆季，附葬大父母於池河，庶曾祖妣姚太孺人墓之側。

歲丁未，泰疾篤，烈婦不解衣帶者累月。七月望日，以仲兄瀛之第三子鳳標爲嗣，翼日疾革垂殆。烈婦知必不濟，日將午乃潛仰藥。其母與弟驚覺走視，急求解救，烈婦閉目終不顧，因以鐵器啓其齒，强飲之，倉猝間齒鐵兩折。烈婦義形於色，謂：『吾久矢於夫矣，今獲死所，毋誤我。』母知不可奪，灑泪以去。烈婦更衣，遂熟睡。薄暮泰絶而復蘇，聞之怡然，須臾目瞑。既小殮，烈婦忽甦，詢知泰已歿，愀然曰：『我曾割股而竟弗瘳，命也夫！』召家人慰勞如生平，且以心無罣礙爲辭。夜半氣盡，面如生。

嗚呼，千古英豪，但欠一死者，史不勝書。烈婦視死如歸，豈不足光日月，羞地下之諸公哉！而吾尤難其致命於泰之未絶之前，是不忍死其夫，而尤不忍少遼緩之以負其夫也。此又紀傳中絶無而僅有者矣。當路重其義，將聞於朝禮也。烈婦武氏妹出，妹夫從九品鴻緒歿於辛丑。妹昔爲先大母陳太恭人所鍾愛，太恭人以節孝顯。妹能夙稟祖訓以訓其子女，非常之舉，誰曰偶然。

宮烈女

宮烈女，大中丞伯厚先生之曾孫女也，與再從兄合葬於南關外，每夜香聞數里，半載乃寂。

夢啖葡桃

新安羅德孚翁，先曾姑祖母子也。先曾祖最愛之。翁病疫，醒語人曰：『適偕一卒入府第，門者曰誤矣，遂歸。途遇白鬚老人，啖葡桃十餘枚，甘香之氣沁入心脾。』豁然而愈。

胡錦棠爲土地

正陽錦堂胡翁，先繼曾祖妣之胞侄也。醫學傳家，鄉里稱長者。道光丙申年七十疾革，召親友沐浴衣冠，自言將爲某處土地。厥而忽甦，謂：『今日不利子孫，不可以行。』屬家人焚冥資五千文以犒鬼役。越翼日丑時乃逝。

夢神來住

洛河方氏前明以來耕讀爲事，某翁以古道稱，忽夢男子五人來曰：『願住翁家。』翌日鄉人有絶糧者，以銅菩薩五尊乞黍二斗。翁視之，乃關聖、祖師、真武、魁星，又小佛一尊，適符所夢之數，遂許之，供奉至今。

夢紅袍紗帽人來

壽州孫瀛槎本夢紅袍紗帽人長揖而來，似有所屬，及退，送至井欄，挺身而下。醒而异之。未幾家人淘井至底，歡聲上達，詢知獲古墓焉，因悟前夢，封禁有加。世人每樂開古冢以牟利，豈知猶有鬼神歟！

吴興全圖詩

余仿吴興志書輿地全圖繪一巨幅，名之曰『曠觀清遠』，以奉老親，歸安學博端木鶴田國瑚題詩紀事：

吴興山水古清遠，百里具區一席展。東西對影雙洞庭，水精宫裏修眉青。豈識蒼龍起天目，瀉霧奔泉快馳逐。一派烟光一縣來，水田萬罫連天緑。七縣桑陰蠶子肥，條條村路聽鳴機。行春人醉沙鷗外，四面晴嵐翠染衣。能詩太守柳侍中，能書太守顔魯公。風流作郡古所重，聲名流過東吴東。今來太守更不同，卧游家有商山翁。寫之丹青走千里，高縣長壁娱方瞳。時時一笑顔色好，如此湖山真善禱。愛民但得蘇長公，醉客何須沈東老。靈威丈人拍手迎，笑他五岳説真形。窪樽亭畔青青草，春滿江南道路平。

湖州沈瀆桃花詩

湖州太湖邊七十二漊港，居人背山面湖，物産饒富，小沈瀆桃花極盛，清明前放舟紆迴約三十里，真仙境人間也。余曾招客載酒，家月川明經璧城有詩，一時傳誦。詩曰：『弁山雲，太湖水，蒸出紅霞幻羅綺。風姨細剪費工夫，散作桃花三十里。三十里，千百家，家家繞屋是桃花。花中定有仙人住，仙人合在花深處。花深處，客徘徊，花氣濛濛霧不開。欲教覓路出花去，山雨湖烟不放回。沈瀆主人具春酒，趨出花間迎太守。太守親民勸力耕，居人樂業咸安阜。傳聞海上有神山，開花必待三千年。三千年，誰久住，不如一年春一度。昨年我從箬水西，載酒看花醉眼迷。曾道主人能愛客，風光不讓武陵溪。今年春較昨年早，今年花比昨年好。白髮從游復對花，花應笑我容顏老。吴興太守例能詩，佳句先成屬和遲。汪倫謂銘甫。去後誰能和，百讀唯須酒下之。百讀百杯已醉倒，蹣跚竟欲眠荒草。主人邀我登碧巖，注看瀑布飛珠簾。我醉擡頭不能上，且待秋來再策杖。歸卧舟中魂未歸，夢爲蝴蝶花間飛。』

兩人飲酒兩石

京師前門酒樓，某年有二貴客，車馬僕從似内城式。午後登樓，命取雙料兩大罎來，食品祇索松花、糟魚、水果而已。飲畢，再取兩大罎。至第四罎將罄，日旰，從者請升輿入城，乃從容償酒價下樓而去。計所飲之數，距二百斤不甚遠，古所謂飲酒至石者歟？茅桂林孝廉枝聞而异之，或疑爲酒仙云。

墨　龍

杭城多火災，惟朱養心藥鋪從不被害。相傳初年主人精於醫，有丐者遍體生瘡，哀求診救，款留調治，百日而愈。臨行爲主人畫墨龍禦火患以報德，擲管而去，不知所往。

鰲魚翻身

道光辛卯九月地動，懷遠、鳳臺交界，山中裂開幾十丈，聲響如雷。余在金陵聞是夜大江北岸水亦鼓蕩。先是，懷遠一小兒在市口跳躍，有鰲魚翻身之謡，三日後遂被災。

雲龍

嘉慶辛酉，余讀書於北園，夏末秋初，倚門看月，先見黑雲往來，須臾長亘天成龍形，頭北尾南，約數十丈。角爪分明，尾尖而長。外有白氣一道，緣邊相夾，如畫家粉筆鈎勒狀，良久乃散。

蝦蟆報仇

山西某商開油鋪於固鎮橋，店房内一矮人出入，忽有忽無，必欲窮其所在，尋至某屋門口不見，乃掘地，見蝦蟆殊肥大，以鐵鎚擊之，愈大愈堅，某怒燒之，遂失去。或曰：火生土，殆土遁也。三日後大火，資財灰燼，所到之處必遭回禄，奇哉！

紅鴉

朱家灣街北栅閣上，某年有兩紅鴉棲鳴，越三日夜間大火，延燒無算。

緑蝦蟆

當塗小丹陽鎮，相傳某年有張傘避雨土地廟旁廢臼者，雨止乃行。村民咸詫曰爲神，遠近祈禱無虛日。後縣令某經其地，命除之，見石臼下一凹深注，大蝦蟆背茁緑毛，兩眼赤，作拱立狀，斃之，怪遂絶。

赤龍

黄思庵先生，琴士之祖也。乾隆甲辰九月二十日夜半，忽見窗櫺盡赤，啓視，空中一赤龍綿亘數十丈，頭在東南，尾跨西北，鱗甲光芒，火星迸露，少頃雲布滿天，頭尾俱没，四鼓後赤焰亦銷。先生曰：『大旱之象。』乙巳奇荒，丙午大疫。先生有《火龍行》《奇荒嘆》，皆紀實也。

石獅子偷肉

河南固始祝氏，巨室也，每日市肉，總少半斤，不解其故。有心者疑門前石獅子常挂麻繩，遂將獅子并石座移開，見血迹存焉。

紅人踏船

劉以興嘉嗣宰貴陽，家屬赴黔，洞庭遭風，同行者前三船，一沈兩碎，大令船危在呼吸，舉船大哭，忽一紅人偉岸异常，自空而下，脚踏船底而船轉正。大令之子景曾爲予言之。

翦背雲

乾隆間，宫門待漏，各官朝珠背雲墜脚盡行翦去，樞相密屬禁門全掩，各官類聚，少頃見一人捧黄匣，獨行踽踽，啓視之，盡背墜也，奏交刑部。嘉慶壬申〔三〕朝審勾到，

〔二〕壬申，原無，據《蔗餘偶筆》補。

内閣法曹齊集朝房，中書屈廷鎮海龍大褂兩後襟被人割去，案終未獲。

矮道人

京師虎坊橋五道廟，老道人毛髮盡白，身極矮小，寡言笑。問其年，罕有知者。長齋，喜飲酒。相傳實吴逆間諜，吴誅，遂以道服隱於市，與縉紳往來。或招之飲，伺其醉，暢談滄桑，冀探其蘊，默無一言，但含泪而已。後竟以壽終。

假穩婆

京師有假穩婆者。初，其母以收生爲業，生兒溺愛，自小蓄髮纏足，隨身携帶，不爲人所疑。及長，隨皮匠僞托夫妻，隱作龍陽矣。不數年匠死，冒稱寡婦，往來京城内外有年。忽被人識破，送部伏法。時李鳳岡比部威主稿，禁其亂言，遂定讞。

江　獸

湖北漢陽府東門外江中有獸，似獮猴，常上岸曝日，人多見者。

八公山

八公山踞壽春之北，近數十年牧童常拾獲零星赤金，重錢許，方整如切。或疑漢淮南王鍊丹遺迹。山麓多古磚，紀年號名姓，字皆篆體，漢魏舊物也，質粗不可爲硯。李申耆大令兆洛考據極博。道光乙巳，予登八公山，有兩絶云：『咏嘆山中不可留，肯依叢桂向深幽。世人漫詡神仙迹，好事都從瓦礫求。』『一局殘棋竟却秦，至今風鶴緬淮濱。天將保衛江山險，不許長留捫虱人。』

怪禽

壽春北山濱河，居人捕魚爲業。一日，大霧來二禽，雌雄各一，狀類鶴，鳥身人首，如禿髮然，每夕食魚殆盡。漁人以大罟羅得其一，高五尺，翎長數尺，或以猫試之，立啖而盡，竟無識之者。

蜻蜓异種

黄琴士避暑家園，新雨後蕉緑倚窗，見粉墻有物，取視之。頭翼翠碧，爪深黑，蜻蜓也；下半則兩蝶翅彩衣滑膩，約寸許，作拍拍狀。置秋葵葉上，翌早視之不見。

蜜蜂

黔省萬山山民養蜜蜂爲生，能識其性情製造之法。蜂取蟾酥，先從口外飛擾，俟其張口，鑽入取酥，然後在項下軟肉刺破飛出。其取牛黄也，亦從牛口入，從鼻孔出。蜜將釀熟，别有一種蜂，大於蜜蜂者，來在蜜上用骰足踐蹋，然後蜜成，其蜂與蜜蜂王交媾而後去。

蝎虎化蛇

何間花同年裕曾見路旁無數蝎虎銜尾相接，直如繩，約三尺長，良久似有人拈起兩頭作旋轉狀，倏變蛇一條。

蟋蟀化异物

蟋蟀，化生之物，未聞蟋蟀又化爲异物者。家人養蟋蟀，清晨上食，見脱一空殼，疑爲三尾所嚙，旋見水池内蟠結一團，蠕蠕欲動，引而伸之，約長一尺，白細如粉絲，然兩頭尖，離水則乾枯矣。奇哉！

於潛白术

於潛白术，野生者良，近多種生。山之背，屬武康。屆冬，牧人向草根之無雪者掘之，皆野术，真仙品也。

餘杭山竹

餘杭山産竹，一供箭桿，一供筆管。

日本國紙

日本國紙，如中華桂花葉，濃緑色，堅滑，書字極光潤。

雲書

俄羅斯書，字體如雲，層層横讀，古之雲書也。

卷　七

婺源　齊學裘　子治

董阿祥投子報怨

無錫潘晝堂上舍錦耀能詩，工畫山水，尤工鐵筆。壬申之秋，來游揚州，時時過談，慰余寂寞，幸矣。與余言其姑丈楊振西之妹夫侯某，素習申韓，晚得一子，取名德培。他人抱兒，兒則嬉笑快樂，其父抱兒，兒則伸拳打父。長大後無惡不作，忤逆父母，浪蕩家財。及父歿，母鳴官拘禁，逾年病斃。

一夕，楊振西、德培之姊丈竇五，夢見德培枷鎖而囚，曰：『噫，侯德培，胡爲至此？』鬼曰：『我是董阿祥，非侯德培也。』竇問之故，鬼曰：『我爲盗首，被獲坐法當斬，侯某當刑名，索我多金，許我免死。誰知受我多金，仍置我死，怨氣難消，投子耗其家財，以雪我怨。』竇曰：『爾在陰間何事受罪？』鬼曰：『爲我忤逆生身之母，罪大難赦耳。』竇遂驚寤，方知侯德培幼時伸拳打父之由如此。

馬姓投死得生

無錫馬某歲末欠人百金，無處打算，避債惠山背後，將欲尋死。見一人先躲在彼，馬另尋僻地而去。至僻地，又見此人，因而交談，同病相憐，嗟嘆不已。某謂馬曰：『我欠債數萬金，家中祇存數千金，無濟於事，不得已以死了之。君家欠債不過百金，何必尋死？我寫一字與君，君速往我家取百金去解債，莫管我事。』馬受字條，力勸某勿死，我到君家自有安排，因托墳佃看守某君，不放其死。

馬持字到某家，見索債人衆喧嘩不休，馬曰：『諸公勿爾，某君是一長者，爲諸君索逋，躲身山背尋死，被我救活，特來報信。某若喪命，諸公何安！』衆聞言大驚，遂邀馬同去訪某於山後，好言相勸，候發大財，還本免利，從此斷不上門索逋，挽某同歸。馬得百金解債，歡喜過年。嗣後某果發大財，馬亦小康，兵燹後尚存一孫。

潘晝堂云。

火燒教門

同治十一年十月，揚州南門外楊家橋，教匪頭目聚衆，男女數十人，念經七晝夜。茅屋火起，燒死男女五十二人，教匪頭目遁去，削髮爲僧云。書之以示世之信邪教念經聚衆者戒。

水沉香客

休寧吴禮園寶清觀察，吾故人和甫學政之二令嗣也。年甫廿六，氣宇軒昂，好學工詩，不可量其所至。同治十一年壬申之秋，同客邗城，與余言同治九年四月某日舟泊塘西，駭見浮尸滿河，訪知隔夜香船沉翻，溺死香客男女一百四十餘人，皆是天竺進香者。噫，异矣！進香祈福，反罹凶災，其中委曲令人莫解。

吊銅山黑米

同治十一年二三月間，湖南吊銅山崩，現出黑米數千石，有碑云：『魯肅軍米，煮之可以療飢。』余曾見黑米，嚼之有聲。

文　貝

咸豐初年，余寓居吴門，友人送海蚌百斤，偶拾一蚌觀之，一面壳上彩色層樓，紅闌東角立一古妝美女，西角立一古衣冠男子，手持一竹摺扇，樓頂五色祥雲，樓下白雲圍繞，下有海濤洶涌，天然一幅仙山樓閣圖。又一面壳上，有柳陰一片，十餘男婦立柳陰下待渡，遠山一抹，河中渡船一隻，篙工立船頭，渡者數十人，男女商賈肩挑背負者雜立其間，返照入波，朱霞散綺，絶妙一幅柳陰待渡圖。雖大小李將軍，亦不能仿佛其萬一也。

余得之，喜不自勝，珍如拱璧，盛之錦囊，挂在衣上，亦有數年。庚申之變，余陷蘇城八閱月，忽失所在，亦一奇也。故特書之，以志文貝之可寶者有如此。

題玉谿居士山水畫軸

此老胸中有丘壑，故能炳燭惜餘光。淋漓滿紙皆生氣，顛米誰云急就章。八月十五日游焦山歸，玉谿世大兄見視此幅，爲題二十八字。子箴方濬頤。

唐宋名家畫法，大率於古拙中見天趣，此理殊乏解人，無怪失傳。今睹玉谿尊丈是幀，驚爲絶詣，惟願蚤授衣鉢與人接替，毋使此調爲廣陵散也。石朋張德堅題。

雨後山光，壬申中秋後，拜觀玉谿居士之作，其法得八大、石濤兩家合成一氣，筆力墨法爲知音者共賞。蓮谿題。

模糊轉分明，運腕大潑墨。師古不泥古，噴薄出胸臆。滿紙埋濕雲，横絶顛老筆。玉谿世大兄笑正。子箴方濬頤題。

先生作此幅，胸中高古，筆墨清奇，頗有時雨時止、欲晴未晴之意，得天地之氣也。蓮谿拜觀。

雲行雨施，在公腕底，懸之虚堂，濕我衣履。敬題玉谿尊丈大人法畫。石朋張德堅。

草堂懸玩，覺蒼潤之氣溢於四壁，此老妙筆通神，所謂驚風雨而泣鬼神也，當與米虎兒、高房山并傳矣。壬申秋日甘泉後學王蕤謹識。

層嵐倒影入平湖，烟樹迷漫縱所如。元氣淋漓驅腕底，畫工奪盡化工無。奉和玉谿世仁兄自題韵，即乞教正。子箴弟方濬頤。

運思極靈活，布景絶蒼莽。披君雲山圖，動我出塵想。壬申小春月方濬頤。

劉海蟾畫像顯靈

無錫張涇胡太和，青蚨六百文購得劉海蟾畫像一軸，此畫出於侯氏，後胡病，夢見數鬼打其嫂，忽聞鬼言劉海來矣，遂奔散，果見蓬頭跣足人至。醒而异之，問家人曰：『大娘病愈乎？』對曰：『愈矣。』胡命取劉海蟾像來，視之即夢中所見者，胡病亦愈。由是寶而藏之，不輕示人也。

潘畫堂云。

杯異

潘云胡又有茶杯一隻，底有一孔，杯口又有一孔，斟茶不過上孔，則底不漏，若過上孔，則底孔亦漏矣。《易》曰：『滿招損，謙受益。』較之欹器，更覺有異。

祀肉放光

潘云無錫北七房華孝廉名祖耀，未生之前，祀肉放大光明。先祖與華有親，分得一塊，置之厨内，暗中視之，他碗上細花皆見。是年孝廉生，故名祖耀，今年四十餘歲。

逆子逆孫同時雷擊

潘云無錫金匱鄉離張涇橋數里，農民某兄弟二人同居，頗有家財，分爨度日。兄無子，弟生二子，長子無賴，議以次子爲兄嗣，長子懷恨，買砒霜置豆飯中，將以殺其弟。

飯未熟，時天大雷電，提長子跪於庭，盡吐其實而死。又離此十餘里，有老寡婦某氏，子媳雙亡，惟撫一孫。孫極忤逆，祖母忍受之。是日疾雷提孫出外，祖母以身翼覆其孫，跪求於天，免其一死，使做廢人不至絶嗣，則大幸矣。嗣後此子竟成呆子。時同治六年六月十一日也。

李升做土地

無錫楊藝芳觀察宗濂老僕李升忠厚寡言，倡建衆神殿告成，内有土地像貌李升，惟長白髮不同耳。時李升將結伴往天竺進香，夜夢自己烏鬚變白，長垂至腹，醒而异之，乃携子同往，卒於杭州。同治十一年三月事也。

潘晝堂云。

馬貞烈女

潘云馬勞壽世居無錫北門打鐵橋，開馬永和銅器店，亂後無力開張，讓堂兄獨開，已爲幫夥。妻范氏死，遺一女，令其從母姨施范氏，在其母舅范霞卿家過活。范住堰橋鎮，離城二十里，女性孝，不忍弃父而去。馬慰之曰：『汝年幼，正好習針黹，且免我內顧之憂，如何不去？』女勉從之，與施范氏同住閣上。

同治十一年五月十六日，因范霞卿病重，施范氏陪夜。霞卿子阿金素無賴，慕女姿色，乘間登閣用强，女以單被裹身如繭，呼號求救。阿金以雙膝擠其腹，以棉花塞其口，氣閉而死。范馳書報馬榮壽，言甥女與阿金和奸，姨母撞見，羞愧自盡。馬當被瞞過，合邑不平，訟於官，開棺相驗，始得其實。阿金懼法，服毒而死。六月初六日霞卿亦死。官府爲貞女請旌，紳士爲貞女立傳徵詩焉，亦足慰貞魂於下矣。噫！

花爆落鬼

潘云吾邑風俗，嫁女出門，輒放九龍入雲花爆爲樂。有一家正放花爆，忽一小女撲地，口作紹興語音曰：『爾等作樂，如何將我打下？誤我行程。』衆駭問之，女曰：『我紹興人，游幕山左，今歸過此，被花爆打落，速速備船，多用水手，送我動身。』家人即買紙人、紙船、金銀錠，具饌餞之。女又曰：『何須爾，多用船夫足矣。且我川資充足，何用賜金。』家人曰：『水酒一杯，聊申微意。君雖富有，留此以賞水手可也。』女曰：『多承美意，敢不領情，但不可過費，便飯可耳。』家將冥器焚訖，女猶作致謝語。逾時而蘇，家人問其所語，茫然不知云。

蝦游天際

潘晝堂上舍於同治五年夏，賃居張氏樓房，四顧空闊，天氣陰沈，忽見天上有三大蝦跳躍而前，如蝦之游於水者，長尺餘，向東而去。舉家皆見，不知何物，書之以備查考。

吴侍郎德政

吴和甫侍郎兩督滇學，當乙卯、丙辰間，滇省漢回構釁，圍省城六閲月，兵内哄，掠各衙門，自督撫至縣尉署皆遍，下及各紳富，擄掠一空，獨不入學署一步，曰：『學台清德，我等素仰，何敢犯耶？』其尤异者，糧道鄧子久署中被劫時，因其書中有金葉少許，遂疑其書藏金，將其架上萬餘卷悉斫碎。時侍郎以詩稿就正，亦與書同置一處，一兵見是抄本，持刀欲下，一人止之曰：『此學台詩稿也，不可動。』藏書數萬卷皆破，獨此詩稿六本得全。方回人圍城時，下令曰：『破城時，毋許犯學政署。』人聞此語，携婦女來避於學署者將數千人，號舍將滿。

先是，公試士永昌畢，出城甫數里，回望火光燭天，大駭，停輿方欲問之，而城内難民絡繹來曰：『回人久欲據城，特以學台在，未敢犯，故俟出城，始舉事也。』有知其謀者，附伴而出，遂無害。公德澤入人之深如此。後以少宰督浙學，浙方遭兵燹，公務休息拊咻之，有虐士及民者，見公皆斂手不敢逞。公歿後，浙人士遂於西湖立主，歲時享祀焉。

山茶示兆

離滇省十餘里有真武廟，其殿庭、階砌、棋竿各物，皆以銅爲之，俗名金殿。有大茶花一株，花大如盤，花時游人坌集。咸豐丁巳，回人未圍城之前一月，忽夜半，僧人聞樹下數十人語聲，次日視之，繁花滿樹矣。茶花開，向以臘月及正月，其時已開過，時方五月，且并無結蕊，不識花從何來，傾城來游觀。三日後忽然不見一花，樹亦枯死。不一月，回人來，據於此寺，殺人數十萬。此花其示人先兆歟？

吳禮園云。

賊來先兆

宋聘侯大璋令浙江之桐廬縣，爲余云粤賊未陷桐廬前數月，每日欲落時，輒聞鼓樂聲，似出地中，又似在天上。野外地生黄毛，長三寸許。又田中生黑豆，形如人面。後賊來，殺戮甚慘。

吳云。

勒賄速報

浙江秀水縣令翁某，健吏也，歷權首縣，甚有能稱。同治五年到秀水任，時大亂初平。鄉間有富室，當賊來時，圖保聚，曾納款於賊，爲鄉官。事定後，有無賴數輩時挾持之，指爲賊黨，勒其萬金，始釋之。然其人已破家矣，而幕友、家丁、差役之需索猶未已也。其人不堪其擾，遂自縊。

隔半年，翁正睡，忽見其人來床上坐，以手摩翁足去。當夜即生一疽，數日後潰爛不止，半月而死。死時自寫遺屬，將此事歷言之，屬將所得萬金作功德贖罪。殁未幾，妻子相繼亡。

吴云。

貪酷惡報

西江某縣令，浙人也，爲政尚猛，是時各處方戒嚴，某適署某縣事，凡面生之人，捉得悉殺之，有一日殺至十餘人者。事定後，大府聞其酷，劾罷之。某擁宦囊歸，僑寓江北，享用過於貴達。一子已舉孝廉，又捐部郎。不數年，其子死於京師，某聞之大慟，未幾亦死，又未幾其弟又歿。孤寡煢煢，不堪問詰。知其事者，皆以爲貪酷之報云。

某嘗自言：『其時非吾之誅殺，何以立威。若似今之作官者，動懼損陰功，則事難辦矣。』其立論如此，可想見其居心之殘忍矣。

吴云。

典史爲友伸冤

寧波一參將某納一妓女爲妻，携之赴任，適以事進省，乃將衙内事托其堂兄。會署前演劇，妓欲出衙觀看，堂兄不許。妓有所私，而堂兄素嚴正，稽察甚密，又不得遂意。妓恨甚。某歸時，妓乃向訴稱堂兄調戲，某不聽，斥之。妓愈恨。會某至道台處有公事，妓詐稱有疾，請其堂兄看病，蓋堂兄素善醫也。堂兄進内診視畢，出房時，值某歸，見其堂兄從房内出，心頗疑之，及進房，則妓痛哭流涕，訴稱其强奸狀。某大怒，將其堂兄用皮鞭打之數百，立逐其出署。

堂兄與寧波典史相好，乃往投，訴其實情，典史以好言慰之，留住捕衙數日。後某忽翻然改悔，向捕衙處請兄回，認過不遑。堂兄坦然不疑，從之歸。歸後甫入門，某令從卒將堂兄眼珠挖出，肚皮破開，堂兄立死。某以薄棺斂之，乃以急病告某典史。典史心疑，亦不能明也。

典史任滿回省，在船中，夢見某之堂兄浴血來，泣告曰：『我爲惡弟所害，與汝至好，不能爲伸冤耶？』諄囑而去。次夜又夢之。典史遂作一禀，到省後投之撫軍。時馬宫保撫浙，見禀大駭，傳典史謂之曰：『此事必須開棺，如無傷，汝當得大咎。』典史以如無傷，願認開棺罪，乃檄寧波太守開棺驗之。當未開時，某猶倔强恫喝，典史與之執辨甚力，及驗，則其堂兄遍體鱗傷，肚破眼瞎。太守遂將某參將及妓解省，案定，某立决，妓亦絞。

事後有人問某典史：『君何膽大若此，設開棺無傷，君豈不當抵罪耶？』某典史曰：『數月來恍恍惚惚，不由自主，直至案定後，始覺神情清爽。回思殊險，不識何以當時膽大若此。』識者謂某堂兄魂附典史以伸冤云。

吴述。

竹枯示兆

雲南巡撫署中有竹數萬竿，青葱彌望，忽於戊午秋間二三日内，數萬竿一齊皆萎，且即乾枯，似斫過許久者。時中丞爲徐新齋之銘，人皆决其不得善終，後果遭嚴旨拿問。

吴云。

借陽光壓陰氣

雲南項太守失名素在省當發審局，一日在家假寐，忽睹僕人持帖請會審，某正思衣冠，回視已冠服儼然矣。出門上轎，所行但屬黄沙瞇目，須臾已到，見一大衙門，并非府署。某下轎進内，見一大月台，台上排列數公案，階下來往約有百人，有數相識亦在内，見前昆明縣王月樵，似吏人裝束，捧文書，至公案前畫稿。某趨上與之招呼，王亦不答。某上至月台，有一官謂之曰：『汝來耶，且暫坐最下一位。』坐定後，聞殿上有人傳呼曰：『今日審杜文秀所戮之案。』傳呼畢，便見數千人頭滿地飛滚，忽聞殿上大聲一呼，頃刻陰風四起，風定後，一物不見。

某自思此豈冥司耶，遂涕泣求還，其上一位謂之：『不必懼，此非汝位也，此章公源之位耳。杜文秀係鬼宿旁一小星，原遣下界殺人者，今因審録罪囚，以陰氣太甚，借君陽光壓之，事畢，君可歸矣。』又令二役送之。甫至門，二役一推，倏爾遂醒，見家人圍繞，哭云死去三晝夜矣，以心尚温，故未斂也。而某在冥中，祇覺數刻耳。

吴述。

一門忠孝節烈

吴云張鏡江太守同登在滇統兵剿賊，其子大令亦在軍中。一日，人報某處有警，太守遣其子率兵往援。夜間有聲如雷，落其屋上，張令人梯視，見令箭一枝插在屋脊，取下視之，上畫黃龍，非常用之物，舉室驚疑。次日報至，其子已陣亡矣。後張亦陣歿。張之夫人施氏，聞信亦率其媳投繯死。一門忠孝節烈。惟令箭之來有自也，令人莫解其故。

陸給諫懲無賴僧

京師前門外有小廟，廟僧素無賴，香火久冷落矣。僧忽於除夜謡言地中發大光，次日廟門前地下似有物拱起，到晚長數寸，則佛之螺髻也。不四五日，全身盡露，蓋如來一尊也。一時哄動，各宦家士庶齊來上香頂禮，傾城聚觀，舉國若狂。

時陸眉生秉樞給諫巡視中城，惡其惑衆，親率隸役至其寺，將泥佛拖下，重責四十大板，嚴刑寺僧。蓋於除夜密埋一佛地下，堆壅黃豆數十斤，日夜澆灌，數日後黃豆發芽，自將泥佛頂出，欲借此爲斂財計耳。陸將僧枷示通衢，備將供詞抄録曉示。當其至寺令責佛像時，隸役皆不敢舉手，陸乃自執棍打之，其泥猶濕也，一時皆服其識力。值尹杏農侍御巡北城，有山西鬼呼冤事，人遂爲之語曰：『尹杏農大街遇鬼，陸眉生小廟拿神。』

戒殺善報

吴和甫侍郎在浙，所取優貢姚櫄者係江蘇同知姚公之子，年甫弱冠，侍郎絶賞識之。丁卯春，錢塘王松溪孝廉麟書夢至學署，見侍郎坐堂上決事，下跪鴨子數隻作人言，求大人今年優貢望取姚櫄〔一〕。侍郎初不許，鴨來益衆，嘵嘵皆求此事。見侍郎頷之，鴨始退，王亦遂醒。

醒後曾向譚君仲修言之，皆以爲妖夢，一笑置之。逮秋間優貢榜出，則姚儼然在列焉。蓋姚年最少，又係新進，非特拔未必得也。侍郎交卸後，譚君進署始言此事，侍郎特召問之，姚自言其家自高曾以下，至今已數世不殺生，而於鷄鴨尤爲深戒。因共嘆食

〔一〕優，原誤作『擾』。

報之不爽云。

淫婦殺子伏誅

侍御某中年喪偶，續娶妻某氏，前妻遺一子，甫數齡。未幾侍御亦死，某氏性淫毒，虐待其子，凌辱不堪。侍御歿後，某氏大有外遇，公然宣淫而人前猶僞爲清潔。一日，某氏爲鄰婦招去作葉子戲，下午值所歡來，見某氏不在家，乃告其子曰：『今日我夜裏來，可告訴汝母作水餑餑等我。』言畢而去。其子遂尋至鄰家，當衆人前照所囑之話告某氏，鄰衆哄然一笑。

某氏羞愧難當，比其子歸，而已亦隨即回家，痛恨其子，用馬棰笞之數百下，忿尚未息而所歡來。某氏譙讓之，所歡曰：『我原令其俟汝歸時再説，未令其往鄰家也。』亦以脚踢之，兒已奄奄一息矣。某氏與所歡商議，此子萬不可留，留必爲害，遂以利剪鬮其勢，兒一痛而絶。

某氏裹以席片，令所歡埋之。所歡携之出，時天甫四更，滿街寂静，所歡出門數步，便見有十餘人談笑而來，懼而回，少頃復出又見之，如是者數四，天已大明，不得已仍臥之炕上，覆以被。詎鄰人晚間聞兒啼聲，夜半闃然，心甚疑，次日至其家探之，入門便問兒所在。某氏色變，告以病，鄰婦上炕撫之，則氣絶久矣，下身血迹淋漓。鄰婦告其夫，同往堆上報明，禀官驗之。步軍統領奏交刑部，議以某氏故絶夫嗣抵罪，所歡亦伏誅。此壬申正月間事也。

吴禮園云。

雷擊奸騙

蘇州至杭嘉湖及各村鎮，有所謂航船者，人納一緡，得一席地，男女混雜，最爲不堪。有某氏婦由蘇回嘉興，搭航船，居於中艙，後稍有南貨店客，與婦所居相隔一板。一夜婦正睡，忽見南貨客由艙後蛇行而來，至婦榻前，婦正欲呼，南貨客以手中洋錢二百元遞之，謂婦曰：『祇求一夕歡，此洋二百元聊助脂粉。』婦貪其重賄，許之，從此每夜必會，不數日抵蘇。

泊船後，客忽大嘩，謂失去洋錢二百，與舟子大鬧。舟子乃謂衆曰：『是必須檢點各人行囊，方可洗清身子。』於是衆人皆不上岸，聽舟子檢點，乃搜至某婦之囊，則洋錢在焉。衆皆譏讓某婦，婦氣結目瞪，不知措辭，又難以實言告衆，即涕泣上岸去。客得意洋洋，仍到店中生理。次日正午，天忽無雲而雷，客擊死店前街上，手捧洋錢二百。有知其事者，謂某婦昨日歸後向其夫痛哭流涕，夜聞已自縊矣。

書此爲刁奸詐僞者戒，并以警婦人貪財被騙失身鑒焉。

禮園云。

狐婿

無錫華氏女美姿容，年十六，一夕三更時，見窗開有物黃毛如猫，到床前一旋，變爲美男子，黃皮在地，登床私女，舌塞女口，女遂昏迷。雞鳴下床〔二〕，捲皮而去。從此

〔二〕雞，原誤作『難』。

夜夜來，十日後，女面黃身懶，母疑問之，女告之故。母住間壁房，有門通於女室，夜伺女床後，果見黃毛皮在地，取皮置之溺桶中。狐索皮不得，赤體不能去，入房見母，苦求還皮。母曰：『皮已置之溺桶中矣。』狐泣曰：『皮穢無用，我安所歸？』母慰之曰：『汝既與我女有緣，即爲我婿，不亦可乎？』狐遂下拜，執子婿禮。母命王媽取衣衫冠履與之穿戴，居之高樓，爲東床嬌客。狐婿通文墨，精書算，代母當家，甚相得也。後生二子，無异於人。

王媽揚州人，今年五十餘歲，現在王佩卿主事家，服事王太夫人，口述三十年前親見狐婿一事，真實不虛。

壬申冬月王佩卿與余同寓揚州，偶談其事，故特記之。

犬鳴冤

同治六年秋間，伍祐場官金君蓄一犬，被吴裁縫剪傷犬鼻，血流不止，奔到場官案下叫喊。官謂犬曰：『誰人傷汝鼻，汝引役去拿來。』犬遂向前奔至吴店伏地而死。役鎖吴至衙，官罰吴厚具衣衾棺木，以禮葬之，令吴衣白爲犬子嗣。後吴連喪三子，家業蕭條。

時吾次女寄居伍祐場〔二〕，親聞其事，對余述之如此。

〔二〕祐，原誤作『佑』，據上文及《（萬曆）鹽城縣志》改。

卷八

婺源　齊學裘　子治

朱孝子

朱孝子，高郵州界首鎮人，剃頭爲業。事母純孝，母歿，葬界首河邊。同治五年大水，清水潭壩將倒之時，朱伏母墓，以身翼蔽，求天拜地，保佑母冢免受水災。水勢横衝到墓分散而逝，水退，田廬盡没，朱母一坏居然無恙。由是，朱孝子之名無間遠近。

同治初年，李中堂鴻章舟過界首，紳民以朱孝行告聞，中堂命之見，賞白金三百兩。朱叩辭不受，賞以官職，朱更不受。中堂奏聞，請旌，立孝子坊於其母冢之側。朱至今尚存，仍以剃頭爲活計。

俞燮齋茂才云。

義僕代主死

同治初年，吾友松聽濤刺史亭爲泰州牧，群盜夜犯衙署，聲言要殺州官。松走出遇盜，刀劈松頭額，危極之時，僕王某從内跳出，大呼曰：『我即州官也。』盜殺之，松得脱難。噫，僕真義哉！

李義僕殉主難

李某不知何許人，服役河南密縣張濂渠大令志周蓋亦有年。道咸間，張公宰豐縣，時捻匪作亂，張公與李僕同時遇害。初，賊入縣堂，李持刀殺賊，以身翼蔽主公。賊衆不能敵，主僕死之。嗚呼，主死忠，僕死義，不其偉與！

張孝子

河南張漢仙觀察汝梅，濂渠先生之哲嗣也。年十七，從戎代父報仇，身經百戰，殺賊無算。捻匪平，官至二品，告養親引退，寄居清江，好客憐才，扶危濟困，人稱爲小孟嘗君。

吾婿于漢卿與之交善，述其忠孝世家如此。

顧太守失察顯報

余盟兄吴子敬封翁啓與余言，揚州亂前三四年元旦，顧太守出門行香，有賈人懷洋銀二十番，走出店門，失足撲地，懷中洋銀迸出。太守乘輿適過其門，差役見財起意，謂賈人闖道，索詐洋銀，賈人不予，役遂禀官，誣賈人闖道胡言。官怒，發縣重責數十大板，放之歸。賈人憤極，投繯死。妻見夫死，身無所靠，亦從夫亡。母見子媳如此，一慟而絶。

越一月，顧太守與師爺坐衙齋議事，見陰差來，渾身發冷，突起泡疔，心爛而卒。當時同坐師爺亦見陰差，而身無恙。噫，爲官者可不慎歟！

雷擊惡婦

同治十二年正月初二日，吴子敬翁步至地官第隨安齋〔二〕，與余暢談果報。因説昔年常州某鄉有一夫，收得會銀二十元歸家，其時鄰婦在側，見此會銀。翌日銀忽失去，其夫出外，其婦即向鄰婦索銀。鄰婦力争，以絶嗣發誓。失銀之婦有事出外，鄰婦私至其家，用釘釘斃其子，以爲誓驗。黑雲密布，雷聲震天，提鄰婦出門擊死在街心，手捧洋銀二十元，被釘小兒震活。

婦變虎

婺源程植三鹺尹與余言，道咸間，廣西古州某鄉村，婦忽變爲虎，秘置房中四十九日，倩道士來誦經，施食酒飯，告之曰：『此後不許回家，汝既爲獸，宜歸山林。』告

〔二〕子，原無，據本卷《顧太守失察顯報》等條補。

罷，用戈矛火器逐婦虎歸山，婦虎垂泪奔去，亦一奇也。

出米洞

柳州有出米洞，相傳洞中住一老僧，石隙日流出米升許，足供一口之糧。僧得此米，日以自給，無須乞米於塵世矣，其樂爲何如哉！余自兵亂以來，有田無人耕，終歲不得一粒米，舉家十餘口嗸嗸待餔，常誦淵明《乞食》之詩。今聞程君植三談老僧常住出米洞，得大自在，無求於人，不勝企慕之至。

得墓圖先兆

同治十一年壬申之秋，余客揚州地官第張子希運同宅中，夜夢自古寺中步出，山岡平坦，樹木稠密，見古墓一坏，捫碑知是忠烈鄭公之塋。行至塢口，竹籬茅舍前見白鬚老叟，似是故人，立談數語，送我回寺。

越二月，吴子敬盟兄以鄭星北茂才倩王雲繪得墓圖長卷見貽，披圖觀之，恍若夢中所見，亦一奇也。噫，得一畫圖，先示之夢，翰墨因緣，非虚語也。

附録阮文達公跋得墓圖一則

吾郡鄭氏世篤忠義，明東里先生諱之彦，生四子：元嗣、元勛、元化、俠如。元勛即職方公，明季以守城説高傑事，被訛言遇害。元化子爲虹，守浦城死節，《明史》有傳。俠如後人修《休園志》，於雙忠事略不少及，并宦迹亦略之，殊無識也。職方事實見李清、王心湛、杭世駿三傳，而杭傳爲最詳核。

余與職方裔孫新甫孝廉、星北茂才同里相友，茂才寄得墓圖屬題，案圖中職方公孫諱嵩者記云，甲申職方遇害，諸子皆幼，公執友率其僕舁柩渡江遠葬，遂逸其墓。爰奉父遺命，訪之於江南句容，穿長林而東至鄧家邊潘姓村，遇一老者，自言尚及見葬事，并能指其處，但在深山，爲虎穴久矣。詰朝募徒衆操兵仗，渡溪逾嶺，遂達墓所，斷碑猶在。時康熙四十九年也。載展遺圖，敬此忠孝得墓之事，可補諸傳所未及。又余舊藏職方畫山水一軸，諸傳亦未言其善畫也。并舉此畫歸之茂才，以爲先忠手澤可寶也。

嘉慶甲子夏五月，阮元書於杭州節院

《澄清堂昇元帖》考

同治十一年壬申之秋，吴子敬翁之孫梓銘茂才葆增，携家藏《澄清堂古帖》一卷，中刻虞世南、褚登善、顔魯公、賀知章、徐季海唐五人書，清潤天授，神彩奕奕，紙墨細膩，古香撲鼻，真世間希有奇珍，令人愛不釋手，留置案頭數閲月。

癸酉新正五日，開帖細玩，帖前有『澄清堂帖』四字，帖尾有『昇元二年三月建業文房模勒上石』十四字。前賢考《澄清堂帖》，南唐賀知章手摹，品列《昇元》上。李後主命徐鉉以所藏古今帖摹勒上石[一]，名爲《昇元帖》，爲宋太祖《淳化閣帖》王著手摹初本之祖帖。汪宗魯仲儒跋董藏《澄清堂帖》五卷云：『《澄清堂帖》刻於昇平間，考之《東觀餘論》及《格古》等書，俱未詳言之，是知聞且未盡，况觀者乎？此帖傳於董大宗伯，授受有緒，真罕世奇珍，臨池寶筏也。』

余謂此帖前署『澄清堂』，後記『昇元二年』，合人莫解其故，以兩帖之名合爲一帖

[一] 徐鉉，原誤作『徐銓』。後『徐鉉』同，徑改。

之款識，是耶非耶，真耶僞耶，是一是二，余不得而知矣。前人云《澄清堂帖》係賀知章手摹，《昇元帖》係徐鉉手摹，此《帖》中則有賀知章帖一則，可知此《帖》徐鉉手摹，非賀監手摹也。側聞杭人吴曉帆觀察煦家藏《昇元帖》全部，余久欲訪觀此《帖》，因循未果，真可嘆也。他日有緣得窺全豹，當著《昇元帖考》以解疑團。

西岳華山碑

人言西岳華山碑宋代已亡，流傳人間者祇有三本：劉文清家藏本，今歸宗湘文觀察，吾友沈旭庭手摹一本，吾兒功成亦摹一本，藏於家。阮文達公家藏本，已摹勒上石，置揚州學舍，阮石珊鹺尹贈余拓本，什襲藏之矣。第三真本，莅林中丞所得。同治十一年冬初，骨董家持來宋拓本，卓然可觀，前題後跋歷歷可考，留玩數日而歸之，可見華山碑真本流傳人間者，不止三本也。

周父巳高鼎

揚州阮家舊藏周父巳高鼎，體方四足，兩耳獸頭，方蓋内有古篆二十八字，鼎内字數亦如之。紅緑斑爛，令人可愛，留置案頭兩月而歸其主，記之以徵老年眼福云。

先大夫送唐石佛入焦山歌圖題咏

大唐永隆二年歲次辛巳九月丙申朔十二日丁未，傅黨仁、傅道遠、傅仁高三人合家等上爲七代父母、法界衆生，敬造阿彌陀像一鋪，合門供奉。刻在石座之足。

嘉慶十年，安邑宋葆醇、揚州藩焦循、秦恩福、阮元同送致焦山，永無遷失。刻在石座之面左方。

是石舊在安陽縣東高穴村槐陰寺，寺淪入漳河，僅存此石。嘉慶八年，惠州趙希璜載來揚州。九年八月，歸諸焦山，時同游者錢塘吴錫麒、通州胡長齡、丘縣劉大觀、蕪湖韋協夢、陽湖洪亮吉、趙懷玉、孫星衍、陽城張敦仁。十年正月，安邑宋葆醇補刻石佛二侍者。并題記。石座之面左方。

此石雖經諸公題識，實未送致焦山。道光十年臘八日，婺源齊彦槐購自揚州市中，親載入山，付僧清恒供養勿失。雲山江水，共爲證盟。彦槐記。刻在石座之面右方。

唐石佛入焦山歌

石佛造自初唐民，永隆二年歲在辛。季秋九月朔丙申，安陽縣東高穴村。傳氏三子弟及昆，共成西方白足尊。座高八寸有四分，抵八萬四千由旬。超拔七代父母親，普爲衆生渡迷津。槐陰古寺漳河濆，年湮寺廢石佛淪。天龍八部呵護勤，忽如浮磬出泗濱。惠州客載遺於真，芸臺尚書嘆其神。曰當歸焦鎮海門，宋子芝山字葆醇。補二侍者記以文，記中同游凡八君。大都好古而多聞，詞賦瑰麗吴穀人。詩歌豪健洪稚存，經籍著述孫伯淵。金石考訂張敦仁，胡劉韋趙皆不群。或善書法工討論，嘉慶甲子鎸石墩。又增三客江焦秦，曰歸曰送徒云云。兩度刻石終因循，今年我入揚州闉。訪求鷄林觀兔園，驚見此石卧墻根。日之夕矣眼復昏，字不能讀以手捫。問主者姓賈不言，但言昔富今窶貧。施之以錢二十緡，請歸舟中三沐薰。暇日恰到焦山垠，長老清恒徒性源。迎入海西仰止軒，同時觀者楊子堅。鑄。是日天朗氣候温，梅花爛漫明朝暾。折枝供佛香氤氲，我爲長者談宿因。皆大歡喜伊蒲陳，亦記數語雕貞珉。余少時嘗夢至江心一山，境極清曠，與游者類阿羅漢，自顧儼然僧也。每歲或三四夢，及到焦山，恍如夢境，而此夢自此不復作矣。前年，和陶雲汀宫保《焦山詩》云『三生石上再來僧』，蓋紀實也。道光十年歲庚寅，冬十二月曰壬辰。距千三百三十春，其字與石宅如新。不知兵燹歷幾巡，輾轉乃與焦山鄰。江流浩淼山嶙峋，廣長之舌清净身。是衆香國國土芬，是水精域無纖塵。更萬萬古轉法輪，不動不壞留乾坤。

余送唐石佛入焦山，長老借庵倩丹徒張茶農解元繪爲此圖，因録詩於後，將遍徵海内名公題咏，藏之海西，以爲山中他年故實一則也。道光十一年歲在辛卯中秋日，梅麓居士齊彦槐書於雙谿草堂之小游仙館。

焦山古物無不全，周漢二鼎開其先。伏波銅鼓若球貢，去年，河帥張芥航先生親送銅鼓入山，河帥作歌，家君和之，裘亦有和作。文襄玉帶如珠還。楊文襄玉帶向藏焦山，久已遺失，梁芷鄰方伯訪得，贖歸，作《焦山還帶歌》，家君亦有和作。豈惟鶴銘著仙迹〔二〕，更有

〔二〕 銘，原誤作『鳴』，據齊學裘《劫餘詩選》（同治八年天空海闊之居增修本）卷十五改。

書畫能通禪。五十三參水月相，《五十三參經相》，向藏海西，相傳爲吴道子筆，固非是，當是元人物也。三十二分金剛篇。宋張即之書《金剛經》石刻猶存。惜乎《心經》雲壑筆，大半没入蛟龍淵。宋吴琚《心經》碣沉没江底，今惟松寥山房片石存耳。清淨佛土佛所住，遂有石佛來山間。石佛之雕自何世，大唐辛巳高宗年。迄今千又三百載，蓮座不壞同金堅。芝山宋公好事者，補像刻記邀群賢。清風半帆山可到，欲送不送期頻愆。詎知古佛有深意，欲與家君結勝緣。紫金浮玉雪初霽，梅花繞屋江連天。借庵老矣尚清健，策杖來迎江上船。家君作詩張作畫，神物并到秋毫巔。東坡臘日訪二惠，祇圖語笑依蒲團。曷如海西作佛事[一]，功德與海俱無邊。今年九州水泛濫，淮漢浩浩波濤翻。江南東道獨無恙，豈非佛力迴狂瀾。從兹歌贊遍寰宇，合翦江波爲彩箋。我誦父詩學驥子，願附驥尾千秋傳。

庚寅臘月，大人舟次揚州，購得唐佛一座，送至焦山，作詩紀事。今年夏，借庵倩張茶農解元繪圖，將徵海内名公題咏藏之，書蕆，學裘過庭，獲觀此卷，

[一] 如，原誤作『知』，據《劫餘詩選》改。

恭擬長歌，附名於後，以志欣幸云耳。辛卯重陽前一日，學裘謹識。

石佛詩成效柏梁，謂梅麓太守。千回讀若飲瓊漿。迎來像是無量壽，供養心同阿育王。薝蔔花開香滿座，玻璃鏡洗月侵裳。詩徵閣與諸天近，肉髻光連清寄堂。焦山借庵清恒時年七十又八〔二〕。漳濱古佛來京口，此事從來應未有。邅回三度竟歸山，神物終成不脛走。我聞象教庇天人，如何一刹遭沈淪。虛空八萬四千劫，種種借作南來因。嶺南仙會大喜事，包裹携持遠將至。尚書首作入山謀，邀客殷勤與題字。人事蹉跎歲序遷，土花蝕座苔侵肩。奇緣忽落奇人手，功德纔消二萬錢。君本山中老尊宿，夢飛往往焦山麓。見本詩。此番盛舉出無心，知是三生香火熟。靈風獵獵吹江雲，霏霏法雨清埃氛。白光紫氣照巖谷，諸天龍象皆歡欣。却憶經年卧泥滓，過客紛紛誰指視。世人遇合各乘時，豈料世尊亦若此。永隆代遠餘千年，市朝變徙河遷流。何來傅氏三男子，某某名偏石上留〔三〕。青雲附驥流傳便，玆事雖微也堪羨。不見當時公與侯，泯泯姓氏隨奔電。長歌紀事何雄哉，更教圖畫貽將來。馳書便合滇

〔二〕『石佛詩成效柏梁』至『肉髻光連清寄堂』八句及詩注，張井『二竹齊詩鈔』（道光十五年刻本）卷五無。
〔三〕偏，原誤作『留』，據《二竹齊詩鈔》卷五改。

南去，瑯環館主應顔開。芸臺先生。焦山古物不可數，我亦前年贊漢鼓。頗饒蒼潤助吟懷，詎有莊嚴輝浄土。白業生慚等面墻，仍嫌綺語惱空王。聊將望古潭潭思，笑寄參寥作贊揚。借庵長老。

題奉梅麓先生正句。畏堂張井稿。

金人入夢始有佛，六代造象何紛紛。唐初采經及西竺，供養功德宜精勤。安陽傅氏好弟昆，欲以冥福資六親。紀年在辛月在丙，精宇想見榱櫨新。何時淪弃荒水濱，千三百載浮河津。屢經兵燹象完好，呵護信有天龍神。趙前宋後發誓願，送之焦山鎮海門。一江水隔竟未果，題名易蝕蒼苔痕。齊君種善多善根，古佛顯應成妙因。杉板船輕翦江去，江風不動波沄沄。是日山中佛光現，异雲五色明朝暾。音樂鳥鳴溪澗曉，旃檀香散林巒春。汲東泠泉作清供，曼陀羅雨吹絪緼。我聞八萬四千幻名相，世塵詎着蓮花身。天人感應理則一，刹竿自樹波由旬。爲君作歌歌止此，别有靈契君應聞。銅觀音像光福村，在宋出土祈祀殷。雨暘徵應紀前志，歲久廊圮叢荆榛。前年去年兩禱旱，楊枝滴水蘇吴民。民無飢寒聖人悦，親灑寶翰題瑞璘。君如來游太湖湄，請依蘭若瞻慈雲。更將貞白磨厓手，一寫裴休贊佛文。

道光丙申冬仲，瓜洲舟次呵凍題，應梅麓前輩詩家屬，即正，館侍少穆林則徐。

金仙下界游贍部，踏遍紅塵無净土。善根種向焦山椒，飛錫合來散花雨。世間萬事隨雲烟，海水漏盡桑成田。衆生顛倒轉輪劫，如何佛亦遭淪漣。由唐迄宋逾千載，石紋剥落苔覆鬃。八部天龍少呵護，山靈驚恐訴真宰。羅浮仙人有宿因，扁舟裝送江之滑。寶絡莊嚴壽者相，旃檀香氣馥氤氲。寺僧拍手笑欲狂，揚舲擊汰來中央。世尊如來大發祥，山花亦解迎空王。青鴛白馬招西方，東南大開選佛場。菩提種果滿地香，八萬阿難齊度航。紀之以詩年月詳，絶大手筆垂琳琅。乾坤不老江水長，傳之無斁壽無疆。

道光戊申十二月，玉谿世丈命題此卷，右已載梅麓太夫子、玉谿世丈及先大父河帥、少穆制軍諸鉅篇，小子何敢率爾下筆。既不獲辭，因勉成七古一首以應命，不足當大雅一笑也。世愚侄張大柟初稿。

梅麓先生執牛耳，騷壇自此無衰頽。想爲光音天人來，爲爾世界造斗科。光芒鬱發虎鬚筆，絶大游戲現刹那。大乘牛車得宗旨，紕紛變態皆婠娜。往歲喜獲唐石佛，一唱奇句一摩挲。鈎軋千秋吹若沸，蕩决十步前無戈。翕張不顧俗耳聵，點綴自見天星羅。淮東大帥開幕府，文兵森列排鸛鵝。先生此篇出諸手，滿堂噫氣驚騰挪。張公當今比燕國，低首元暉不復哦。楊生子堅稱健者，掐擢胃腎思入魔。靈心妙手詫偶得，古佛新詩宜如何。以詩媵佛焦山阿，帛闌更下來峨峨。山僧本與貫齊匹，彝器不厭周秦多。焦山本貯周漢二鼎，前年芥航河帥又送至伏波銅鼓。此佛剥落猶可辨，定自天寶至元和。阿環歡喜寫梵莢，沈婆兒亦禮維摩。刻劃相好推首髓，當時已笑喻彌陀。位置今作焦先侶，各攝静氣制潛鼉。今歲夏秋雨滂沱，江湖溢地生白波。嗸嗸哀鴻遍藪澤，汩汩浮鷗成窟窠。一物不度聖凡耻，何無一物神靈呵。青虹願得白虹繞，濕雲更使晴雲馱。地肥溲食儘腴美，金輪數轉飛磥砢。津梁之疲爾莫忝，大力能息民之訛。張生繪圖志非他，亦欲神奇鼓沉渦。不然寫此嘆泥爪，偶存迹相且娑婆。先生雖卧林下久，素絲豈終賦五紽。惓惓蒼黎藉相告，不但語句相砥磨。

世愚侄徐其志初稿。

道光十年臘月朔，齊翁送佛焦山麓。欲繼詩老廣徵詩，詎爲福田自求福。雲山江水共證盟，歲月飆輪殊迅速。翁今逝矣不可見，得見哲嗣温如玉。示我墨刻送佛詩，金薤琅玕紛滿目。自顧詩佛兩未諳，蕪語何堪貂尾續。祇有一言丐佛聽，目擊時艱事云促。佛有宏願度衆生，肯令無辜遭殺戮。奈何粤賊出武昌，扼江咽喉踞江腹。幻蜃妖蟆遜厥奸，長蛇封豕無其毒。道光末迨咸豐初，六載干戈擾南北。況逞妄言托天主，欲滅三寶絶禪學。即今路梗香火稀，式微亦是禪門辱。佛在焦山境密邇，盍顯神通殲厥族。法力尚可靖天魔，攝取何難置地獄。豈唯江路得蕩平，山陬海澨咸清穆。瓣香虔禱向世尊，眼見群生登極樂。

咸豐四年六月冬，錢步文草稿。

唐永隆至今咸豐，陵谷幾變朝市同。此佛昔曾没漳水，誰遣趺坐焦山中。前趙後宋盡好事，早欲相送登此峰。風流況有阮相國，群賢刻石詞皆工。如何忽落賈人手，墻底土涴金仙容。梅花居士喜與遇，作畫遂倩張思融。片帆載出海西郡，遠聽銅鼓聲逢逢。居士前身自能説，夢裏曾訪焦仙踪。到山不合捨佛去，竟肯再踏紅塵紅。居士自行佛自止，轉眼江上驚傳烽。左望金山右瓜步，江流阻塞難朝東。潢池弄兵祇盜耳，固知擾擾非英雄。火攻下策尚可用，天胡靳與東南風。豈其大千合有劫，法力轉促空王窮。我思劫運雖未終，此輩一霎成沙蟲。降魔仗爾金剛杵，佛總冥心游太空。

丙辰仲春，吴縣潘曾綬題。

劫餘送石刻入焦山歌

姑蘇臺上麋鹿走，萬家樓閣化烏有。斷碑殘碣散晨星，半段河濱半井右。我從江北返吴門，搜求墨刻當亂後。頹垣中邊獲二三，破竈周圍收八九。側聞大雅李笙魚，廣羅石刻愛忘醜。詢之果得石十一，壁返珠還感良友。觀音寶相居然存，東坡小象仍无咎。焦山圖與倡和詩，神龍見尾不見首。送入焦山定慧寺，付與天龍神鬼守。他年定有印心人，補刻斷缺遇好手。全帖幸早焦山藏，摹勒須從芥公取。憶昔先君送石佛，海西庵裏藏之久。我來尋佛佛無踪，庵門幾度成空扣。亂後石佛失去，石座猶存。石佛顯晦自有時，何時復得出塵垢。大士慈悲救衆生，坡老文光射牛斗。先子詩歌繼大蘇，藏之名山傳不朽。寄語山靈好護持，來從劫火事非偶。詩成一笑大江横，風雪滿天頻舉酒。

同治三年甲子十一月初七日，吴門亂後，搜得石刻大士、東坡二象、先大夫梅麓公送唐石佛入焦山圖帖、焦山倡和詩帖，載入焦山定慧寺，交芥航長老收藏，作歌紀事。越一年，光緒紀元九月，倩王森玉補刻石佛帖首尾四石、倡和帖中段二石，命兒子功成附録此詩於後。事從人願，天假之緣，喜可知矣。玉谿齊學裘時年七十有三識於揚州。

卷　九

婺源　齊學裘　子冶

陽羨綏安詩上

謁周孝侯廟

斬蛟射虎衆休驚，放下屠刀佛可成。振古英雄出無賴，到今祠廟尚峥嵘。孤忠長與南山峙，浩氣還同北斗横。寇賊未除侯有恨，松皋慣作不平鳴。

觀盧忠烈公像

浩氣長留天地間，幸從圖畫識公顔。一生心事見家訓，千載忠魂游故山。海内竟無人應手，軍前猶有士排奸。沙場戰死還遭謗，令我臨風涕自潸。

收租行 有序

余有田二百畝，在陽羨東西兩氿之間，冬至後泛舟往收，十日得米數十石，帛四端，豕、鷄一，滿載而歸，快然自足，作《收租行》。時丙申十一月廿六日也。

東村西村牛馬走，收得一二遺八九。頑佃結習不可醫，舌敝脣焦量一斗。甚者鼠竄潛鄰家，千呼萬唤日欲斜。無可奈何掉舟去，蘆汀且伴沙鷗住。往返湖濱十日留，米帛鷄豚共一舟。呼童沽酒飲輒醉〔一〕，聊以卒歲吾何求。興發援琴歌一曲，連天湖水揺空緑。天公送我一帆風，篋中有帛倉有粟。人生每苦不知足，大都得隴又望蜀。終日祇求龍斷登，究竟適足以取辱。嗚呼人能知足便不辱，君不見歸真返璞有顔斶。

同橘亭、祖香崇岡玩月

最好今宵月，三人得共看。蟲聲四壁碎，蓮葉半池殘。秋意誰先領，風情我亦干。憐他數畝地，何幸作吟壇。

〔一〕 輒，原誤作『輙』，據齊學裘《蕉窗詩鈔》（《雙溪草堂全集》本，道光年間刻本）卷七改。

約黼亭游龍池，道中遇雨

已發尋幽興，游山雨亦宜。茅廬堪憩避，松巷更迷離。行止憑天意，風雲助我詩。木魚又呼客，三度到龍池。

登惠山龍光塔頂望太湖作

龍光塔峙山之巔，振衣直上凌蒼天。雲消日出碧空净，四顧不覺心茫然。湖波三萬六千頃，當空涌出七十二朵青花蓮。群峰淡冶盡含笑，恍如吴宫教戰羅嬋娟。當時鴟夷真達者，獨自行意乘輕船。崎嶇世路欲脱去，反以身試蛟龍淵。廬陵此語戲之耳，不退那得身安便。我今憑虚成獨立，心迹已作孤飛鳶。行將乘長風破萬里浪，歷遍五湖四海名山大川始言旋。安能局促一丘一壑之中間，如蠖之屈魚之潛。嗚呼萬卷書尚未讀破，便作是想何其顛。不如下山消渴好，飽飲人間第二泉。

國山碑

峰頂一卷石，孫吴封禪碑。休徵紀麟鳳，筆勢走蛟螭。石鼓相伯仲，山靈好護持。

築亭蔽風雨，召杜令人思。謂唐陶山先生。

二月二十二日，同耀廷、祖香、文俊、文耀、慕雲諸君重游廣德太極洞，得詩三首

已醒梨雲夢，探奇到洞天。玲瓏開萬竅，迅速別三年。石鍊能成佛，中有石佛數尊。人來便算仙。諸君且傾耳，聽我説龍眠。吾鄉有龍眠洞，最勝。

日月所不照，仙宮秘此間。幾時通福地，一竅闢玄關。天以石嘗巧，雲同人賭閑。誅茅吾欲住，未必此緣慳。

最好玄關裏，當空覆一舟。仙凡從此隔，姓字任人留。舟中記游者甚多。拂拂仙鼠舞，泠泠活水流。尋詩隨處是，何事苦冥搜。

山居十首，用皮陸《郊居》韵

故里何時返，山村兩載居。到門無俗客，堆架有奇書。松老堪巢鶴，池清好養魚。幽棲因樂静，不是慕懸車。

地僻遠塵雜，身閑息草茅。鶯兒群出谷，燕子獨營巢。歲月隨流水，生涯竟繫匏。
空山罕人迹，寂寞與誰交。

室下陳蕃榻，窗横管子床。高眠消永晝，枯坐學空王。抱岫雲何懶，流天月亦忙。
病多今稍減，筋力較前强。

身世浮萍寄，衷情緑綺知。不無居此念，安得買山資。捫虱懷狂客，騎牛羨牧兒。
如何排悶好，日夕賦新詩。

緑陰籠野屋，白晝掩柴扉。竹葉難消恨，楊花易上衣。愁從天外落，家祇夢中歸。
無限吟情寄，溪光接翠微。

春到愚公谷，門停長者車。居山如栗里，遍野著梨花。似此香爲國，能教客當家。
清明時節近，簾外雨如麻。

雨過鶯聲滑，花飛蝶夢殘。餞春空把盞，消夏且投竿。好蠟游山屐，休彈挂壁冠。
吟翁將過訪，特爲築騷壇。

樹密疑無路，峰開別有天。秋心飛片葉，涼意送新蟬。作賦廬陵擅，爲文莊子玄。
挑燈一披讀，聲答百重泉。

獵獵風吹壁，紛紛雪擁門。尋梅遵石罅，訪友到山根。痛飲輒傾瓮，狂歌思鼓盆。蕭齋誰作伴，衹有華山孫。

好懶漸成癖，客真無一能。閑愁猶未減，俗事最堪憎。晝對溪山讀，詩憑風月徵。浮雲終是幻，吾且枕吾肱。

同柳堂登龍池絶頂

山青水碧一塵無，携手登臨興不孤。安得從君賦歸去，黄山頂上看雲鋪。

宿澄光寺有懷己丑同游諸君

松風依舊喧高閣，僧房坐對燈花落。疏鐘已動天未明，孤客懷人睡不著。曩時游興吾最豪，呼朋夜起吟秋高。曉雲巖畔看日出，爛漫五色翻雲濤。而今忽向綏安住，相去此山廿里路。情懷難與諸君同，謂路補之、徐鏡湖、伯宏、秋巖。到此徘徊不能去。

龍　池

閑居無事合尋幽，重到龍池依舊游。卧石道傍蹲虎豹，盤松天際走龍虬。人來初地心生羡，念及歸雲涕欲流。謂紅雪上人。彈指七年真一瞥，山容消瘦不勝秋。

送橘亭回崇岡

林盡好峰開，雲繁疏雨來。客中人送客，那得不低徊。

送曉村回桃溪

折柳贈君行，絲絲皆離緒。猶有詩人留，空山未獨處。

綏安即事和曉村韵

環肥燕瘦合收羅，收到無鹽意若何。愛我任君忘我醜，那堪同付雪兒歌。君將編諸友倡和詩爲《雅集詩鈔》。

方朔談諧可解顔，笑談聊補酒尊慳。明朝話别無容惜，猶有詩筒互往還。

同諸君登虎跑山頂

虎跑山脉接鷄籠，氣勢磅礴無高峰。大石一片平且豐，清泉石上流淙淙。遠近衆岫如屏風，插天萬朵青芙蓉。歸雲一縷來自東，帶雨數點飄秋空。鶴髮童顏一老翁，因雨敗興回仙笻。謂曉村。誰其從之城北公，謂祖香。伯宏獨立顧盼雄。橘亭戟手行從容，迂伯撚鬚覓句工。柳堂流目送飛鴻，主人文耀情獨濃。邀我坐石談無窮，深山薄暮何處鐘。振動丘園樹萬重，飄落霜葉無邊紅。天涯淪落如飄蓬，見此木葉心忡忡。登高作賦吾能從，誰能開我抑塞磊落之心胸，嗚呼誰能開我抑塞磊落之心胸。

同諸君游仙人洞

結伴尋幽邃，雲繁雨欲飛。梨花驚雪艷，山中秋日梨花尚開。峰影著烟微。急水危橋渡，平原衆緑圍。牧童意閑暇，一一跨牛歸。

行行二三里，歡笑竟無涯。野態入圖畫，戲談成好詩。洞天莫嫌小，石壁各呈奇。趺坐平臺上，松風次第吹。

山居偶成

終日山中不見山，白雲幾片似余閑。絶無塵事來林下，惟有秋聲在樹間。細界烏絲臨古帖，沈酣緑蟻破愁顔。東軒延佇頻搔首，一卷新詩待友删〔二〕。

山中讀書

山中何所有，茂林與修竹。林中何所有，高樓與大屋。離群而索居，終日苦寂寞。何以破寂寞，閉户抱書讀。日長如小年，讀書苦不足。何以補不足，日盡繼以燭。明月照書帷，好風動簾幕。掃地復焚香，清凈兼芬馥。端坐對古人，大聲振林壑。渴則飲山泉，飢則食饘粥。倦則投藜床，暇則弄琴筑。此外皆不知，此中有真樂。十洲三島仙，未必勝此福。東鄰業漁樵，西鄰事耕作。而我徒飽食，毋乃負此腹。雀噪聲啾啁，蟬鳴聲斷續。而我寂無聲，毋乃愧蟬雀。世味百不好，書味堪咀嚼。窮愁藉以抒，心身藉以束。人生能幾何，光陰真迅速。切勿再因循，鑄成一大錯。

竹間獨酌

愛竹王子猷，愛酒陶彭澤。一日不可無，遇之便酣適。余居深山中，兩者皆兼得。

〔二〕 新，原誤作『親』，據《蕉窗詩鈔》卷五改。

灧灧酒盈樽，猗猗竹繞宅。竹裏持酒杯，酒中浮竹色。一酌忘百憂，二酌破孤寂。三酌豪情發，四酌煩襟滌。五六七八酌，醉到酒瓶側。好風吹夢醒，有扇不復覓。秋蟬滿耳鳴，有琴不復拭。心逐活雲浮，人與紅塵隔。安得好友來，同樂清凉國。不知有爾我，亦復無朝夕。興到則聯詩，詩成浮大白。如此了一生，何羨青雲客。富貴豈不美，憂患真難測。貧賤亦可傷，飢寒苦相迫。置身四者外，逸興應無敵。不飲復何爲，白駒已過隙。緑卿爲我師，紅友當三益。

桃溪舟次見月有作

水月圓如此，無風波不生。扁舟今暫泊，獨客若爲情。感逝泪頻落，近家心轉驚。亂蛙無賴甚，聒耳一聲聲。

題鹽梅閣 有序

鹽梅夫人者，宜興王忠烈公之祖母也。初，夫人孀守，聞有疑之者，時食鹽梅，即投核於地，矢之曰：『妾苟無他，此核當復植果，挺生成幹。』復有疑其易核者，旋結實而味鹹。里人驚异，歌頌之至今。邑人建忠烈公廟成，復建閣以祀夫人。友人徵詩，賦此題壁。時道光十五年五月十八日。

夫人之心井中水，井水從來波不起。夫人之節嶺頭梅，孤幹不畏冰霜摧。禮義不愆言何恤，誰信鹽梅今結實。湘妃泪染竹成斑，無怪鹽梅之實味能鹹。城南建閣對銅官，閣下梅花耐歲寒。從此香風留萬古，何獨文孫忠烈傳人間。

正月初九日，往大墩山省墓，夜登峻嶺，窘步難行，詩以紀之

日暮途遠天深黑，我馬瘏矣行不得。雙峰高聳林木合，一徑崚嶒石壁仄。旋風凛凛寒生毛，飛瀑泠泠暗沾臆。攀躋如撑上水船，進未得寸退已尺。怪禽類鬼啼人前，危石疑虎蹲我側。須臾衆壑起松濤，萬騎千軍來逐北。嗚咽如聞鬼唱詩，遥空覺有魈吹笛。山靈似欲指迷途，特遣青燐照匍匐。嶺下正愁岐路多，林端忽露粉墻白。丙舍諒非三神山，此間真是清凉國。手栽修竹已成林，瞥眼梅花如舊識。回頭不見來時路，一片黑雲潑如墨。長林豐草深夜來，山人見我皆驚愓。嗚呼男兒失路誠可憐，痛哭窮途悲阮籍。縱知泣血亦徒然，瑣尾誰能忘叔伯。此行雖較蜀道難，總比人心易推測。松楸無恙心自

怡，衣濕身疲何足惜。

拜墓

萬家真可置其旁，一望松楸氣鬱蒼。奉帚掃除雙泪灑，携鋤培植寸心傷。徒令杯酒成虚設，要見慈顔祇睡鄉。昨夜夢中親色笑，喜兒病骨較前强。

車行遇雨

風雨正縱横，驅車破曉行。看山思墨戲，臨水訂鷗盟。險阻嘗來久，崎嶇望去平。松楸將遠别，回首若爲情。

跋涉水雲裏，于嗟我僕痡。祇緣從阮籍，能不哭窮途。薄晚家何處，前山雨更粗。所欣輞川近，竹樹影模糊。謂祖香崇岡别業。

正月十一日，冒雨訪祖香於崇岡，賦詩奉呈

滿天風雨促人來，百結心胸一笑開。春夢無痕休介意，清談有限且銜杯。摩天黄鵠真堪羡，時伯宏在揚州，席間談及。赴壑修蛇不可回。先生守歲，作《蝶戀花》詞一闋，最爲絶唱。句易感懷關性分，不關性分總浮埃。

宿崇岡山齋有懷朱橘亭

輾轉不成寐，松風徹夜號。聯床懷舊雨，中酒慕醇醪。老鶴意何遠，閑雲情自高。銅琶鐵板在，爲唱大江濤。

澄光寺觀金觀音作

吾觀觀世音，千目千手臂。化身千萬億，與無身無异。伊誰鑄金身，來鎮澄光寺。我來爲看山，非是作佛事。住持方外交，留我吟空翠。開函示寶相，四壁光輝熾。妙麗復端嚴，現出慈愍意。誠知解脱門，原不可思議。權當無言師，聊以參不二。年歲久不豐，旱魃頻作祟。食乏香積厨，衆生殊瘘痺。奈何富一身，坐視衆憔悴。曷不鑠其金，易粟千鐘易。頓使菜色人，歡聲動天地。功德真無量，遠勝高閣置。此心菩薩心，住持知也未。

山中閑行，得詩四首

一月不出户，出户春已深。細草緑在地，梨花香滿林。青山不世情，安然横玉琴。片雲巖際浮，依依愜素心。

水聲忽到耳，幽澗在林前。亦有三板橋，圖畫出天然。行行復止止，碧玉何娟娟。樂飢斯可矣，誠哉詩人言。

短彴既已渡，緑野何其寬。參天松數株，夭矯虬龍蟠〔二〕。翹首一以望，巍然見長山。霏霏山翠中，好鳥鳴關關。

俯視仙人洞，千樹桃花開。桃源在人世，豈盡荒唐哉。此間春意濃，合醉流霞杯。東風且莫吹，留待漁郎來。

同崔仲綸獅子山望太湖作

君家太湖濱，我家黄山麓。太湖波濤渺翻天，黄山蓮花峰六六。安得仙人縮地方，

〔二〕 矯，原誤作『嬌』，據《蕉窗詩鈔》卷七改。

黄山移置太湖曲。去年讀君詩，彪炳光陸離。湖波三萬六千頃，收拾君家筆一枝。綏安山中花如雪，君不來兮花飄瞥。思君不見訪君來，片帆昨夜桃溪開。到門握手他勿問，東灣獅子安在哉。二山名。振衣飛上青崖去，趺坐松陰相與語。東風捲起浪千層，七十二峰不知處。

秋聲篇

白雲在霄月在地，紛紛木葉無邊墜。寒蛩四壁吟不休，又是一天秋意思。西南飄忽聞有聲，入松頓作不平鳴。三峽波濤吹地轉，六軍人馬破山行。須臾簾外瀟瀟雨，一片雁聲天際起。樹杪飛泉瀉百重，置身仿佛水雲裏。山居落寞少人過，聽秋可以驅愁魔。身世大都春夢婆，寸心休被百憂磨。百年歲月一擲梭，而况去日已苦多。何暇悲秋學宋玉，何暇面壁師達摩。呼酒來前飲輒醉，乘醉拔劍舞且歌。江海之聲振巖阿，萬籟俱寂快如何。不識六一何胸臆，賦罷秋聲三嘆息。

飲可樂園巫山人家，詩以紀之

晨起聞叩門，野老來相約。招游可樂園，爲我設杯杓。我遂欣然從，穿林復轉壑。清風吹我衣，好山悦我目。蟬鳴似奏琴，水流如擊筑。木葉未曾脱，田疇已遍緑。中途作小憩，覆蔭多古木。行行過溪橋，炊烟横屋角。隔籬啼午鷄，當户卧黄犢〔一〕。主人立門前，蕭然披野服。延我坐中堂，與我談心曲。飲我梨花春，食我花猪肉。我素稱老饕，張口便大嚼。須臾杯盤空，我意猶未足。主人笑且言，不愧將軍腹。我曰客無能，曹交徒食粟。平生好交游，人情罕醇樸。洪荒太古風，竟在深山谷。情意既殷勤，衣冠何必肅。似此好園林，居之真可樂。夕陽銜遠山，新月上林薄。漁郎出桃源，松風鳴謖謖。咏歸有餘歡，勝游何日續。

咏愁篇

天以蟲鳴秋，人以詩鳴愁。愁多詩更多，詩多奈愁何。詩人半屬多愁者，愁人不必

〔一〕犢，原誤作『牘』，據《蕉窗詩鈔》卷八改。

盡詩魔。問愁何所似，舞絮抽絲均可擬。盧家少婦昧平生，偏與窮廬秋士爲知己。魔之不去提則起，無聲無形真類鬼。一朝失足落其中，生非生兮死非死。其固也如城，其深也如壘。蘇秦不得説以言，項籍無所用其技。況我一長無可恃，我欲攻之竟何以。醉鄉之中愁更多，逃乎睡鄉斯可矣。滿耳蟲聲不得眠，咏愁聊學張平子。

静坐

山居無一事，獨坐雲留軒[一]。壁觀似達摩，尚未到九年。静中觀自在，天外别有天。維摩不二法，得之於無言。

閑行

信步二三里，不知西與東。如此好溪山，容我策短筇。臨水羡游魚，過橋逹釣翁。好尋闊處行，莫入荆榛中。

[一] 雲留，原誤作『留雲』，據《蕉窗詩鈔》卷八改。

小　飲

我鄰有二仲，過我慰我思。手提酒一壺，相與斟酌之。何物佐此酒，堆盤有蟛蜞。橫行暴長卿，好作持螯詩。

清　談

空山苦寂寥，默默我何堪。忽聞佳客來，快與爲清談。今宵好風月，前山橫夕嵐。各將近作詩，津津道再三。

論詩三首

作詩如作人，宜真不宜假。詩有真性情，是解作詩者。剿襲以爲詩，毋奈風斯下。摹仿以爲詩，何能出瀟灑。典故安可無，數典亦傷雅。詩爲心之聲，心藉詩以寫。我作我之詩，詩中貴有我。我用我之法，古法都可捨。雲霞無定容，變化自嬝娜。山河無定形，位置自安妥。作詩胡不然，知意不學可。

詩在山林中，山居詩自得。山林中作詩，可以得詩骨。廊廟豈無詩，頌禱多雕飾。

安得暢所言，豪放不拘格。作詩是樂事，用以適吾適。拘束而爲詩，詩源全壅塞。天賦我性靈，何由得以發。千古上乘詩，窮愁憂患出。杜老吟《北征》，真爲萬世則。欲作作詩人，莫傷憂患逼。

作詩雖在人，其權詩自專。終日無一字，頃刻來萬言。其易如反掌，其難如登天。其來如懸河，其去如飛鳶。飄飄氣凌雲，望之仙乎仙。八珍無其味，西子遜其妍。世情工炎凉，而詩獨不然。窮愁困厄中，與人相周旋。人情嫌冷淡〔二〕，而詩情自偏。萬山風雪夜，與我結深緣。愁魔既揶揄，窮鬼復來前。吾以詩驅之，敢不爲深潛。可以忘我憂，可以窮歲年。萬物供驅使，吾將老其間。

〔二〕冷，原誤作『泠』，據《蕉窗詩鈔》卷八改。

卷十

陽羨綏安詩下

婺源　齊學裘　子治

遣懷

人生在塵世，甘苦須備嘗。譬如人行路，初出多康莊。行到半途間，崔峨逢太行。豈因太行高，却走徒徬徨。緩步登其巔，縱目覽四方。險處未曾經，奇景安得望。下山疾復疾，依然大道旁。閱歷既已多，甘苦兩相忘。寄語行路人，不必嗟羊腸。

天地有虧陷，年歲有歉豐。道路有險夷，人生有窮通。久晴必久雨，日昃由日中。物極無不反，君子常固窮。不怨并不尤，氣象何其雄。霜雪任交加，不改柏與松。哀哉市井人，得失争鷄蟲。

飛流三千丈，奇峰一萬重。廣厦百十間，獨客居其中。何事破寂寥，萬卷勞雙瞳。何物以怡情，三尺横枯桐。興到吟一篇，遥情寄飛鴻。仰觀浮雲浮，片片遮蒼穹。

人生天地間，滄海渺一粟。無罪以當貴，無禍便是福。隨緣過此生，了却棋一局。萬事付子虚，胸次何落落。所以貴爲人，務在能絶俗。人俗不可醫，富貴亦草木。草死與木斃，身後更寂寞。

人心不可測，君子貴擇交。我生好交游，至契在衡茅。初交城北徐，謂伯宏。把臂如同胞。繼交潘邠老，謂曉村。相投如漆膠。急難相扶持，文字相推敲。一日不得見，中心如煎熬。三人永爲好，骨相皆孤高。窮愁我爲甚，意氣潘最豪。徐公真公瑾，醉人如醇醪。此外豈無朋，可以同游遨。數月不一見，易得遂易拋。亦有素心人，踪迹寄遠郊。音問久不通，魂夢如翔翺。凡人以類聚，不得相混淆。倘友不如己，豈止損一毫。

寒門不可出，閉户策爲長。俗流不可友，息交計爲良。閉户兼息交，庶可除不祥。縱有异患干，心可對彼蒼。异患苟不干，寒餓庸何傷。富者衆之怨，貧者士之常。禍從何處起，言爲禍之根。守得口如瓶，任他耳屬垣。出口便興戎，君子無多言。風月儘可談，詩畫亦堪論。人過與己長，切勿言津津。小子其識之，三緘師金人。

將游太極洞，得詩三首

賦性似淵明，所愛在丘山。我本樗櫟材，置身合巖間。陽羨富山水，笠屐往復還。朝飲玉女泉，莫宿銅官巔。龍池看曉雲，鷄籠結深緣。時余寄居鷄籠山下。我意猶未足，越境尋雲烟。廣德有大洞，境妙難以言。我游一而再，魂夢猶牽纏。

八月天氣佳，游山此其時。好友四五人，日日相追隨。登皋以舒嘯，臨流而賦詩。偶談洞天游，心神已飛馳。興來不可遏，相約携杖藜〔一〕。

膠膠鷄初鳴，我已披衣起。出門逢老翁，顧我笑不已。問翁何以笑，首摇口不語。噫嘘我知之，笑我好游耳。游山如此勤，百事廢不理。家無擔石儲，游蕩仍如此。以此爲笑耶，所笑亦大是。不知我輩人，本性愛山水。祇知地炳靈，那計厨無米。行將游五岳，兩足踏萬里。洞天在咫尺，不游良可耻。人生如蜉蝣，在世能有幾。必待婚嫁畢，毋乃太迂矣。長揖謝老翁，須知我非子。

〔一〕藜，原誤作『梨』，據《蕉窗詩鈔》卷八改。

八月初七日，同周奉璋、丁跂鴻、蔣安壽、陳文新、文耀諸君重游太極洞，得詩一首

白晝秉燭入山腹，別有天地非人間。神工鬼斧畫不出，石皮皆作老龍鱗。我生好游力不給，到此渾忘身病孱。快將舊句補題石，秋蛇春蚓相縈蟠。書罷投筆一大笑，姓字從此留仙寰。莫訝仙舟終古覆，如此烟霞嘆止觀。蓬萊瀛洲及方丈，虛無縹緲誰能攀。秦皇漢武求仙術，妄想仙藥尋三山。那知仙國在人世，捨近求遠何其頑。此中境界頻閱歷，骨雖未換心已仙。阿房之宫豈不美，一炬便化爲雲烟。洞天樓閣真不壞，千古萬古終依然。倘非神仙之居宅，焉能如此其安閑。諸君一見嘆觀止，我已三到心猶憐。此身不死家不徙，一年一度期無愆。

游太極洞得玉脂芝，喜作

玉脂結成芝，此物天下少。根蒂既玲瓏，枝葉復晶皎。萬年産洞中，奇貨無人曉。我見喜欲狂，不數藍田寶。載歸置案頭，仙雲常縹緲。探驪已得珠，石佛無此巧。余欲取

洞中石佛，已爲好事者携去，遂載石芝以歸。秦皇欲長生，祖洲求芝草。徐福去不回，男女舟中老。豈知芝有靈，肯殉秦無道。東坡夢食芝，味比鷄蘇好。作詩以紀夢，詩夢俱奇矯。我今真得芝，不羡蓬萊島。蓬萊何處尋，海天風浩浩。

九日，同崔仲綸、余際才、周奉璋、丁跂鴻、陳文新、文耀、家弟慕顔、侄玉泉、侄孫考文、甥余竹孫、兒子功忠登鷄籠山頂，得詩一首

重陽高會鷄籠頂，不許微雲點太清。遠水光寒横一劍，群山影亂擁千旌。忘形那辨賓和主〔二〕，樂事無如弟與兄。手把酒樽向天祝，年年此地結鷗盟。

樂貧篇

懷璧匹夫罪，有齒象身焚。天道亦虧盈，聖賢常樂貧。顔子居陋巷，其樂難以言。淵明乞食時，吟咏自欣欣。古人胸次間，清净無纖塵。處困而能亨，道學醇乎醇。豈以

〔二〕辨，原誤作『辧』，據《蕉窗詩鈔》卷八改。

貧爲喜，而於富獨瞋。良由貧富權，在天不在人。素其位而行，貧富無所分。錦段豈不華，何如布衣温。魚肉豈不甘，終遜咬菜根。貧居清且閑，門無車馬喧。可以讀我書，可以全吾真。淡泊以明志，無懷葛天民。

山居恭和大人韵

梨雲香滿塢，螺黛翠參天。流水達人性，飛花天女禪。靜中多會意，吟罷獨撐肩。謝朓如相訪〔二〕，欣然割半氈。

樓從山半起，窗對竹林開。快雨送凉至，閑雲入座來。多情天上月，頻照掌中杯。瘦鶴真吾伴，昂然日夕陪。

秋夜偶成

唧唧蟲吟砌，娟娟月入帷。山宜雨新霽，秋讓客先知。無事可消遣，挑燈頻課兒。

〔二〕謝朓，原誤作『謝眺』。

西南聲又到，正好讀書時。

壬子九月二十有二日，邀同陸子卿訪馬小梧廣文於和橋夕陽天遠樓，即次前韵

最好黄花插滿頭，夕陽天遠更登樓。携來海内無雙士，特訪人間第一流。池上憑欄看浴鴨，沙邊鼓棹起飛鷗。良辰美景原難再，十日何妨爲我留。謂子卿。

次韵奉和孔宥涵太守雨宿東塘漁橋之作

覺時滿眼烟霞在，不是李白聞天鷄。北海壺觴酌座客，東坡笠屐來荆溪。報國不遑窗卧北，吟詩直到日沈西。甲兵要挽天河洗，那忍蒼生驚鼓鼙。

甲寅七月二十三日，桃溪晚泊，呈孔繼鑅宥涵太守、楊振藩蕉隱贊府

不到桃溪二十秋，蘆花點點白人頭。烟霞變幻徵新句，風雨漂摇繫小舟。陽羨瓜甜堪滌暑，龍池山近好同游。年來濟勝慚無具，捷足登峰遜一籌。

桃溪曉望

聽雨聲初歇，推篷秋氣清。柳條籠竹屋，石磴傍瓜棚。山市炊烟鬥，谿橋畫稿呈。無窮今昔感，回首見懸旌。

二十三日，徐朗山麗金茂才邀同宥函、蕉隱游龍池

且漫商家國，名山結伴游。捫蘿探虎洞，宥函獨登絕頂尋老虎洞，同人不能從。倚竹聽龍湫。愛坐玲瓏石，貪看爛漫秋。紅塵飛不到，飽啜茗三甌。

龍池題壁，用蕉隱韵

一入松篁裏，無窮環珮聲。龍潛尚夭矯，雲懶更縱横。覽勝心神曠，探奇腰脚輕。誅茅他日共，談笑了餘生。

善權紀游歌 有序

甲寅七月二十六日，從桃溪放棹至祝陵，同孔君宥函、楊君蕉隱游善權寺，

觀六朝石幢、唐宋古柏、碧蘚巖碣、《祝英臺近》詞碑，飲泉食瓜，尋九斗洞、仙李巖。孔君獨探水洞，見仙人田，采秋海棠盈掬，復游後洞，旋登董山，摩挲東吴封禪碑，極言其勝，餘勇可賈。余與蕉隱皆不能從，薄暮回船，作歌紀之。

一輪初日昇海東，或出或没胭脂紅。船頭鳴鉦振林樾，布帆直指祝陵發。水如明鏡曉函開，山似美女嚴妝來。垂楊垂柳陰如霧，鳥鳴嚶嚶索詩句。劃然長嘯聲聞天，驚起輕鷗與白鷺。捨舟登陸曳杖行，四山含笑遥相迎。忽逢樵叟問前路，小憩茶篷同友朋。同蕉隱茶篷食瓜。食瓜鎮心暑可滌，放步重訪英臺宅。善權寺是祝英臺宅故址。細摩支柱兩石幢。貪看參天幾古柏，同游先我坐禪堂。解衣磅礴聞妙香，野老猶能談古事。蔓草荒烟選佛場，康熙年間，寺僧猖獗，被衆焚寺殆盡，故及之。祝英臺近詞逼宋，碧蘚巖碣書追唐。飽飲山泉探石室，山僧列炬延客入。洞門旁署仙李巖，仙李何人僧不識。崖前古木高插天，陰如翠蓋枝柯連。蟬聲斷續寫秋意，石壁離奇參畫禪。水流東去何時旋，山靈脉脉不我言。回意前游俱少年，己丑秋，同紅雪、開士、路補之、徐伯宏、鏡湖、秋巖游此。今紅雪、補之已歸道山有年矣。一彈指頃嘆華顛。黄童白叟争入洞，左獅右象誰能控。巨石如鬼守洞門，鹽堆米堆作清供。玉柱拔地高復高，以杖叩之如彈璈。童叟叫嘯蝙蝠舞，那知世上有鼙鼓。紅塵飛不到此中，何論蠻烟與瘴雨。第一福地推洞天，此時洞天真樂土。何當結伴洞天居，彈琴咏詩還讀書。山有蔬兮水有魚，市有酒兮田有租。飢來飽餐飯一盂，困來甜睡忘朝晡。覺來枕席烟霞鋪，興來擊節歌烏烏。靈光不昧還太虛，得大自在樂何如。緩帶輕裘將有儒，綸巾羽扇功可圖。東山自副蒼生望，霖雨舟楫世所需。山人老朽復何用，含哺鼓腹游康衢。我今苦無濟勝具，身輕獨羨孔文舉。捫蘿直下探龍宮，攀石飛升作鳳翥。東吴封禪碑尚存，日暮摩挲不忍去。海棠鮮艷石竹奇，採之盈掬贈伊誰。先生餘勇真可賈，小子笠屐安能隨。君不見東坡月中游赤壁，踞虎登龍適其適。不能從焉有二客，今日之游同一格。先生來宜豈偶然，前身或即是坡仙。何時歸老續前緣，築亭種橘兼買田。再與先生春秋佳日游善權，當作奔走偕來同我太平之長篇。

南岳寺

修竹碧無隙，喬柯高插天。衆山環古寺，三世破枯禪。老衲語興廢，同游來後先。

東吴封禪地，南岳到今傳。

放下處

一棒當頭打，衆生醒未醒。根塵能斬斷，仙佛自然成。快把屠刀擲，須將慧劍鳴。一絲無罣礙，自在任游行。

吾儒不勤下，處處勤操持。出處各有事，心身那肯遺。五倫無可廢，萬物豈堪離。任重何能息，天行健不疲。

大悲閣

吾聞觀世音，存心在濟世。千目照痌瘝，千手扶痿痺。發大慈悲心，救大苦難事。廣大靈感稱，由來古有自。現今獶猺亂，殺人當兒戲。生靈飽豺狼，江城據魑魅。聖代警烽烟，康衢駭旗幟。小民驚鼓鼙，天子思將帥。興師已六年，小醜猶驕恣。聲東以擊西，虚攻而實避。勝迹遭摧殘，古物被毁弃。仇視西方佛，火燒南朝寺。流毒波及神，神亦無法治。殺氣衝到天，天胡爲此醉。滬上一彈丸，土寇據更异。一年未克復，投鼠因忌器。軍儲皆徵民，民間疾苦備。北方有勝帥，賊畏不敢至。稍解至尊憂，差可强人意。向軍駐秣陵，蘇杭全藉庇。六合有温公，敗賊數十次。宰官盡如温，長毛敢作祟。今適琦雷軍維揚，江北可安寐。近聞壩兵潰，宜溧民驚悸。空城罕人聲，市罷無酒肆。今適同友朋，桃溪玩山翠。親眼見流離，傷心頻出涕。溧邑移家至桃溪者甚衆，不勝其慘。今登大悲閣，慈顔重仰止。心香一瓣陳，五體虔投地。一求遣雷霆，滅賊盡餘類。再求渡慈航，拯民衽席置。楊枝一滴水，灑作年豐瑞。嘘枯作菀乎，普天同拜賜。

青螺閣

小閣似旋螺，憑虚發嘯歌。此間塵事少，檻外緑陰多。一榻尚懸壁，卅年成夢婆。余少時讀書於此，卧榻猶存。今日重來，年逾五十，白髮盈頭，已成老叟，不勝感慨係之。木樨香不遠，定博醉顔酡。古桂兩株，千年物也。

洗腸池

塵容俗狀山靈嗤，欲洗塵俗恐污池。禪師洗腸去不遠，池上飛瀑抛珠璣。滄浪之水濁濯足，華清之池洗凝脂。山人足迹尚未到，舉頭天外馳遐思。同人洗手弄晴暉，金光蜿蜒如龍蛇。音移。我如兀兀心如醉，忽憶卅年前故事。携朋到此數月居，朝夕池邊共游戲。呼童拾石池頓寬，明鏡開奩照翠鬟。竹爐松火煮石骨，山泉俗名石骨。清風永日試龍團。眠琴緑陰歌一曲，登高臨深扶緑玉。困來坐石浸足眠，適意何妨學海岳。在山泉清出山濁，消受林泉要清福。飄風發發雲飛飛，奔走四方空碌碌。重來變作白頭翁，羞向清池照塵俗。

游洗腸池，還至雲破月來禪室，投榻酣眠，被宥函喚醒，遂作游仙夢歌以紀之

人言萬事不如杯在手，我道萬事何如展脚眠。翺翔四海九州名山與大川，仿佛混沌未闢洪荒前。浩浩乎如列子御風之泠然，飄飄乎如莊周爲蝶羽化而登仙〔一〕。仙之人兮顔如蓮，琪花瑶草相争妍。蓬壺方丈横雲烟，珠宫貝闕盈管弦。吹笙彈璈集玉女，霓裳羽衣歌且舞。跨來白鶴乘青鸞，飲罷瓊漿食麟脯。麻姑搔癢指爪輕，王母投桃遺雙成。調

〔一〕化而，原誤作『而化』。

琴滌筆有弄玉，捧茶侍硯來飛瓊。忽來吟興豪無敵，揮灑羅雲千百尺。衆仙一見欣然酬，散作飛霞半空赤。不知何處是塵寰，那識人間飛羽檄。不知冠冕爲何物，衹解靈光還日月。蘧蘧一夢覺游仙，斜陽猶在西山缺。翻身一躍下禪床，再向留衣搜古碣。留衣庵。

留衣庵題壁，用宥函韵

卅年夢覺一聲鐘，水珮風裳憶月容。居士重來頭似雪，庵門空對兩株松。

宥函將别我而去，詩以送之

萬壑風烟大筆收，山靈下拜盡低頭。深談十日肺肝見，長嘯一聲天地秋。荒僻村墟憐我處，疲難軍務仗公籌。誅茅虎洞何時果，未别河梁泪已流。

蕉隱言别，詩以送之

聯吟豪興似兒時，故里重逢感鬢絲。某水某丘記游釣，論書論畫痛流離。名知海内身難隱，世變人間事可悲。努力麟臺畫功業，休將别泪灑旌旗。

天遠堂題壁

坡公手書天遠額，閲歷春秋將八百。昔居陽羨早聞名，今到祠堂見遺迹。邵家祠堂何處尋，村名永定柏成林。參天葉密千年碧，覆地枝連數畝陰。濃陰幽邃蔭祠宇，擘窠三字如卧虎。銀鈎鐵畫誰能摹，四海九州堪獨步。我藏蠅頭小字書，三千六百方干句。字小勢具尋丈寬，海内公書無此過。今觀堂額結構嚴，宛似蠅頭書法度。作書法門今頗悟，筆實氣虚力量具。世人但解臨池日夕用工苦，那識坡公忠義貫日月、文章妙千古。君不見退筆如山未足珍，讀書萬卷始通神。灘名惶恐泣孤臣，孤臣到處總思君。君門九重深莫測，瓊樓玉宇寒無敵。畎畝常懷廊廟憂，夕陽天遠愁登樓。就中無限思君意，揮灑淋漓一額收。

甲寅閏七月十六日，邀同馬小梧、陸子卿、吴半江、王青選諸君携戴侄順之、兒子功成泛舟游滆湖朝陽禪院在水庵，得詩六首

結伴尋詩去，河橋共泛舟。恰逢新霽後，好看滆湖秋。老友還能聚，兒童亦喜游。可憐雙槳動，驚起一群鷗。

禪院入朝陽，木魚聲滿堂。知夫梅子熟，聞否木樨香。净問誰常樂，庵中有『聞木樨香』『常樂我净』等額，故及之。顛惟我最長。庵中有醉顛僧像。狐仙在何處，且覓黑甜鄉。陸子卿云朝陽禪院後有狐仙洞，余飯後便思睡，故戲及之。

離家三五里，便到石頭橋。初月依然在，吟魂不可招。吴仲倫已歸道山十有餘載，過初月樓，不覺悵然久之。臨流頻感逝，訪友暫停橈。訪吴月棠詩人，遂邀同游。逸興知何限，清風送玉簫。

欲訪伊人所，吴荆㟭《鶴園隨筆》載，在水庵瀕西滆湖，明季先學士復庵公諱中行别業也。名蒹葭莊，額曰伊人所。公疏論張居正奪情，廷杖，後養創於此。家人邏守，夜半忽有人立於前，公問爲誰，曰：『奉張相命刺公者，某不忍，故來告公。』公曰：『然則何不去？』曰：『尚有繼某至者，爲公伺之。』既而前曰：『後來者返矣，公自此可無患，某亦從兹逝矣。』遂不復見。至改莊爲庵，此公賜環後事云。橋低不可之。何須參玉版，游朝陽禪院返舟，子卿云曾參玉版師否？時移尊禪院飲酒食肉，故云。且去泛瓜皮。水長橋低，快船不能過，另買小艇，與小梧、月棠促膝持蓋，飄兀於柳岸蘆汀之間，如入趙大年水村漁樂圖，讀王摩詰輞川别業詩也。一幅大年畫，五言摩詰詩。此間真可隱，萬頃碧琉璃。

四面三重水，瀛洲勝境開。在水庵有『瀛洲勝島』額。昔賢原不住，今我亦無來。逸事鷗園載，歸途落日催。蒹葭何瑟瑟，臨去復徘徊。

有客見恨晚，論文逢此間。王少枚後到，談詩論文，通人也。清尊來日對，拙句待君删。揮手一傷別，分途各自還。桃源欣不遠，儘可避猺蠻。時江南西寇未平。

八月初十日，同小梧游方戟門亡友廢園看桂感作，再疊前韵

故友不可見，苔痕三徑侵。笑言猶在耳，觸目難爲心。池水涸成陸，木樨香滿林。無窮今昔感，欲碎伯牙琴。

峄山蕩玩月歌

甲寅八月十四日，余携子功成，馬小梧携侄圩東、子承杜、承淦，邀同陸子卿、吴月棠、裴玉山泛舟峄山蕩，挈榼提壺，舉酒玩月，達旦方歸，作歌紀之。

綏安玩月逢中秋，鄰翁邀我登高樓。鵝籠書生不可得，兩山排闥風颼颼。錢塘門外西溪月，滿眼珠宫兼貝闕。兩三良友泛瓜皮，桂花風捲蘆花雪。黄山看月奇更奇，鳥奏

音樂猿聽詩。蒲團松頂坐以眺，萬峰飛舞雲迷離。去年今夕芙蓉湖，戍樓畫角吹烏烏。海濱城陷如破竹，縱對好月誰能摹。今年今夕峄山蕩，萬頃琉璃碎飛槳。誰把驪龍頷下珠，擲來碧玉波心蕩。青山纍纍抱月圓，月光如水水如天。祇宜綠綺彈清夜，那許紅塵到此間。綠酒紅鐙重開宴，黃童白叟俱留戀。酒闌鐙爐景更佳，月色波光静如練。顛僧起舞憨叟歌，玉山自倒月棠哦。圩東作詩感慨多，一場富貴春夢婆。子卿妙語堪不磨，高格與俗真殊科。小兒好吟亦入魔，得句不爲騷客呵。兒子口占一詩，有『我輩詩人樂，水影好月光』之句，子卿賞其老氣横秋，肯收爲詩弟子，故戲及之。生當聖代逢干戈，江城鬼蜮列如麻。殺人如殺鷄與鵝，豺狼有窟人無家。舉世受病無華陀，倩誰著手起沈痾。荆南野老同蹉跎，臨深那得忘坎軻。百年歲月駒隙過，見月當頭能幾何。今宵莫負月舒波，我持尊酒酬素娥。年年此地來婆娑，回憶前途發嘆嗟。甲兵要洗天無河，嗚呼甲兵要洗天無河。

卷十一

婺源　齊學裘　子冶

吴門游草

庚子六月，移居吴門，留别綏安四首

身世飄然一葉舟，憑風驅使幾時休。鵝籠儘讓書生坐，虎阜偏將頑石留。城市山林容插脚，梅妻鶴子怕回頭。七年去住成何事，不待言愁始欲愁。

卜居最好在山川，明月清風不用錢。清福原知造物靳，奔波祇許自家憐。梨雲追憶真成夢，仙洞迷離遠隔天。臨去依依頻灑泪，教儂難忘主人賢。

家寒頻學葛仙移，無怪人呼作大痴。數口倘能足生計，此身誰願客天涯。遷喬出谷因求友，載酒尋花不惜資。散盡黄金終有獲，探囊添得百篇詩。余自入山後添詩八卷。

行囊何有有琴書，差勝人家萬石儲。眼底由來無俗物，心中久已悟真如。一廛暫傍癡翁住，謂黄縠原丈。千里常懷老屋居。收取滄浪好風月，他年决計返吾廬。

五月十三日，同黄縠原、嚴問樵、周遠香、丁澂庵、谷卓卿諸君虎丘觀競渡

畫船來去快如何，似擲天孫錦上梭。吊古伊誰懷屈子，通辭惟有托微波。美人香草須珍惜，酒地花天好放歌。把盞清談皆國士，霍然一病愈維摩。時余病目初愈，故及之。

同黄縠丈、沈守之慶葆泛舟游開元寺，返至虎丘，得詩四首

海上烽烟靖，東南可罷兵。湖山幸無恙，我輩且陶情。秋興三人共，漁舟一葉輕。勝游今日事，即此愜平生。

蕭寺一鐘動，冷然清客心。誰參戒定慧，佛現去來今。梁棟竟無用，無梁殿。江河曰以深。法門真解脱，吾欲叩禪林。

返棹到山塘，園花遞妙香。青衫懷少傅，紅粉哭真娘。石入雲林畫，池寒寶劍光。尋詩隨處是，得句付奚囊。

登高堪縱目，平野浩無垠。近水横林表，遥峰峙海濱。生公説法竟，頑石點頭頻。

時聽穀翁與守之談詩論事甚暢。拂袖下山去，蕭然物外身。

同穀原丈、守之、卓卿泛舟游虎丘

各把青蚨挂杖頭，木樨香裏蕩扁舟。暢談野史兼情史，寄興歌樓與酒樓。花柳有情招醉客，詞章何處覓封侯。徐行一路嬋娟擁，差擬飛仙到十洲。

同穀原丈、守之、卓卿虎丘酒樓小酌

良辰美景非長有，知己忘形亦大難。六鷁退飛江海静，一樽相對主賓歡。青衫不爲琵琶濕，緑酒頻因樂事乾。乘醉登舟回首望，木樨香裏蝶成團。

癸卯五月初七日，邀陸次山虎丘觀競渡，作詩二首貽次山

明珠百斛换嬋娟，那及輕舟載謫仙。朗抱如當松頂月，清游快擲杖頭錢。龍船尚爲靈均設，虎阜長懷短簿賢。酒地花天堪笑傲，與君此會約年年。

天憐作客太清寥，特遣長風送鐵簫。次山自號鐵簫生。吊古無人知賈誼，處窮有志薄

雲霄。琵琶幽怨青衫濕，圖畫精靈紅袖招。時有徐韵蓮女史索次山作畫，故并及之。海上波濤幸恬静，好將花月話今宵。

五月十四日，李友琴璜買舟載酒，邀蕭子滂、陸次山及予游虎丘，觀競渡，途中遇雨，大快人意，得詩二首

良朋快雨一時來，千叠愁心到此開。客子衣纔更白葛，天公意正作黄梅。烟波畫舫饒清興，檀板金尊老艷才。放浪形骸君莫笑，雲臺不上上歌臺。次山善歌，酒酣高唱，聲遏行雲。

我亦天涯淪落客，萍縱適合總前因。南村自昔親佳士，友琴家住陽羨城南，與予敝廬相近。北斗於今得替人。子滂係蕭北斗後人。萬事休談惟縱酒，一籌莫展不憂貧。男兒有志終當逮，且唤漁童理釣綸。

五月二十日，同守之、子滂、次山痛飲虎丘酒樓，醉中作歌紀之

男兒生不能成佛生天出苦海，趺坐蓮臺觀自在。又不能羽化登仙到十洲，遺世獨立

除煩憂。貴不能腰懸金印大如斗，建樹奇勛垂不朽。富不能金銀堆積如丘山，大比天下寒士皆歡顔。渺然一粟寄天涯，蓬轉飢驅喚奈何。空腸時如蚯蚓叫，落魄時遭醉尉呵。千詩不值一文錢，八斗才華誰肯憐。窮猶未已還多劫，佯狂傲世悲青蓮。不如呼儔結伴上吴船，春衫典却沽十千。登樓痛飲鯨吸川，曉風殘月酒家眠。富貴不知爲何物，多情則佛達則仙。塵寰狹窄不可住，醉鄉廣大堪流連，嗚呼醉鄉廣大堪流連。

次韵和次山虎丘飲酒之作

天隨胸次净無塵，皓月光明是後身。客作三年因一笑，予寄居蘇臺已及三載。詩成四韵定千春。吹簫吴市誰同調，畫壁旗亭大有人。浩蕩沙鷗真我侣，碧波萬里孰能馴。

十月初十日，次山將至上海，黄丈穀原招同蕭君子滂、沈君守之、翔之昆季載酒天平山餞别，作詩以贈

唱到驪歌不可聞，離筵猶是細論文。停輿且看萬紅樹，策杖同登三白雲。石壁玲瓏開古畫，湖波浩緲捲斜曛。登高敢詡吾能賦，擬向詞壇借一軍。

紛紛落葉看無邊，客子情懷各黯然。蕭寺鐘聲驚旅夢，寒山花信約殘年。時與次山訂鄧尉探梅之約。題名敢望他時績，次山欲題名勒石於天平山頂。把酒還疑宿世緣。勝友難逢那忍別，離愁飛去碧峰巔。

癸卯十一月十日，雪中購得水拓《瘞鶴銘》於吴市，詩以紀之

我生好古成痴顛，搜求斷缺揮金錢。衣裘典却厨無烟，金石到眼仍流涎。《鶴銘》書法空後前，議論精確惟庭堅。紛紛聚訟且勿喧，謂右軍書吾信焉。《蘭亭》石化孤飛鳶，世間遺迹希流傳。剩此焦山石一拳，雲霾浪打留江邊。字畫剥落多不全，一輪明月藏雲間。神龍掉尾矯可憐，美人半面何娟娟。大字無過誠哉言，如玉之潤如珠圓。夢想水拓亦有年，偶爾得之真前緣。其時隆冬雪滿天，昏暮持歸燈已然。衝風冒雪忘饑寒，欣欣如獲驪珠旋。傳家何物一硯田，臨池得此逢成連。上皇山樵書中仙，鶴壽有極銘長縣。定武《蘭亭》得比肩，夜深寶氣騰星躔。予舊藏定武《蘭亭》真迹，希世之寶也。温柔白雲都可捐，不羡米家書畫船。賞心樂事書一篇，擲筆一笑抱銘眠。

易畫歌

先君舊藏唐六如所繪墨菊立軸，平生得意之物也。失落人手，蓋亦有年。癸卯十一月二十三日，裘於吴市重見唐畫，即以古玉二器易之而歸，敬謹收藏。作《易畫歌》以紀其事。

六如繪事無不精，最難得者惟秋英。先君購得一籬菊，珍藏愛惜如連城。不知何時落人手，遺迹一失猶龍騰。人失人得何必楚，古亦有説愁何縈。要知父物非弓比，言猶在耳難忘情。先君得畫時，訓裘曰：『六如山水人物流傳尚多，惟墨菊絶少，尤足寶貴。』一朝吴市重見畫，不覺悲喜來交并。品題遺墨依然在，牙籤玉軸摇光晶。年來作客貧徹骨，囊空無錢買豈能。舊藏古玉有二器，白璧黄琮皆著名。以玉易畫真韵事，珍重持歸喜不勝。珠還合浦川自媚，璧歸趙國秦休驚。豈惟唐畫足典貴，手澤猶在堪依憑。薰沐題詩紀歲月，歲在癸卯月嘉平。藜藿難謀詩且賦，高興不讓陶淵明。六如題畫詩云：『先生高興近如何，藜藿難謀且放歌。杞菊一籬秋計熟，折腰安肯佩鳴珂。』故并及之。

石　樓

不到石樓興不來，太湖回望蕩胸開。天然一幅山樵畫，萬樹蒼松間野梅。

還　元　閣

舊游重到記依稀，猶是湖光接翠微。遥望白雲思往事，還元閣上坐忘歸。戊寅春，裘侍先君探梅到此，忽忽二十三年矣。

臘八前一日，游虎丘，用東坡《虎丘寺》詩韵

小艇泊虎丘，着屐登層嶺。修竹舞迴風，苔枝欹古井。冰雪積雲根〔二〕，路滑心耿耿。劍池清且深，時寒無蛙黽。説法懷生公，講臺臨古壙。相彼點頭石，峻嶒如虎猛。小坐静觀齋，目游懷亦騁。遥望冢纍纍，不覺興哀哽。茅屋兩三家，平疇千萬頃。遠水際天末，摇蕩劍光冷。俄然夕照鋪，日短苦不永。安得持長繩，繫此欲落景。登舟回首望，

〔二〕冰，原誤作『水』，據《蕉窗詩鈔》卷一改。

微茫見塔影。重游固所願，豈曰不敢請。

鰱魚洞

穹窿游已遍，尋路往光福。亂石如米聚，舉步殊窘蹙。偶然得小徑，稍可安我足。入洞下臨深莫測，鳥道似巴蜀。巨石撑天高，巍然礙人目。一片忽突出，如雲蔽空谷。夕陽銜遠探淺深，新鮮苔蘚緑。以石投其中，聲音如轉轂。小坐望太湖，湖光三萬六。擬買數畝山，山，好鳥鳴林麓。山花紅欲然，無人自開落。惜未携佳醞，席地相對酌。於此結茅屋。匪惟避炎熱，亦可遠塵俗。兹願果能遂，何羨蓬萊閣。懔乎難久留，狂風驟作惡。乃識神仙宅，未許人寄托。登舟月已升，移向楓橋泊。

常雲峰

陽山之峰何嶙峋，巨石千仞常出雲。我立雲峰最高處，白雲縹緲纏吾身。須臾日出雲徐斂，太湖一片波光閃。群峰矗似戟森森，古木紛棲雅點點。小憩恰有文殊庵，青龍泉水香且甘。雲外疏鐘催客去，老僧指點下山路。空谷鳥啼似有情，半山好石頻回頭。

嶺西夕照去飄忽，仰視青天見新月。夜行山下寂無人，游興未闌詩興發。

丙午上巳，雨中同黄秋士、許蘭餘、丁徵安探梅白馬澗通濟庵，作詩呈諸君并寄覺阿

去年探梅二月二，晴日烘花花未墜。今年探梅三月三，狂風驟雨愁花殘。來遲開遲早開早，花如相待情何如。一幅天然古畫圖，寒林積雪營丘稿。天公不遺雨催詩，探梅便覺平無奇。莫嫌風雨敗游興，節近清明雨及時。踏雪騎驢題太舊，不如開軒聽清溜。人道春寒花放遲，我説花遲春便瘦。住持既晤覺阿僧，佳客重逢韋君綉。談詩讀畫并校琴，蒲團麈尾清人心。大千世界視微塵，人生苦被憂患侵。安得蕭然物外身，結廬花下日開樽。孤山處士招爲鄰，羅浮仙袂遥相親。巡檐索笑怕我神，不義富貴如浮雲。鼐鼎調羹自有人，百花頭上吟朝昏。詩成寄與梅花衲，五百梅花縈夢魂。

九月十三日，招同楊蕉隱、周小漁游虎丘，得詩三首

不放良辰過，携朋作勝游。快摇雙櫓去，飽看一天秋。劍已池中弃，書堪石上搜。

莫談興廢事，且把姓名留。時擬題名勒石。

逸興那能遏，尋幽到上方。臨風懷少傅，掃石拜真娘。地結詩壇古，山添粉黛香。徘徊不忍去，塔影臥斜陽。

生公休説法，我且立山巔。宇宙收雙眼，虚空碎一拳。懸崖思勒馬，歸路要乘船。載得芙蓉返，看花夢又圓。

洞庭君祠觀供感賦

怳睹龍宫寶藏開，珊瑚玉樹擁樓臺。君逢貴主登仙籍，我拚浮生寄草萊。填海無由成絶恨，安瀾有祝仗雄才。蒼然暮色來天外，一路笙歌送客回。

洞庭君祠神弦三曲爲廟令譜

迎　神

洞庭波兮茫茫，具區水兮泱泱。焚椒蘭兮奠桂漿，望君王兮歸故鄉。靈鼉之鼓兮鮫綃之裳，辭七澤兮凌三湘。維桑與梓兮，惟神之徜徉。神之德兮無疆，神之福兮孔將。

雲爲旗兮風爲馬，望君王兮飄飄而來下。

娱神

雲之君兮山之鬼，巫之娥兮湘之妃子。彼皆遨游乎楚之山兮，棲遲乎楚之水。孰若君王兮，歸來乎桑梓。江之蘺兮沅之芷〔二〕，可采而玩兮，不如蒓羹之滑，雕胡之美。神歸來兮鄉人喜，邦之彦兮冠且履。館之娃兮羅且綺，登神之堂兮拜且跪。奠酒漿兮陳簠簋，瓊筵張兮笙歌起。舞霓裳兮舒紅紫，奏羽衣兮流宫徵。于胥樂兮，曷云其已。惟神之靈兮，鑒微忱兮。乎衆之情兮，莫可名兮。濯厥靈兮，赫厥聲兮。望華旌兮，來爲迎兮。擊金鉦兮，送神行兮。願君王兮，毋望此故鄉兮。

送神

吴之山兮青青，吴之水兮泠泠。仙尉寄兮短簿靈，神何樂兮洞庭。願神留兮神且聽，神胡惜兮鸞驂停。鄉之人兮薦椒馨，長洲之苑兮沛上之亭。龍宫主兮伶俜，望神歸兮湖之汀。送君王兮涕零，神回顧兮駐雲軿。語鄉人兮鄉人忭，他日之日來相見。

〔二〕蘺，原誤作『籬』，據《蕉窗詩鈔》卷十七改

十一月朔日，同麗江赴約軒探梅訪友之約，至石巖橋，約軒已先發矣，退與迂伯登鶴鳴樓茶話，明日約軒以詩見示，次韵奉答

五百梅花探有約，凌晨携侶特尋君。誰知詞客摇舟去，早把心香到處薫。妙諦定拈林下月，相思都寄隴頭雲。無聊忽發登樓興，細與高朋話夕曛。

虎山橋

探梅三五次，今到虎山橋。何時明月夜，得領玉人簫。

石壁

直上蟠螭頂，湖波一望賒。心胸開浩蕩，風日逞光華。峭壁當空立，修篁倚檻斜。妙香通鼻觀，繞寺盡梅花。

萬峰臺

吟肩高聳萬峰臺，七十二峰圖畫開。花氣氤氳留客憩，波光瀲灧送詩來。休談海國

增愁緒，好借晴嵐照酒杯。妄擬誅茅以終老，山靈未必許庸才。

香雪海

久別梅源念梅樹，吾家在婺源梅源山下。老屋疏籬渺何處。探梅到此心茫茫，花下徘徊不能去。

鄉國千山復萬山，梅花如雪照孱顔。絶頂終難見鄉國，孤亭高峻不須攀。余到半山，興已盡矣，遂與宋石甫席地而坐，子梅强余登絶頂，竟不能從，因作此詩。

琴臺

絶頂登琴臺，豁然開眼界。衆山盡低頭，五湖如束帶。三萬六千頃[一]，到眼何其隘。七十有二峰，微茫薺草芥。不作絶頂觀，焉知乾坤大。滚滚翻波濤，潺潺飛石瀨。萬壑松風鳴，深林鳥聲怪。斜陽動晚鐘，遠岫帶春靄。披襟發長嘯，聲振浮雲外。狂風捲地

[一] 頃，原誤作『項』，據《蕉窗詩鈔》卷十九改。

來，當之真大快。入耳皆琴聲，天籟雜人籟。何必調朱弦，塵胸方可汰。海上尋成連，徒償行脚債。到此領遺音，吾師當肅拜。

靈巖山館蔣氏墓祠

青山到處堪埋骨，且作劉伶荷鍤來。喪欲速貧死速朽，墓傍何必築亭臺。

橫塘舟中聽雨，子梅得詩，次韵奉和

一葉橫塘泛，連床話暖寒。雨聲篷背猛，花事嶺頭殘。心了調羹慕，詩留舉世看。羨君游似鶴，到處得盤桓。

舟泊山塘遲王子梅不至

畫舫泊山塘，遲君到上方。冷然一聲磬，無語立斜陽。

虎丘夜泊聞角有感

壽宇同安慶太平，角聲徹夜聽分明。可憐填海無窮恨，暗逐山塘春水生。

吴門八月十五夜玩月偶占

天涯留滯總無端，如此良宵獨倚闌。樹杪紅樓簾半捲，幾家人月共團圞。

登樓呈黼閣

天朗風清一望秋，秋光如此儘消愁。遠山排闥横螺黛，孤塔凌虚出虎丘。雲樹不教撩别緒，江湖好去問扁舟。今朝償得詩心苦，高咏金閶第一樓。

登樓話别呈黼閣

携手上高樓，同看萬里秋。溪山幸無恙，身世莫關愁。知己難爲别，賞音何處求。酬君三叠曲，歸去狎沙鷗。

九日登北寺塔

登臨恰對夕陽明，始信人間重晚晴。九日良辰山太遠，四天空界塔孤撑。秋深吴苑烏成陣，水漲胥江緑進城。游子思親今倍切，白雲遥望不勝情。

吴門喜晤仲仁

三年勞夢想，相見在吴門。客舍聯今雨，秋心警旅魂。好將愁共掃，贏得句重論。擬泛山塘棹，花間酒一尊[一]。

謁洞庭君祠感作

人間事事蜃中樓，君自乘龍我狎鷗。碧海有書傳錦鯉，銀河無翼渡牽牛。神仙也遂蒓鱸願，祠廟聊同士女游。何日岳陽停釣楫，披襟飽看洞庭秋。

八月二十日，姚梅伯邀同雷約軒、王璞臣、青選吴市酒樓痛飲暢談，作歌紀之

連宵雨勢來不已，掩窗枯坐愁欲死。西風吹散滿天雲，一笑出門訪姚子。我時病目羞殘陽，吴市囂塵不可當。緩步走街泥滑滑，登樓就宴風浪浪。一杯在手萬事足，坐觀秋漲摇天緑。諸君飲酒且勿喧，聽我顛僧歌一曲。曲終狂叫驚四筵，吴市何來李謫仙。

[一] 尊，原誤作『尋』，據《蕉窗詩鈔》卷六改。

昨宵聽雨擁小妓，今日飲客無嬋娟。令我顛僧不快意，不得與君談艷禪。幸有二王與約軒，才華磊落情纏綿。笑我顛僧顛復顛，昂藏七尺無一錢。妻孥少歡僮僕去，四方賓客來源源。求書索畫徵詩篇，徒勞户限將踏穿。哦詩高聳山字肩，偶得佳句心怡然。不慕人間富與貴，喜聞獨鶴鳴青天。嘻笑怒駡歌且泣，佯狂垢污誰其憐。世上小兒笑拍手，路旁新鬼且却走。樓中佳麗呼痴老，吴中妓家呼余爲痴老爺。街頭乞丐唱拙稿。吴中有老丐唱余舊《題陳忠愍公遺像》詩爲活計者，故及之。竹王木客聞顛名，豈特魂飛骨亦驚。手無斧柯仗管城，管城之下多甲兵。知己相逢顛興發，仰見高高一明月。嫦娥賞識酒徒狂，寶鏡開奩照華髮。飲君酒，傷我懷。年將半百願未畢，依然冷落愁天涯。諸君聞我語，凄然聲暗吞。萍踪浪迹偶一合，同是東西南北人。今夕論心膠投漆，明朝分手越與秦。落月照梁想顔色，停雲致雨馳心神。一番歡會一番怨，東飛伯勞西飛燕。不如閉户坐蒲團，還我顛僧本來面。

裘寄寓吴門，爲刻先人遺集、法書以及歷代名人墨迹，於今已十二載矣。客舍將頽，大有杜老茅屋秋風之嘆，一寒至此，豈易移居。携畫出游，冀得微資，另圖遷徙。舟中兀坐，悵然有懷，作詩四章，聊以遣興云爾。時辛亥十月四日也

笑比陶朱任意行，家經三徙未成名。銜泥慣作巢梁燕，遷木難爲出谷鶯。塵世幾時醒客夢，海天何處着浮生。可憐十口無依傍，全仗空空妙手撑。

欲僦幽蘭巷名。屋數椽，看囊祇剩一文錢。壯吾行色書兼畫，挂席松江浪拍天。倘得財源如水廣，何愁甲第不雲連。長風萬里從今始，不受人間坎壈纏。

天公不負苦心人，定植喬柯芘此身。虹出扁舟貫初月，江分一勺活枯鱗。但求斗室能容膝，便坐蒲團習鍊神。養得目光依舊好，大游五岳了前因。

先人亦有敝廬在，陽羡新安兩處家。祇爲遺書付剞劂，不遑作計理歸艖。雲山迢遞空興嘆，琴劍飄零未有涯。玉女銅官那忍弃，最難忘却是梅花。吾家星江梅源山下梅花最盛。

舟次魏塘，重訪南園，展謁黄丈霽青墓感賦

不到南園十二年，重臨水月泪潸然。小竹林園水月窗，是余庚子春下榻處也。余來窗下，水月依然，而丈已歸道山三年矣，不勝感慨係之。先生騎鶴辭塵世，令子關門守硯田。謂俯之。三徑新篁無俗韵，千秋盛業有遺編。遥知地下掀然笑，白髮門人拜墓前。

卷十二

婺源　齊學裘　子治

江淮湖海紀游詩

烟雨樓

携朋載酒快登樓，四面湖光一望收。飛去鴛鴦應卅六，歷來烟雨幾春秋。何須作賦傷懷抱，莫浪題詩在上頭。無盡勝情那可遏，扣舷唱晚有漁舟。

二月初五日，康爾九子静招同伯宏、陶珠泉并其子侄游西湖，口占絶句八首

一湖清水碧連天，萬叠春山笑入船。更得春風同載酒，可無新句紀良緣。

波光澹蕩足清娱，到此塵埃一點無。得以洗心兼濯筆，快將杯酒奠西湖。

西湖此際少繁華，最好孤山處士家。開遍梅花三百樹，夕陽影裏看横斜。

將軍慘受東窗毒，行到墳前泪自傾。不識清凉老居士，騎驢過此若爲情。

西泠橋下水悠悠，松柏同心感昔游。死葬湖堤真是福，錢塘蘇小竟千秋。刻竟傷春杜牧之，小青墳畔立多時。人間若個痴於我，我被人呼作大痴。余痴於詩有年矣，人皆呼爲大痴，殊可笑也。

沿堤一帶柳初黄，青眼窺人意更長。寫入畫圖真妙絶，樓臺明滅露紅妝。三潭雨過竹蕭蕭，長短亭連曲折橋。不信烟巒如此好，縱無明月也魂銷。

飛來峰

尋詩忽到飛來峰，洞雖不深尚玲瓏。鑿岸貌出諸天相，可惜人巧非天工。境比靈巖萬不及，吾鄉靈巖四洞仙佛等皆屬天造，所以奇耳。游人紛紛詩第一。無佛稱尊八辟支，孤覓搜奇一枝筆。

吴山

最好吴山境，襟江復帶湖。峰迴堪立馬，潮到駭騰駒。形勢不足恃，婆留空霸圖。登臨無限意，仰見月輪孤。

十六日，招史仲仁(麟)游西湖，同坐孤山梅林，得詩一首

招來名士看名花，先到孤山處士家。鶴去亭空堪倚杖，梅開香在好嘗茶。高風景仰情何限，佳句吟哦思更賖。籬下依然水清淺，請君浣筆寫横斜。

同仲仁湖樓小酌

痛飲杯中酒，飽看雲外山。湖留千里客，天許兩人閑。柳綫牽離恨，花光惹笑顏。春禽如惜别，相對語綿蠻。

湖中看雨，作歌呈仲仁

春雲如絮粘長空，日出未出光朦朧。三點五點杏花雨，一絲兩絲楊柳風。士女紛紛恣游騁，湖山如睡呼不醒。須臾西北風聲號，湖平如鏡起波濤。雨勢翻盆來不已，恍在米家圖畫裏。可憐千樹好花枝，頃刻飄零剩無幾。登舟重把酒尊開，豪興忽從天外來。晴湖不及雨湖好，四山縹緲如蓬萊。醉眼模糊看不厭，左來楚舞右荆艷。前年黄海大移情，今日西湖又留戀。留戀復留戀，年華暗中變。雪花飛上頭，不是本來面。望君快作

出山雲，澤被蒼生了初願。再來問舍居西湖，應勝買田住陽羨。

別西湖兼別同游諸君并槎仙

樂水敢言智，情懷於此鍾。休歌《金縷曲》，忍別玉芙蓉。好友尤難得，佳人不易逢。行行莫回首，回首更愁儂。

辛亥十月十四日，高小垞招同魏滋伯、項建霞、邵子舫西溪泛棹，止宿護生庵，得詩四首

曉起出錢塘，徘徊松木場。吟翁如鶴瘦，謂滋伯。先我立溪旁。啜茗談詩畫，論資買野航。主人來已午，携手上河梁。

遲客客已至，相將同泛舟。沿山知幾曲，溪水碧於油。打槳村姑嫩，穿林翠羽幽。蘆花殘似雪，種種上人頭。

池面一何闊，放生池。老魚潑刺鳴。此中堪脱網，善護始資生。阮雲台有聯句云：『須知天地多生育；總要人家善護持。』故及之。用以質之護生當局諸君子。要體前賢意，明嚴忍公子灝

亭官給諫，餘杭人，創千斤池放生之舉。國朝慕鶴鳴，南海人，知錢塘時，重興放生。杭人思之，奉祀於此。非圖後世名。獺除真是樂，濠上漫移情。

最愛濠間舫，相依是水雲。蒲風鳴淅淅，蘆月白紛紛。且盡杯中酒，休論世上文。因緣香火地，長策望諸君。護生庵住持僧屢以乏食求退，故及之。

西溪泛月，作歌呈高小垞、項建霞

我來西溪十月望，尋詩先到濠間舫。高談暢飲興無涯，重上瓜皮飛兩槳。空明一片水接天，月光倒浸波心圓。此身飄飄何所似，真如遺世獨立羽化而登仙。溪上遠山著烟白，蓬壺可望不可即。回看樹裏有高樓，簾捲窗開玉人立。珠宮貝闕是耶非，翠竹深深燈影微。簫聲烏咽忽到耳，古寺蕭條静掩扉。西風陡起捲蘆葉，吹落蘆花如白雪。雪花點點飛上頭，不待琵琶始凄切。紛紛仙思載扁舟，仿佛乘槎到斗牛。何須織女贈機石，祇要嫦娥伴夜游。往復清流曲更曲，霜寒露泠看不足。明春重約諸君來，吟過梅花咏新緑。

茭蘆庵

茭蘆何必易交蘆，董香光書『茭蘆庵』三字以鎮山門，國朝梁山舟重書『交蘆庵』三字以補其訛。明鏡菩提總是無。我愛此間多野趣，天然一幅水村圖。

當年先子到僧家，壁上題詩籠碧紗。道光二年，先君游西溪，題詩付僧。今楮墨如新，高懸壁上。彈指已過三十載，空勞清夢繞梅花。庵傍梅花最盛。

臘月十二日，夏静甫參軍、周存伯豪士、錢耐青少尉邀同應敏齋孝廉孤山探梅，作歌紀之

客子舟居苦落寞，良朋相招探梅萼。有梅無雪太蕭條，龍公試手堆瓊瑶。賞心樂事有如此，狂奴故態復萌矣。輿夫負我出郭門，瞥見湖山笑不止。紛糅滿天何所似，洋洋灑灑如擲米。不知何處藕香居，但聽聲聲呼客子。敏齋絶句題我詩，大筆揮灑何淋漓。耐青贈章意何壯，誰來管我顛和尚。王彦卿譜《艷禪》一折，以我扮作顛僧，姚梅伯用元曲語見贈，耐青鎸章惠我，真佳話也。静甫袖出五君來，狀貌如生圖畫開。見示新著《五君咏》，絶佳。存伯開口笑我笑，笑笑先生領衆妙。翻身跳上玻璃舫，南峰北峰玉朗朗。天然一幅李營

丘，妙絶此畫誰能仿。樓臺明滅山有無，同雲擁護孤山孤。孤山孤絶誰肯廬，千秋祇有林家逋。梅妻鶴子今無恙，依舊巢居閣上居。我來山下探君梅，幾枝臨水將次開。我來亭邊相君鶴，仙翮欲展翔寥廓。慕君高躅到君家，把盞邀君醉流霞。支頤枯坐笑不語，笑我浪迹何自苦。有山不居田不耕，四方奔走徒勞形。我謝逋仙豈得已，志逮不歸如此水。

十四日，應敏齋邀同高小垞、王小鐵、夏静甫、周存伯、錢耐青、王青選飲於宜舫，游湖訪勝，分韵得雨字，作歌紀之

隆冬游興誰其鼓，舊雨招邀又新雨。湖山深秀甲東南，人物高超冠今古。當兹美景兼良辰，復得酒龍與詩虎。縱逢暮歲客天涯，那許閑愁縈肺腑。掃除俗慮付奔流，摇曳吟魂藉柔櫓。衆山朦朧睡未醒，一水清空魚可數。叢祠古木插九霄，蕭寺疏鐘飄幾杵。梅妻鶴子羨逋仙，水佩風裳惜神女。瓣香端爲眉山陳，憤氣咸從鐵囚吐。故人畫壁尚依然，陸次山通守畫壁金沙港。勞我馳思頓無語。朋儕把酒共歡呼，客子懷人何自苦。舉杯便作玉山頽，倚劍還思渾脱舞。狂奴到老興尚豪，高會難逢句堪賭。鴻泥恰好印孤踪，驪唱偏工撩别緒。安得移家翠靄間，長與諸君晨夕聚。橋邊雪映夕陽紅，臨别贈言須記取。

錢王廟訪蘇文忠公書表忠觀碑

停輿尋勝迹，入廟謁婆留。潮射三千弩，霜寒十四州。霸圖何處去，碑碣此間搜。細玩不能釋，墨光明兩眸。

靈芝寺與蓮衣上人論書

野寺面湖寂，高人長閉門。書探六朝趣，上人善書法。香爇一爐温。相對篆烟繞，同參屋漏痕。飲茶談入妙，清磬報黄昏。

暮秋游焦山，恭和大人用屠琴塢先生胥江唱和圖詩韵，作歌呈借公

思與高人談對榻，鼓棹滄江訪詩衲。迷茫萬里水天連，蒼翠雙峰雲木合。遥看霜葉紛爛漫，誰道秋巖苦衰颯。青山千叠送舟行，小者如螺大如蛤。維舟先扣海西庵，五尺僧雛啓山闔。禪堂清净絶垢染，法界森嚴罕塵雜。借公似鶴飄然來，示客鼎爐開古匣。伏波銅鼓新送至，以杖撾之聲過闒。談禪苦無玉帶解，療疾快將丹井汲。欲窮勝覽上危崖，棧道崎嶇遂超躐。倚樓西向望江源，不見荆門况巴峽。金山北固宛肩隨，蕞爾松寥

貼肩胛。誰能畫出江吞天，坡老衹言舟一葉。憶昔尋梅到鄧尉，佳客兩三言笑狎。九江太守跨驢來，元墓相逢各長揖。五岳真看落筆搖，百川直可銜杯納。繼同家君縱棹游，小子未能隨杖笠。離合人生要有數，哀樂中年不勝集。善歌自使人繼聲，敢道鶴鳴其子答。古人來者兩不見，往往登臨多感泣。我來幸遇文長老，迹是新知情久洽。海門石壁共逍遥，經卷詩篇同涉獵。雲門一覺昔年曾，虎溪三笑今方接。疏鐘幾杵催客歸，鐘聲潮聲兩相夾。江山如此不能住，總有他游同嚼蠟。待到梅龍大著花，風雪滿江來度臘。

東昇樓觀日出

披衣上高閣，洗眼望瀛東。海底一輪涌，江干千嶂紅。雲霞真綺麗，天地尚朦朧。幾杵晨鐘動，潮來起大風。

自然庵返魂梅

樹豈蒼龍化，孫枝尚蜿蜒。風雷前度劫，冰雪再生緣。苔點根如石，花開香到天。孤高誰得似，千古一焦仙。

楊忠愍公詩刻　詩約唐荊川同游，有『楊子懷人渡揚子，椒山無意合焦山』之句，刻石海雲庵。

中流一砥柱，楊子獨鍾情。鼓棹動詩興，臨風懷友生。江山合姓字，筆墨重滄瀛。萬古英靈在，寒濤怒未平。

癸亥夏五月望日大風，同師筠張君都天廟渡江到焦山，得詩二律

浪涌如山未足驚，世途凶險更難行。興高天地難爲阻，命薄江潭自覺輕。一葦忻同良友渡，雙峰宛似故人迎。回頭便是菩提岸，淅瀝菰蒲作雨聲。

倏忽松寥別十年，山中猿鶴笑華顛。須藏芥子羨僧樂，訪詩僧大須芥航於定慧寺方丈。頭訝焦公輸我堅。賊入山，斫焦仙石象頭，損其半。賊陷蘇城，賊以石擊余腦，腦尚無恙。老筠笑謂余曰：『焦公頭不及君頭之堅。』故戲及之。亂後無從詢石佛，先大夫梅麓府君曾送唐石佛入焦山，安置海西庵，今無此石佛矣。人間何處覓坡仙。流民群聚污泉石，料得山靈亦泫然。

同老筠焦山散步

飯罷伊蒲出寺門，禪堂鐘鼓報黄昏。名山有分緣非淺，古佛無言道自尊。江月岫雲

争媚客，竹籬茅舍竟成村。流民住山甚衆。明朝早起君須記，閣上東昇看海暾。

同老筠宿焦山禪房

明朝事有明朝在，無負今宵一睡酣。夢繞山前復山後，身忘江北與江南。逢人耻作銜枚馬，遺世輕於脱繭蠶。共宿仙巖非易易，休言佳處結茅庵。

贈焦山詩僧芥航

昔與借公游，我時尚年少。談禪鬥機鋒，登臨發狂叫。詩成正有道，得意掀髯笑。先子送石佛，茶農圖繪妙。先大夫送唐石佛入焦山，置海西庵，借庵倩張茶農解元絵圖徵詩。林少穆文忠、張芥航河帥、程春海祭酒諸名公皆有題咏〔一〕，先大夫作歌紀事，命裘和詩，借庵亦題一律，裘皆勒石擬送焦山。庚申之變，賊陷蘇城，賊將石堵作友來巷門兩壁。同時諸名公，題詩相照耀。小子亦有咏，刻石公同調。石未焦山送，賊已蘇臺燎。所幸拓本存，焦山獨留照。可否石

〔一〕 諸，原誤作『詩』，據《劫餘詩選》卷三改。

入山，亂後誰能料。今來訪芥公，雙峰同登眺。山路尚堪尋，流民真可吊。昔日精廬中，今皆聞鬼嘯。何必感滄桑，快把來船掉。揮手謝詩僧，他時約游釣。石存送入山，繪圖留仙嶠。石上證三生，山靈莫予誚。

題芥航上人守鶴圖

鶴去千年銘不朽，師來守鶴鶴烏有。人言守鶴即守山，名山終古無孱顏。借曰守鶴即守法，法本無無守何業。若云守鶴是守心，覓心不得空沈吟。嗚呼噫嘻我知矣，師圖守鶴亦偶耳。游戲神通示衆生，披圖放出大光明。千鶴萬鶴飛且鳴，聞師一喝寂無聲。我欲乘鶴游太清，問師借鶴師不應，浪破萬里長風乘。

贈雪航上人

飢來吃飯困來眠，寄迹名山了宿緣。餘地種蕉書有紙，揚州騎鶴夢如烟。師曾蜀岡開講堂，亂後住焦山。喜開瓮牖憑烏几，懶結茅庵號緑天。上人工書。我亦前身僧一個，輸公參透指頭禪。

喜晤几谷上人

昔聞几谷名，好讀几谷畫。欲見几谷難，几谷勞心挂。焦山尋舊游，詩僧訪老芥。飯罷縱清談，客懷今始快。老衲似鶴癯，相見同一拜。云是几谷師，覿面輒驚怪。歷劫尚未死，繪事那能懈。太華山久焚，衣食仗畫買。出家累更多，米鹽難了債。弟子衡峰僧，遭難聞甚憊。吳門寶積寺，不知完與壞。日落鐘磬動，未了家常話。何暇論六法，流離悲世界。門外不平鳴，風濤起滂湃。

同老筠訪自然庵返魂梅不見，感作

自然庵内曾三宿，今日重來屋半分。借問老梅無恙否，僧雛笑答久無聞。庵爲夷商僦居其半。

陽羨儲少瞻，吾故人西屏之再侄也，聞余游焦山，即從象山放棹來訪，話舊嗚咽，招游象山，作詩贈之

少瞻故人子，相見在焦山。握手如夢寐，喜極涕泪潸。舊交半爲鬼，怪事心膽寒。

忠孝不苟生，罵賊氣節完。吾友徐迂伯罵賊洑溪上，被殺，面如生，真偉丈夫也，爲吾儕生色多矣。善人竟無後，天道太忍殘。西屏幼孫被賊冲散，不知所在。君母在琴川，兵亂尋固難。且待奏凱歌，道路盤查寬。兒在母自存，母存兒始安。勿以千金軀，輕投虎狼關。邀我游象山，石室頻往還。江北到江南，一笑破愁顔。贈我杖頭錢，送我立江干。他日如相訪，期君賣魚灣。余時借住石港于婿漢卿家。

別老筠

名山游已畢，送我返崇川。風月情如佛，烟霞思若仙。窮途增氣色，好夢又團圓。揮手無他囑，新詩寄數篇。

三月二十三日，丁君月湖邀同馬君子良泛舟至崇川，游狼山，作詩十首，以紀其事

月湖游興發，邀我來崇川。舟從石港開，遇雨泊河沿。三人促膝談，夜深猶未眠。不知身在客，一笑參艷禪。

天明鳥喚客，村店聞喧嘩。維舟問何事，上岸買青蝦。仿佛文信國，一葉落天涯。
迢迢七百年，風物總無差。
薄暮泊城南，雨止欣晚晴。竹林何幽邃，求友鳴春鶯。竟夕不成寐，欹枕聽柝聲。
三甌小團月，策杖向山行。
行倦坐籃輿，非是學彭澤。入社不攢眉，芥公稱詩伯。飲虹澗水清，煎茶供渴客。
茶量笑盧仝，七碗吃不得。準提庵芥舟開士工詩，頗有道氣。
松岡蒼翠滴，直上大觀臺。滚滚長江去，滔滔碧海來。英雄淘易盡，終古恨難裁。
萬里望不極，心胸到此開。
人言上山遲，不如下山疾。老人則反是，下山愈戰栗。問其所以然，目昏足易失。
縱無濟勝具，好游如食蜜。
下山望三墓，駱賓王、金將軍、劉處士。欲訪日已晡。遍觀諸石巖，處處入畫圖。昔名
千人洞，今作乞丐廬。峭壁肖天平，令人思古吴。
歸途興更豪，一步一回顧。轉瞬白雲封，翠微不知處。似聞山靈笑，福地刱然去。
拱手謝山靈，秋高再來住。

回舟雲復合，雨意欲催詩。數點打篷響，聲聲如敲棋。剪燈説見聞，笑傲成顛痴。合作同舟圖，無忘風雨時。

萍水偶相逢，殷勤將酒送。一杯勸一杯，醉倒畢卓瓮。不作入世想，端做還鄉夢。醒來酬小詩，諸君請題鳳。

狼山觀海歌

君不見今之天下皆滔滔，豈止滄海驚波濤。望海樓頭一縱目，雪山萬道飛寥廓。百怪出没蛟龍游，排空海市連蜃樓。中有三神山，綽約多仙子。欲往從之不可抵，弱水隔斷三千里。無端滄海成桑田，倏忽桑田變滄海。海濱倮蟲鬥不已，近聞賊潰回紇矢。江淮保障許與張，滬瀆支持郭和李。吴越已驚雙鳥飛，海陵空見五山峙。曩日材官不畏死，東南半壁何至此。手無斧柯誅猊鯨，徒仗毛錐建義兵。安能鬱鬱久居此，坐視狂寇傾入城。腐儒呻吟天應泣，天亦胡爲而此醉。海内何時慶乂安，天涯此日悲多事。昨夢騎龍騰九天，接踵盧敖尋軒轅。左把母陀臂，右拍洪崖肩。驂鸞駕鶴來群仙，仙之人兮顔如蓮。朝叩玉京閽不納，袖章欲奏誰其傳。徘徊雲路不能去，下視塵海茫無邊。又夢隱處澗谷事耕讀，三餘自足讀書樂。傳家著作堆如山，千古不磨享天爵。六朝金粉化烽烟，汗牛充棟全無著。莊周蝴蝶正蘧蘧，山寺晨鐘敲夢覺。天風浪浪，海山蒼蒼。成連何在，素琴獨張。恨知音兮難再遇，茫茫大海嘆望洋。

白衣庵望海樓

萬事不到眼，此樓猶喜登。蓬萊那可即，弱水總難乘。遍地風雲捲，兼天波浪興。餘生渺一粟，海若笑顛僧。

準提庵讓一著亭

想能退一步，海闊與天空。棋能讓一著，人己意和同。贏欣敗亦喜，胸次春融融。於此可見道，長嘯來天風。

屐　石

山頭一頑石，天然如隻履。可是達摩遺，謝公見應喜。

準提庵贈詩僧芥舟

出語妙天下，禪宗好賦詩。山中花月助，筆底風雲馳。余亦能高咏，不無危苦辭。敲推逢島佛，風雅是吾師。

不有空門在，如何度此生。閑雲無滯迹，野鶴有清聲。與我安心竟，從師撒手行。江風緣底事，慣作不平鳴。

江南烽火熾，遥望不勝哀。火宅誰能出，牛車孰肯推。大江向東去，妙諦悟西來。十二法輪轉，寸心如死灰。

文字非真諦，精修入上乘。祇知生是患，休問客何能。石爲談空坐，樓因望海登。名山自千古，身世總難憑。

三月十九日，同丁月湖、馬子良、王涵如諸君登土山遠眺感作，追和文信國公《石港》詩韵

故土今何在，携筇此問津。江淮猶有賊，草野豈無人。烏噪如迎客，花飛又送春。憑高堪縱目，一水緑鱗鱗。

偶成追和文信國公《石港》詩韵

終日山巔與水涯，舊游還憶玉鈎斜。問余勾當平生事，不伴沙鷗便侶蝦。

大風渡江

不向窮途怨石尤，凌晨挂席發瓜州。英雄人物浪淘盡，空剩金焦兩點浮。
平生履險總如夷，收拾狂瀾入我詩。堪笑江山與文藻，不居絶險不呈奇。

渡江至揚州

一輪紅日出海東，江波瀲灧玻璃紅。金焦北固鼎足峙，而我携艇浮其中。上戴九重之碧落，下臨馮夷之幽宫。四顧茫茫了無物，盈盈一水浮孤篷。放開眼界天地空，人生何苦愁途窮。昨日風逆今日順，順逆更迭猶窮通。十年再作揚州夢，烟花三月春光濃。

淮陰釣臺

淮陰之前釣者有太公，維師鷹揚何其雄。淮陰之後釣者子陵子，孤高不爲天子使。

咄哉王孫真可哀，身名俱裂存空臺。我來臺上訪遺迹，不覺爲之三嘆息。勛業能與太公侔，功成曷不披羊裘。嗚呼貪餌如魚自上鈎，君不見張良辟穀從仙游。

九日登攝山最高峰

夢想棲霞亦有年，今朝重九陟層顛。風來絕頂頻吹帽，浪涌如山遠接天。四海扁舟無定所，九秋佳日足俄延。最高峰作登高會，無酒無花興自顛。

隨　園

萬竿修竹翠交横，重到隨園倍愴情。春去已醒蝴蝶夢，客來空聽子規聲。亭臺幾處非全盛，文字千秋有定評。從古才人最難測，莫將淺語擬先生。

白鷺亭玩月，留别朱岳雲道士

皎皎青天月，今宵何團圞。話舊池上亭，清光照人寒。君詩如明月，可望不可攀。君心亦如之，静净無波瀾。颸風柳萬絲，别緒偏相關。臨别飲君酒，酒酣發長嘆。相隔五百里，相見難復難。吟詩送我行，秀若江上山。白鷺一群飛，見之摧心肝。

題農隱道人麥浪舫圖

岳雲高士仙乎仙，酒酣得句追青蓮。誅茅結屋滄江邊，江波麥浪摇醉眠。朅來三見堯時水，田廬盡没洪濤底。名爲農隱實無田，一硯耕之而已矣。勸君不用泣窮途，世事大都如此耳。君不見少陵成都舊草堂，三間茅屋摧風霜。

題王竹嶼姻丈鳳生中峰送别圖

慷慨投簪組，長歌歸去來。中峰晴雪接，高館盛筵開。國計猶關念，民情大可哀。遥知揮手際，僚佐總徘徊。

題竹嶼姻丈黄河歸櫂圖

正泛仙槎到斗牛，天風忽引作歸舟。支機石易河邊覓，買卜人難市上求。得失無心争夢鹿，蕭閑隨意狎沙鷗。江聲帆影還如昔，月夕花晨最倚樓。丈家有江聲帆影閣。

題博山園雅集圖，爲湯雨生都督作，謹依先君用坡公《烟江叠嶂圖》原韵

渡江重訪六代山，層巖叠嶂横雲烟。風亭月榭感興發，虎踞龍蟠猶儼然。將軍白門築小隱，留客歌嘯煎山泉。君家城北琴隱園名著海内。寶藏奇秘虹貫月，豪舉壺觴鯨吸川。興酣出示博山卷，披圖拭目明窗前。山痕縹緲露青影，樹色濃茂參蒼天。布帆隔浦亘出没，時花倚檻相鮮妍。八州都督主雅集，謂陶文毅公。頓教墨雨膏硯田。太和元氣召祥瑞，人慶人壽年豐年。耆英今成星落落，圖畫猶見山娟娟。我讀父詩憶疇昔，終夜欹枕難安眠。幸觀遺墨强自慰，拈韵學步追坡仙。斯圖斯人足傳後，昔日今日皆前緣。還君畫卷别君去，明朝高咏烟江篇。

壬子四月二十八日，舟泊秦郵，訪左清石刺史於憶瀟湘館，下榻十餘日，復邀至金陵，承助刻帖之資，至六月八日，返棹揚州，作詩留别

五年不相見，相見在秦郵。清慕雲中鶴，閑憐水上鷗。輪軒非有意，浩蕩本無求。素志如能逮，甘心老一丘。

時下陳蕃榻，重傾北海尊。詩歌猶可質，松菊尚能存。蔣詡開三徑，坡公買一園。

君僦舍秦郵，暫作寓公。鵬程六月息，旋轉有乾坤。

話別難分手，從游到石城。秦淮邀泛月，獅窟約聞鶯。湯雨生別業名獅子窟。酒對耆英酌，詩題妙繪成。撩人苦離索，樹樹曳蟬聲。

後會知何地，辭君復送君。緑楊帶城郭，孤客望帆雲。鐘鼎他年著，山林此日分。簫聲和月到，嗚咽不堪聞。

卷十三

婺源　齊學裘　子治

黄山靈巖天鄣齊雲梅源游草 戊戌三月起，九月止。玉谿記。

曉　行 戊戌三月

殘月猶在天，蛙聲遍水田。一星明似火，萬岫碧籠烟。松古畢宏畫，潭空居士禪。世無謫仙筆，妙境恐難傳。

下舍亭中偶坐得句

獨坐幽亭看好山，山山相抱翠如環。不能脱却紅塵累，那得置身圖畫間。

宿下舍旅店

小住爲佳耳，茅堂卧亦安。枕流憑滌慮，得句可爲歡。一榻棲身穩，千巖繞夢寒。

天明出門去，山翠潑雲端。

下舍途中作

昔讀黄山志，夢想黄山游。一自離鄉關，忽忽三十秋。江山亦勝麗，湖山亦清幽。獨未到黄山，我心實慚羞。今夏束裝歸，小住太白樓。决計償宿願，獨往誰與儔。朝辭謫仙去，轉壑復登丘。一山爲先容，萬山争出頭。流水聲如琴，修竹碧於油。而我行其中，如仙到十洲。萬狀呈我前，得此復何求。

山行書所見

紅日出，白雲飛，斑斕五色現翠微。峰迴路轉變萬狀，拂拂衆壑松風吹。懸崖絶壁陡然起，曲徑一綫如縈絲。倚杖山巔縱遠眺，天都突出雲端奇。黄山峰有三十六，天都峰爲最高枝。自信平生多眼福，意想不到今見之。

浴湯池

在山泉水清，此則清且暖。解衣先濯足，要使塵根斷。繼洗著身花，結習除莫緩。

心腸本無垢，清浄不用浣。浴罷歸紫雲，無朋雲作伴。

宿茅蓬 即紫雲庵

正與高僧談勝迹，某松某石必須搜。名山定約游明日，驟雨偏教聽小樓。三十六峰争入夢，去來今事任生漚。鷄鳴急起披衣出，百道飛泉射兩眸。

又四月朔，將上文殊院，爲雨所阻，紫峰上人持紙索畫，走筆應之，并題絶句

三十六峰將入手，天風吹雨灑塵寰。高僧索畫親持紙，乘興塗成米老山。

茅蓬題筆

樓前萬壑競喧雷，抑塞心胸頓覺開。細雨絲絲留客住，浮雲片片蔽山來。詩題勝境何須索，畫爲高僧不待催。信手揮成投筆起，紫雲巖下獨徘徊。

入黃山即謀登絶頂，陰雨連朝，久駐茅蓬，望天都峰，時勞仰止，賦此書懷，用王元度韵

我生好游動千里，酷嗜烟巒照窗几。遠辭南岳到黃山，雲端喜見天都峙。飛流直下聲潺潺，絶壁危崖不易攀。紫雲巖下留三宿，雷鼕樓中集八關。風風雨雨連朝暮，枯坐茅蓬對雲樹。欲持長劍劃雲頭，要使白龍驚且懼。白龍潭。一枝禿筆一枝筇，安得長留聽寺鐘。抛却百千萬苦海，換來三十六芙蓉。天留一塊清凉地，豈許匆匆識奇秘。游踪阻滯莫嘆嗟，耐煩静守終當至。鎮日懷人仰屋梁，湯池浴罷立平岡。珠函玉壺今何在，我欲騎龍游八荒。

得　心　亭

小憩得心亭，下界空烟霧。寄語下界人，莫將心失去。

冒雨游硃砂庵觀銅塔

連日住茅蓬，苦雨竟不霽。安能鬱鬱居，坐聽僧誦偈。冒雨尋銅塔，拭目觀巨製。

蓮花開七層，高聳淩雲勢。中空千萬佛，莊嚴復妙麗。鐵塔亦可觀，北固山有鐵塔。較此殊微細。翹首硃砂峰，雲端露椎髻。

文　殊　院

登峰造極可開顔，拚命才能到此間。獅子座容吾輩侍，玉屏風讓衆人攀。未除結習花仍著，散花塢。曾悟無言意自閑。試坐蒲團參不二，文殊應許叩禪關。

文殊臺放歌

巍乎高哉黄山之奇絶兮，説也不信到方知。三十六峰都是石，石上松走虬龍枝。一峰如青鸞，振翮直欲翔雲端。一峰卓如筆，大塊文章從爾出。一峰如蓮花，采蓮之船屬誰家。一峰如翦刀，鑾君鬼伯皆潛逃。天都傑出看更好，觀音灑净仙傳道。天女散花花著地，化爲石兮現花穗。文殊静坐默無言，深得維摩示病意。自從茅蓬到此間，懸崖絶壁窮躋攀。鼻摩崖兮胸貼壁，蟻走蛇行難復難。山窮路絶行不得，我欲飛昇無羽翼。天梯一綫忽飛來，翻身直上文殊臺。文殊臺上一縱目，千古萬古心胸開。就中所見數峰耳，已足令人嘆觀止。明朝再到獅子林，峰峰收入錦囊裏。

登光明頂

光明頂放大光明，快向光明頂上行。不染人間塵半點，浮雲片片任他生。

登清涼臺

趨炎附熱吾何敢，涼月清風最可商。獨向清涼臺上望，便教心地更清涼。

登始信峰

不信松根能渡客，不信石筆也生花。不信禽鳥工音樂，不信仙佛列如麻。峰登始信才能信，倚杖琴臺獨嘆嗟。峰頂爲江麗田先生彈琴處。

宿卧雲庵

萬株松樹虬龍走，一座奇峰獅子馴。我暫爲雲此中卧，卧雲庵卧卧雲人。

臥雲庵坐雨

吟遍黄山峰六六，好携竹杖撥雲回。老天留我看鋪海，時遣龍公送雨來。

獅子林坐雨不能游山，賦詩寄興，追和余子疇先生紹祉《黄山》詩韵

豈特峰巒畫不成，此中神巧總難名。汪勛書『神巧』二字於獅子林石壁。才瞻大士雲中立，復遇達摩江上行。世界光明真絶頂，蒼髯接引太多情。接引松。湯池香水曾三浴，縱未登仙骨已輕。

此地能來即是仙，解衣磅礴踞峰巔。蓮開萬瓣凌霄漢，松翠千層罨暮烟。醒眼何妨看醉石，枯腸恰好飲香泉。廿年宿願今償足，天雨天晴聽自然。

不可言傳不可思，各因所見各呈奇。一松一石無同者，疑鬼疑神莫測之。濃淡烟雲齊入畫，陰晴丘壑最難詩。是山是海誰能解，换骨歸來會有期。

尺五天門接上方，神仙窟宅此中藏。滿山靈藥分金母，拔地青蓮供玉皇。石起爲臺先得月，霞流染樹不因霜。臨行多采黄精去，暫向紅塵夢一場。

獅子峰看鋪海歌

月光出，雨聲止。鷄鳴啞啞披衣起，飛身直上跨獅子。縱目滄瀛東，日出未出胭脂紅。白雲一片突出天都峰，千片萬片雲相從。須臾之間鋪作海，銀濤雪浪齊奔匯。水天一色無津涯，蓬萊宫闕宛然在。乍綿延兮涌雪花，兜羅綿擁仙人車。旋滅没兮迷蓬閬，恍若龍宫呈寶藏。俄而空中聞有聲，天風吹海海不平。一波未落一波起，晨光倒射摇金精。我欲登海船，乘風破浪尋飛仙。痛飲麻姑酒，笑拍洪崖肩。手持三十六朵青花蓮，白日騎龍上青天。容成浮丘今安在，縱有仙骨無仙緣。我生飄泊如飛絮，對此徘徊不能去。仙境能得幾回看，臨行一步一回顧。人言黄山易識海難求，要看鋪海須高秋。我來適值亦前定，振筆作詩紀其勝。要知此景天下無，觀止矣哉噫嘘吁。

望西海門未得到

遥望西海門，奇峰真秀削。海船與海馬，一一堪娱目。而我獨未到，山靈笑人俗。豈以其路險，兩脚前且却。前者閻王壁，何曾怖險惡。况有徑可通，乃阻於兩脚。凡事留餘地，情景自寬綽。作詩謝山靈，且訂後來約。

丞　相　源

鐵橋往矣松泉遠，鐵橋能畫，久已圓寂；松泉能詩，另住下院，雲谷寺中留一僧供香火而已。寥寂禪林一衲寒。惟有青鸞與叠嶂，斜陽影裏耐人看。

九龍潭觀瀑布

匡廬瀑布甲天下，銀河倒挂三石梁。九龍瀑布何所似，宛似龍身夭矯雲間翔。我來潭上立，潭底龍吟雨争集。俗塵萬斛都洗空，要把龍潭一口吸。

別　黄　山

小住仙都才七日，不知下界幾何年。塵心未斷思旋里，黄海曾經懶著鞭。辭別名山應有泪，淹留獨客豈無緣。再來非易頻回首，雲霧迷離已隔天。

靈巖四洞詩 并序

吾邑靈巖洞最爲勝境，山有洞五，今得而游者四，東洞曰卿雲，西洞曰蓮花，南洞曰涵虛，小北洞曰瓊芝。聞止北洞絕奇，徑復平易，居人苦來游者衆，應接不暇，塞之已數百年矣。戊戌夏五月，余游黄山竟，歸里省墓。六月廿五，訪戴蓉鏡兄於馬源，盤桓十數日，將束裝回陽羨，蓉鏡留之曰：『黄山既游，靈巖未到，得毋爲山靈笑？』余頷之。於七月初九日邀戴君、企賢、柳堂、友蕉、雙玉、企嶙、潤生同至通元觀，主於故友汪華元家。初十，游西洞及東洞；翌日，游小北洞；又越日，游南洞，此洞最險，非長梯修綆不得下〔二〕，窮幽極深。得詩數首，筆其勝迹，亦以償積年未了之願云。

石城山

十里羊腸路，彎環到石城。峰從天際插，人在畫中行。雨灑秋光净，盤餐地主情。謂程允華。靈巖去不遠，乘興事宵征。

蓮花洞

荆棘叢中曳杖來，蓮花洞向半山開。鼓鐘留得玄音在，天鐘地鼓。老佛能教世事灰。

〔二〕綆，原誤作『緶』，據《蕉窗詩鈔》卷九改。

老子煉丹，老和尚拜天窗。一綫天窗光閃耀，七層寶塔勢崔巍。荔枝菰蕈都如畫，荔枝山、菰蕈山。太極仙舟何有哉。廣德太極洞中石舟亦可觀，較之此洞，不及多矣。

卿雲洞

清流映日光摇壁，百鳥齊飛畫不如。百鳥出巢。洞頂已無孤柏插，倒插柏枝老幹已枯。閣中常有九真居。九真居。幽閑福地堪垂釣，釣臺。高敞蓮臺好讀書。聚仙臺，董丈小查改爲蓮臺。儻得芝田兩三頃，定辭塵網帶經鋤。

芝田

神仙究竟在塵寰，十畝芝田秘此間。好笑祖龍苦求藥，空教徐福訪三山。

瓊芝洞

不能捹命莫探幽，奇境常於險處求。到口請君先入瓮，謂土人導路者。洗心容我漫臨流。洞底兩泉清香無比。寶幢絳帳留仙住，龍窟蜂房任客搜。呼筆來前題姓字，他年重訪憶同游。

涵虚洞

閻王壁素稱奇險，若較龍門遜一籌。黄山閻王壁最險。膽怯那能見仙迹，洞底有仙人足迹、杖痕。心雄方可過牛頭。洞下第五層有石若巨牛，脊高，兩邊俱深無際，行過牛脊，擁角而下，始得路焉。歷朝姓字唐爲始，壁上有唐人紀游姓字。題壁篇章戴獨優。馬源戴鳳儀明經題壁云：『神雕鬼斧，地老天荒。此中憩息，堪傲羲皇。』四語最爲絕唱。到我吟詩吟已晚，大書四字冀長留。裘大書『包羅萬象』四字於家君記游之後。

游靈巖四洞，得長律三十六韵

靈巖多勝迹，七月約朋儔。主是戴安道，賓非王子猷。也勞青眼盼，邀作赤松游。峻嶺侵晨過，通元薄晚投。彎環荒徑仄，蒼翠竹林稠。怪石森森立，炊烟漠漠浮。溪橋疏柳拂，村巷夕陽流。借得汪淪宅，何須弘景樓。移檠翻洞志，欹枕數更籌。破曉披荆棘，褰裳涉澗湫。蓮花山半現，仙境望中收。老子丹成未，高僧筏喻不。禪窗光燭照，爐鼎炭長留。獅象龜蛇鬥，亭臺館宇幽。虎威蹲極肖，鹿影繪難侔。鐘鼓驚聾聵，棋枰較劣優。崔巍崇寶塔，經界布平疇。縹渺雲千疊，翱翔鳥百頭。芝田開絕壁，柏樹老蟠虬。若個棲飛閣，伊誰放釣鈎。泉聲何浩浩，月色正悠悠。耿耿不成寐，皇皇如有求。瓊芝寧易造，屹巇可輕由。小口穿深瓮，懸崖挂采球。葫蘆依樣畫，玉笋劈空抽。汲水臨雙井，烹茶試幾甌。涵虛稱獨步，詰旦訂窮搜。鐵拐行留迹，銀燈引跨牛。升高梯怯短，縋下綆宜修。卓爾撑天柱，翻疑在不周。龍門思躍鯉，雉堞好扶鳩。佳句存終古，名書豁兩眸。玲瓏他亦幻，氣象此爲尤。握筆題年日，同儕互唱酬。既能來福地，焉用説瀛洲。出與山靈别，蕭蕭一片秋。

七月十九日，同柳堂、蓉鏡、經五、雙玉、鄭子樹、敷仁宇游浮梁黄山寺，有池開士持紙索畫，走筆作米家山，并題一詩

才向黄山拂袖還，尋詩又到一黄山。奇峰六六難争勝，古刹重重更覺閑。皓月清池空即色，先大人手書『清池皓月』一額贈有池禪師。喬松修竹翠常環。風雲奔赴毫端出，疑有神龍藏此間。

天鄣山須彌禪院

勞勞跋涉爲尋詩，海内何人似我痴。兩眼看空塵世界，好將芥子納須彌。

而今不枉在人間，得到南方第一山。撒手行來齊放下，了無挂礙叩禪關。余子疇先生

所書『第一山』額猶存。

白雲窩

小樓背山築，擁護白雲深。我與雲爲侶，都無出岫心。

磬石

山中一片石，塊然無古今。我來試一擊，與石爲知音。辭石下山去，不鼓伯牙琴。

擂鼓峰

未歷艱辛豈見奇，無邊光景到方知。楚吴山脉平分去，廬浙江源總在斯。滿眼群峰都覺小，立身絶頂不嫌危。此中意味誰能會，祇有玄丘是我師。余子疇先生隱居此山，别號玄丘子。

太白酒樓

宣平杳無迹，江上爲誰來。碎月一灘影，流霞千古杯。霞留佳句在，窗對好山開。

到此消愁抱，何論白也才。

齊雲山

何須海上訪蓬萊，到此天然圖畫開。氣象萬千憑我賞，玉樓十二引人來。摩崖細讀名賢句，邀月同傾歡伯杯。夜半狂歌巖谷應，得毋山鬼亦憐才。

三天門

伊誰作伴一枝筇，飽看齊雲卌四峰。此際立身竟何等，天門已過第三重。

別齊雲回陽羨道中作

白岳黄山都到手，錦囊富矣好言歸。詩情無限鍾紅葉，別緒依然繞翠微。丘壑清凉雲暫息，海天空闊鶴貪飛。寄言斥鷃休相笑，野性生成不可羈。

道光戊戌五月初七日，歸里，賦詩志喜。吾里在婺源西鄉冲田

經歷千山復萬山，今朝喜得到鄉關。兩三峰是醉心處，十六年消彈指間。門巷蕭條

堪灑泪，親朋談笑强開顔。吾廬猶足安床席，擬待他年挈眷還。

同吴丈少西、家侄漢瀾、文德游太平窩，得詩一首

巉巉萬石矗山巔，誰信其中别有天。洞好藏雲雲更懶，藏雲洞。臺能邀月月長圓。邀月臺。風來恰好憑虚御，憑虚閣。亭没徒聞攬勝傳。攬勝亭，不知所在。他日誅茅以終老，豈無人唤地行仙。

同族叔佩西、載青、超宋、家兄小山訪有筠叔祖於墠坦，賦詩題壁

雨過渾無暑，閑行趁好風。蟬鳴秋色裹，人話水聲中。詩思更番起，塵情一洗空。飲茶逾七碗，自笑勝盧仝。

我覺寬齋題壁，呈族叔佩西先生

十年種木已成陰，留得新蟬伴醉吟。怪石奇花争入畫，清風明月合援琴。小中見大開生面，忙裹偷閑養道心。待到携家返鄉國，日同吾叔樂山林。

次韵奉和超宋族叔尋芳樓待月之作

行雲流水漫悠悠，光景無邊四望收。滿座鴻談消酷暑，千家燈火繞芳洲。得知高處先邀月，纔信仙人好住樓。琢句未工天欲曙，一聲梧葉報新秋。

馬源蘭溪書屋題壁

空翠落窗前，四山高插天。水聲聽不斷，秋色望無邊。活潑魚真樂，清閑客亦仙。舊題猶在壁，再到是何年。

馬源戴樂書先生鳴琴招游别業，賦詩題壁

不須成佛不須仙，衹要臨流結數椽。嶺峻巖危藏屋裏，天光雲影落窗前。子猷竹愛千竿秀，丈酷愛竹。摩詰詩參一味禪。丈好王右丞詩。羨煞釣臺名不朽，丹崖何幸得公鎸。家兄子偉爲大書『釣臺』二字於石。

卷十四

婺源　齊學裘　子治

古樹名花詩

悲蟠松

綏安城上松一株，之而鱗甲老龍如。故老相傳晋時物，何減泰山五大夫。我今小住綏安里，邀友訪松松已死。枝葉凋零幹獨存，左拿右攫猶如此。體勢空餘龍虎形，蕭條無復海濤聲。繞樹徘徊不能去，空山寂寞難爲情。噫嚱噓悲哉，庭樹婆娑生意盡，子山作賦攄幽憤。倚江枬樹拔秋風，杜老吟詩泪迸空。可憐此樹枯此處，摇落變衰誰復顧。但見牧童驅犢來，那禁樵客摧枝去。君不見雲臺山巔太古松，稱爲丈人名蟠龍。置身萬丈之高峰，俯視爾輩如孩童。華陽大仙曾携筇，題詩作記垂無窮。爾生無此好遭逢，焉能得脱斧斤鋒。古來材大難爲用，規矩繩墨皆不中。輪囷祇合摧爲薪，安望爲梁與爲棟。

陶雲汀制府號雲臺山古松爲蟠龍丈人。

賀蟠松 有序

余去秋作《悲蟠松》詩，伯宏見而好之，許以可傳。今秋伯宏過訪山中，見松枯槁，愀然以悲，因此作記并詩，相與咏嘆。其作真可傳，松亦俱傳矣，詩以賀之。

卓哉綏安城上松，志士仁人懷抱同。獨立不撓氣象雄，空山嘯雨還吟風。心如鐵石柯如銅，堅貞無過蒼髯翁。斧斮鋸解枝葉空，伸牙舞爪猶如龍。我昨探幽偶遇此，作詩悲嘆不能已。伯宏徐子我知己，一見拙詩便深喜，謂松得此長不死。君今枉過綏安山，訪松興感吟長篇。筆能扛鼎句驚天，令我竟讀心茫然。惟有心香一瓣陳君前，再拜賀松得留身後之名於人間。松乎松乎爾生不辰死亦得，潛德幽光有人識。君不見夷陵千葉紅梨花，孔明廟前有老柏。

司徒廟四古柏歌

一株如高士，雪滿山中卧不起。一株如人豪，挺生直幹參天高。一株如俠客，虬髯目爲紅拂側。一株如詩人，獨立蒼茫得氣清。清奇古怪四株柏，終古吾山增氣色。探囊有筆秃無花，幾度欲吟吟不得。我今携友續前游，司勛廟古風颼颼。司徒勛業雲臺首，英氣鍾柏柏不朽。根株百尺入地深，雨露千年得天厚。銅柯幾度鸞鳳棲，翠葉常爲玉龍吼。虛空粉碎雖若仙，拳曲擁腫終不偶。公輸不視匠石驚，大材難用應多壽。柏兮柏兮香雪海中誰與共歲寒，除却吾鄉黄山之松非其友。

讀史仲仁、季因兩君《精忠柏歌》，因作此詩

南渡君臣盡朽木，縱有良工莫雕琢。豈真天意不可回，十二金牌來何速。岳王精忠思報國，大厦一木支亦得。三字獄成冤已沈，誰其傷之獄門柏。王遭讒死死可悲，柏殉王死死更奇。安得史家書特筆，曰某年月柏死之。宋代江山渺何處，片土乾净靈根踞。非無神物爲護持，那得蘭成來作賦。季因先生偉丈夫，感柏精忠繪爲圖。難弟一唱難兄和，作歌勒石傳寰區。後凋轉以凋爲貴，潛德幽光真不孤。嗚呼詩人有作胡爲乎，要與天地間氣相馳驅。

精忠柏歌

獄中莫夜飛片紙，須臾忽報岳王死。獄門老柏真有心，以死殉王亦奇矣。人言枯樹

無時無，一柏之死亦偶耳。何獨於爾名精忠，遂與岳王相媲美。乃知死欲得其時，死得其時名自偉。嗚呼南渡甘受金人愚，議和者流毋乃鄙。君臣顛處小朝廷，柏乎柏乎爾獨恥。大事去矣人云亡，借曰不死將何俟。樹猶如此人何堪，三字沈冤痛骨髓。君不見西泠墳上柏森森，枝無北向良有以。

癸亥三月十七日，舟泊崇川，保芾庭召棠邀同丁月湖、馬子良訪古檜於河東保秉均家，賦詩紀之

古檜如蒼龍，崇川保氏宅。紆盤蔭半庭，體備松與柏。中空裂四枝，質堅同金石。幹皆左紐紋，頗類老君植。伸臂如拏雲，低首似迎客。雲破逗斜陽，檜影上東壁。畫師豈之人，寫真恐難得。楚柳逐烟空，吴楓何處覓。汝踞狼山隅，千年避鋒鏑。當此亂離時，猶存太古色。不有神護持，何能逃兵革。人生數十秋，彈指鬒髮白。汝生不計年，枝葉青莫易。壽難與汝爭，德難奪汝席。汝能空汝心，而不爲形役。所以歷年多，枝枝插天碧。吾儕心能空，不爲憂患迫。外盛由中充，便可登仙籍。奈何今之人，榮枯一朝夕。見汝心暗傷，題詩傳汝德。借汝壽吾詩，雪泥留鴻迹。雁翅真婆娑，鴻飛忘南北。

崇川太陽殿前古纓絡松歌

吾鄉黄山三十有六峰，三十六峰都是松。獅子峰前松破石，文殊臺下松卧龍。前山松迎後山送，更有蒲團松典重。松身不滿三尺高，松枝數丈聯無縫。蟠龍丈人雲臺巔，傴僂屈曲不知年。題詩繪圖集好事，刻意摹擬終難傳。我來崇川訪古樹，纓絡松名今最著。年比丈人遜一籌，體校蒲團更多趣。出地三尺圓如瓶，中分兩幹縱且横。枝如大蓋撑天碧，葉似長眉垂地青。徘徊松下不能去，如在蔚藍天上住。歸途風送一聲鐘，回首雲深不知處。

大沙飛村古梅歌有序

先慈墳墓在溧陽城西四十里大沙飛村，離墓數十步，有古梅一株，夭矯如龍〔一〕，萬山環繞，游人罕至，花開花落，殊自得也，真如賢者隱處澗谷之間，而碩大寬廣無戚戚之意，其品高矣。詩以賦之。

〔一〕 矯，原誤作『嬌』，據《蕉窗詩鈔》卷二改。後『夭矯』同。

羅浮山有梅花村，月明林下來美人。鄧尉山稱香雪海，嘉名肇錫已千載。孤山處士有林逋，以梅爲妻鶴爲孥。斯人仙去亦已久，苔枝依舊横西湖。焦山一株更奇絶，老幹久遭雷火裂。根深柢固死復蘇，旁茁孫枝又如鐵。四時常沾雨露恩，三冬飽歷江天雪。嶺南江左各著名，咏者記者群相争。豈識此村有此樹，冰肌玉骨摇光晶。今年春日誉墳墓，臨水登山邂逅遇。龍蟠鳳翥見輒驚，地僻巖深誰肯顧。枝頭翠羽聲聲妍，花下從無車馬喧。高士之中類顔㒒，歸真返璞形神全。吾家本住梅源曲，生長梅中與梅熟。我見梅花如故人，梅花於我情偏屬。設將此梅種焦山，焦山梅龍應汗顔。移栽鄧尉石樓側，頓覺亭臺增氣色。羅浮山下未曾游，不聞夭矯如龍虬。孤山百樹皆新補，有此幽香無此古。天寒歲暮花已開，迴風舞雪堆蒼苔。與梅相約上元後，留住繁花待我來。

梅花九首，追和高青丘韵

水村山郭幾樓臺，冷艷幽芳到處栽。半樹早經衝雪放，百花全未識春來。佳人日暮依修竹，老鶴天寒守緑苔。誰道一叢殊氣候，南枝開了北枝開。

明璫翠羽夢游仙，豈與師雄有宿緣。酒旆飛殘茅店雪，吟鞭敲斷板橋烟。一枝影寄疏籬外，數點香飄曲檻前。莫怪連朝風料峭，嫩寒原是養花天。

且把青蚨挂杖頭，溪山佳處暮雲收。幾株香繞詩人屋，十里花迷釣客舟。冷到冬心那有俗，瘦原仙骨不關愁。灞橋多少騎驢客，除却襄陽總浪游。

古幹青蒼著蘚痕，枝頭皺玉可能温。詩題鄧尉春如海，酒醒羅浮月滿村。東閣有人尋舊約，西湖何處覓香魂。山中此日誰高卧，祇恐袁安也出門。

瓊姿宜住水精宫，未許塵埃一點通。籬角枝頭冰壓折，樹頭花密月來空。白沙翠竹江村外，古木寒烟野寺中。誰識東皇深意在，不教蜂蝶鬧芳叢。

也無野氣也無塵，一種清標最可人。獨立空山如太古，力回寒歲作陽春。忽疑簾捲飛瓊在，可要吹簫弄玉頻。聞道補之工寫照，暗香疏影恐難真。

一林珠玉净相依，頓覺山川媚且輝。荒徑繞村雲未散，孤城臨水雪初飛。漫言標格君爲最，即論姿容世亦稀。若使秦人真解種，漁郎當日不思歸。

疏影横斜映夕陽，小園春色似家鄉。祇除修竹爲仙侶，不分幽蘭號國香。傅粉尚嫌唐賦俗，遺珠應笑楚辭荒。本非凡骨何須换，月兔無煩夜搗霜。

曲歌金縷意誰知，惆悵江城笛一枝。春色三分成昨夢，故人千里寄遥思。魂銷紙帳雲迷夜，腸斷筠窗日落時。此去調羹猶有日，百花頭上且吟詩。

白牡丹

素艷清香帶雨開，滿蹊桃李盡輿臺。真如富貴歸田後，換作山人衣白來。

綏安山中梨花盛開，詩以賦之

花外青山山外花，花花世界竟無涯。連天雪白香成國，歷刧紅塵風卷沙。時花爲風沙所敗。載酒須邀侯穆飲，吟詩休向謫仙誇。此間卜築真良策，不羨林逋處士家。祇爲看花來此住，花開正值在家時。香雲薄薄渾疑夢，霽月溶溶合有詩。寂寞太真差可擬，清狂梁緒最堪思。好携玉笛高峰立，獨向風前竟夕吹。

梨花爲風雨所敗歌 有序

綏安山中梨花三十里，一望如雪，真大觀也。余寄居四載，花時置酒邀客，爲花洗妝。然當盛開，必多風雨，令看花者不得盡興。嗟乎，花亦爲造物所忌乎？惓惓不置，聲之以詩。

千樹萬樹花如雪，狂風驟雨相争發。生非薄命不爲花，命薄爲花亦遭劫。花也既爲造物忌，造物何必教花茁。我欲問天天不言，我欲留花花飄瞥。可憐花下看花人，見花歷亂心都裂。去年花發風吹沙，看花人到愁欲絶。流杯花下不成歡，滿地飛花堆玉屑。豈知今歲花開日，風風雨雨復不歇。良朋相約看花來，花事如斯那可説。東風吹落復吹開，杜牧傷春更傷别。烟雲過眼總成空，夜半子規休啼血。

丁酉正月初三日，綏安山中踏雪尋梅，寄懷徐伯宏、余黼閣

萬峰晴雪何皓皓，衝寒獨步綏安道。光明世界寂無人，惟有梅花占春早。虬枝鐵幹苔蘚皴，繁花映日玉欲温。美人自合藏深谷，獨客無端警旅魂。冰霜歷盡香如此，天地一寒吾與爾。折枝在手欲遺誰，故人相去俱千里。

十二月十日，綏安山中步月探梅，寄懷史仲仁

天寒月倍明，木脱山愈衆。四顧寂無人，良宵誰與共。老梅花已著，疏影冰上弄。

清風幾陣吹，暗香爲我送。初聞聊自怡，細嚼真堪慟。故園千里隔，萬樹春應縱。曷不賦歸歟，徒教猿鶴諷。獨客居空巖，何殊鷄舞瓮。門前雀可羅，釜中塵屢擁。得此梅與月，如憐逢二仲。可以忘飢寒，可以伴吟誦。此中有真意，儘足供詩用。安得果仙來，同賞梅花供。高松已巢鶴，高梧待棲鳳。欲求黄石術，合住仙人洞。匪惟絶垢塵，亦可遠市哄。憶昨吴門游，杖履日陪從。臨歧訂山居，此意須珍重。山靈既欣然，翠羽復幽哢。寄語趙師雄，早作羅浮夢。

三月五日，文俊上舍招看牡丹，得詩一首

幾枝窗外倚風斜，艷似天邊五色霞。爛漫韶華出春暮，清閑富貴屬山家。合招野客頻呼酒，那許游人暫駐車。看到子孫真可賀，沈香亭畔且休誇。

花下口占，寄城中諸友

萬疊香雲擁此身，此身不負負良辰。幽棲空谷方爲客，翻替梨花作主人。
折花插帽帽檐斜，梁緒風流未足誇。我坐花間偏脱帽，舉頭邀月醉流霞。

向花深處立多時，無限衷情知者誰。不信春光如此好，反勞孤客繫遐思。

同曉村看梨花，小憩憩雲庵

携手同車出，梨花看萬重。迷離遮古寺，寂寞伴青松。客倦雲同憩，心閑夢亦慵。來朝又離別，愁對兩三峰。

雲留軒前梅花盛開感作

柴門静掩喜無嘩，幾樹寒梅偏著花。影上粉墻看入畫，香迷紙帳夢還家。雲軒忽化水晶域，月地如逢萼緑華。歲暮非君伴寥寂，也應愁絶在天涯。

鄧尉探梅歌

入山探梅我獨早，萬樹蓓蕾插晴昊。山靈厚意待詩狂，先放幾枝看更好。人道探梅須二月，花時一片白如雪。游客争騎孟浩驢，美人艷似羅浮蝶。衣香花氣相氤氲，如此春光洵醉人。那知極盛難爲繼，花繁便帶飄零意。竹外横斜三兩枝，我來索笑多滋味。

從來萬事貴知音，淵明獨好無弦琴。梅花與我原同調，數點足觀天地心。

二十五日，同伯宏飲酒吴市，興酣放棹光福探梅，道中作

不必佛，不必仙，不必相印腰間懸。祇要兩人長携手，杖頭時挂沽酒錢。道逢酒店便沽酒，相與痛飲哦詩篇。所願不奢天竟靳，十年未遂今朝僅。且盡當爐酒一尊，片帆快向梅花進。無數春山帶笑容，美人林下酣春風。收拾暗香與疏影，再聽寒山夜半鐘。

同友人尤園看牡丹題壁

淵明富貴非吾願，魯望江湖作散人。倚杖看花忘落日，臨流顧影惜餘春。仙才早讓李供奉，國色終推楊太真。我亦有園陽羨里，年年爲客負芳辰。

花 下 偶 成

一筇雙屐到春忙，鎮日花間領衆香。貪向名園頻覓句，快依曲水共流觴。子規杜宇形聲幻，蝴蝶莊周物我忘。萬紫千紅抛不去，酒狂未足又詩狂。

二月二十七日，携功炎侄邀翟懷卿東郭看桃花，作歌紀之

海陵東郭桃花紅，千樹萬樹酣春風。春風妒花狂似虎，吹落花飛作紅雨。老夫倚杖立花前，花著滿身不知數。餘生結習猶未除，天然一幅散花圖。詩賦夭桃華灼灼，人同痴蝶夢蘧蘧。天台四萬八千丈，劉阮看花絶頂上。勾留仙子飯胡麻，艷福何人能再享。桃花開遍武陵源，衹許漁人來泊船。此間仿佛桃源洞，花隨人隱笑無言。阿儂曾住桃花塢，桃花時節詩頻賦。憶别桃花有八年，桃花庵廢桃無樹。令人長想桃花仙，桃花流水杳然去。唐六如家桃花塢，有『桃花庵裏桃花仙』歌墨迹，余向藏之。

三月初一日清明，懷卿招余奪魁園茶聚，途中遇雨，作歌贈懷卿，即用懷卿東郭看桃花詩韵

游仙夢覺天剛曙，翩若飛鴻不知處。懷卿折柬招我游，一笑出門訪詩去。詩才天授非人工，君詩頗有謫仙風。腕底春風如并翦，裁成萬紫與千紅。千紅萬紫引閑步，空色菩提有何樹。眼前世界現曇華，頃刻朱顔鏡中駐。鏡花看去與偏睽，客裏清明不憶家。天公故與詩人戲，催詩雨又亂如麻。羡君意氣自千古，讀書耻學腐儒腐。不貪利鎖與名

繮，惟嗜酒龍并詩虎。虎嘯龍吟和我歌，想其下筆如風雨。青風啜茗作游仙，黑雲驅雨迷歸路。

三月十八日，同戴維莘、汝登、張榮春尤園看牡丹作

子規聲裏雨紛紛，緑野鋪來五彩雲。節序又驚三月暮，艷新如讀六朝文。三千粉黛無顔色，十二闌干倚夕曛。富貴光華誰不愛，燕支多買豈徒云。

携笻得得過橋來，歐碧姚黄次第開。金縷雲裳真貴客，夭桃穠李盡輿臺。內家妝束原殊衆，大塊文章孰總裁。不信濃姿逢老眼，猶教臨去重徘徊。

天憐客子太無聊，特放名花慰寂寥。聯句願依金谷罰，餞春重赴玉樓招。艷情飛燕差堪擬，豪氣元龍老未消。高唱《清平》三疊曲，餘音裊裊上青霄。

家徒四壁不須愁，錦有千堆足勝游。天下幾人知醒酒，世間惟爾可消憂。草衣何幸天香染，鶴髮應爲國色羞。今日老翁堪一笑，如逢仙子到瀛洲。

佛會日，瞿園芍藥盛開，代城王曾樾蔭齋觀察、桐城張寅子畏觀察、蘇完銘岳東屏觀察、湖南左仁清石太守、陳儁玉堂太守、陳偉杰人大令、彭玉珂佩雙司馬、陳□紫峰大令公同選客約余，招至黄秋士、樊曉埭、吴香巖、周存伯，飲於花下，琵琶聲停，女樂復作，霖雨驟至，香雲亂飛，繪圖徵詩，流傳佳話。裘得逢良會，不能無言，恭和先君子網師園小集詩韵，作詩紀之

四海雲龍并一家，階前聯袂醉流霞。魏公選客推高會，茂苑留春剩此花。慷慨何須談世事，清閑正好領風華。憐他嬌小秦淮女，也學吴娘墜鬌鴉。

意有未盡，復作一律

浩態狂香絶代人，當筵幾度喚真真。罰依金谷難辭醉，夢説揚州便愴神。時揚州戒嚴。萬朵雲霞供笑傲，半空雷雨展經綸。是夜雷雨大作。他年吴下傳佳話，名將風流畫殿春。園主陳玉堂出絹，索周存伯畫怪石芍藥圖。

卷十五

婺源　齊學裘　子治

古樹名花怪石詩

宋家酒爐會飲歌 有序

吴陵城西宋家酒爐在西山白雲寺之前，名流雅集，滿壁詩歌，今之旗亭也。丁卯上巳，余同戴維莘、張桀春、曹錦軒、沈筱庵、翟懷卿諸君游園看花，來此小飲，醉後放歌，以紀勝游云。

三月三日天初晴，酒朋詩友邀踏青。脚著謝公雙齒屐，手持黄山千歲藤。深巷鳥呼泥滑滑，滿天風颭花冥冥。小園仿佛玄都觀，桃花映日摇光晶。一雙雛鶴展閑步，似與游客相送迎。花開花落無人惜，衹有好鳥鳴嚶嚶。王孫不歸草自緑，見鳥銜紙難忘情。今古橋西白雲寺，千竿修竹緑滿庭。宋家酒爐今旗亭，吟翁佳士來合并。座中誰是王之渙，雙鬟遲唱壓適齡。我獨酒德頌劉伶，幕天席地醉不醒。到處青山可埋骨，達哉達哉荷鍤行。斗酒百篇推李白，詩仙酒仙誰敢争。酒錢揮去三百萬，賺得寂寞身後名。嗟予年邁百無能，蕭然兩鬢徒星星。圖書雖未空四壁，金石久已銷千聲。虎口餘生有何事，吟詩醉酒求友生。擁爐痛飲酒一甖，嬉笑怒駡真忘形。湖海豪情消不去，狂奴故態老猶萌。暢談往事興不已，拍案叱咤人皆驚。人生百年閃一電，酒杯以外鴻毛輕。君不見酒星明明兮酒泉盈盈，酒人長樂兮酒國長春。胡爲乎逢天僤怒生不辰，西南盜賊猶未平。自西征東靡定處，世實危脆殊難憑。醉鄉幸有容身地，何必桃源尋武陵。風吹酒醒客漸散，日落未落鐘初明。歸來一覺睡瞢騰，又接酒仙游太清。

小有天園看綉球作

錦簇花團朵朵圓，牡丹開後藥欄前。誰將太古玲瓏雪，來照仙宫小有天。抛擲韶光過九十，評論粉黛冠三千。封姨踏蹴無時歇，玉蝶紛飛到酒邊。

取來明月一輪輪，化作花球艷且新。到處紅酣都掃地，芳時白打正娱人。曇華我又觀優鉢，玉燭誰調照暮春。滿院緑陰如幄罨，山公衣白往還頻。

桃花三首，和何荔生女史孝儀原韵

老去看花肯再遲，花開能耐幾多時。客狂尚插塵中脚，畫好難傳竹外枝。袖舞青春翻玉珮，觴飛紅雨燦玻璃。漁郎不是避秦者，重覓仙源那得知。

青山缺處嫩紅遮，露出茅檐三兩家。若個情深千尺水，有人意托一林花。織成雲錦鶯梭擲，裁斷烟綃燕翦斜。節近清明春爛漫〔一〕，無窮客思動朱霞。

鼓吹詩腸與酒腸，年衰更戀滿庭芳。美人終古無寒態，妖客緑何有异香。仙忽得來如麗姝〔二〕，恨難銷去是昭陽。無言省識拈花意，世味而今一笑嘗。

戊辰上巳，同蔡寵九高昌廟看桃花，訪沙子春不遇，作歌紀之

去年踏青海陵城，三月三日天初晴。吟翁嘉客笑相迎，興酣落筆題旗亭。今年踏青黄歇浦，三月三日天將雨。一笻雙屐興飛舞，那管春風狂如虎。板橋行過午潮來，千樹

〔一〕 清，原誤作『晴』，據《劫餘詩選》卷七改。
〔二〕 姝，原誤作『妹』。

萬樹桃花開。此間豈是玄都觀，花光照耀黄金臺。臺上友人子春子，五日一石十日水。高廟尋春不見春，惹得桃花笑不已。同游幸得蔡中郎，文園消渴有茶坊。盧仝七碗吃不得，我吃十碗清詩腸。劫餘同作天涯客，行樂及時計亦得。眼前世界都是花，花花世界何凄惻。百年三萬六千朝，已過二萬三千五百日。桑田滄海幾變更，虎口餘生有何説。一生僅得一詩名，今者不樂逝其耋。胡琴琵琶聲嘈嘈，天風浪浪驅海濤。誰來海上釣大鼇，愁見碧眼和紅毛。偶談世事心煎熬，我生不辰偏相遭。仲蔚祇合老蓬蒿，醉鄉可隱禪可逃。春光又寄柳與桃，桃柳争妍人争豪。臨清流兮登東皋〔二〕，賦詩舒嘯樂陶陶。何當挂席出林梢，長風萬里同游遨。

仁壽堂雅集歌 有序

同治七年歲次戊辰十月初七日，潘君露園、胡君公壽設宴仁壽堂，邀客賞菊，同坐日本清水赤城、池田青波二客，虚谷、柳溪二禪師，周君存伯、李君壬叔、姜

〔二〕兮，原誤作『分』，據《劫餘詩選》卷八改。

君石農、楊君佩甫、歌者潘秀卿及余十二人爲仁壽堂雅集，作歌紀之。

風風雨雨日復日，悶極必有新詩出。故人置酒折柬招，菊花叢裏爲雅集。一花如赤城，雲霞燦爛摇光晶。一花如青波，緑洋氣色得來多。一花如虚谷，萬象包羅仗先覺。一花如柳溪，手珠一串穿牟尼。一花如存伯，年未五十鬚全白。一花如石農，揚眉吐氣昂蒼穹。一花如壬叔，羅胸二十有八宿。一花如佩甫，胎仙振翮風前舞。一花如露園，滿座春風一笑温。一花如公壽，甘谷延年得坤厚。一花如老顛，無拘無束作頑仙。一花如秀卿，年纔十四何輕盈。論交寰宇不論方，四海而今真一堂。主人好客具盛饌，佳色媚人飛异香。静參無過艷禪艷，嘯傲不改狂夫狂。興酣直欲從海客，周流外國東西洋。山川人物廣聞見，紀游詩卷載歸艎。五岳之游尚未踐，忽發此願何能償。善哉海客通六義，虚心好學詢潯陽。赤城筆談問白居易《琵琶行》潯陽江在何處，存伯以實告之。剃髮留髮問何异，赤城剃額髮，青波額髮不剃，故及之。古風今風道其詳。赤城筆談云，留髮者古風，剃髮者今風。詩文書畫傳一脉，束髮佩刀遵古裝。聖人在上務柔遠，四夷來服躋虞唐。好在三山尋浩渺，成語。那甘一枕傲羲皇。蜃樓海市工變幻，時花美女皆文章。酒客醉眠似魚貫，騷人起舞如鸞翔。不上揚州騎白鶴，偏來海上談紅羊。夜深窗外雨如注，淺斟低唱猶未央。石農忽發江海聲，鐵笛吹裂何蒼凉。馮小農後至，吹笛。一杯在手萬事足，酒魔已到愁魔亡。笑他太白胸次窄，消愁更愁空舉觴。行樂及時語非妄，王喬羨門那可望。人生歡樂終有極，衣能沾得幾露霜。大千世界一花耳，色空空色皈空王。暑往寒來等駒隙，滬城又見黄花黄。明年花開客何處，天意人緣俱杳茫。把酒酹花花微笑，意謂此老情何長。年近古稀興不淺，作詩敏捷如探囊。詩中自有無量壽，何必求仙如子房。諸君各具千秋筆，筆花照耀秋花光。我辭花去詩已就，中書君秃增慚惶。繪圖作記留鴻寶，海碧天青歌壽康。要知此會非偶爾，當與西園雅集同流芳。

辛亥初春，盆梅盛開感賦

吴市聞簫客思深，與梅同結歲寒盟。幽香偏向茅檐發，深感梅花不世情。

三月二日，同陶蔗田福清先生游滄浪亭，到南園看菜花作

邀得陶彭澤，游春春已深。滄浪訪遺迹，杖策過禪林。人面白如玉，菜花黄似金。明朝逢上巳，修禊事同尋。

寓齋見海棠一株有感

我來蘇臺春欲殘，風雨無情摧牡丹。紅藥當階能媚客，感懷今昔吟憑闌。芍藥旁有海棠樹，卓立墻隅年幾許。天旋地轉歷滄桑，居然無恙存西府。花時濃艷比霞紅，嫣然一笑酣春風。絶似楊妃睡未足，妝殘髮亂態疏慵。獨惜我來花已落，令人那得不思蜀。梁溪官舍花有無，先子宰梁溪時，有衙齋海棠詩。昌州夢想香霏閣。放翁驛舍見折枝，夜闌風雨感吟詩。我今劫餘見此樹，徘徊月地夜眠遲。

安得廣厦芍藥盛開感賦[一]

瞿園高會幸叨陪，信筆題詩不費催。咸豐九年，瞿園芍藥盛開，張子畏、銘東屏、左清石諸君載酒邀客，暢飲花間，極一時文宴之盛。余即席賦詩，和者甚衆。一曲琵琶猶未了，滿城鼙鼓忽驚來。喜今鶴髮觀金帶，憶昔娥眉捧玉杯。人自龍鍾花自好，年年風雨殿春開。

[一] 芍，原誤作『芳』，據《劫餘詩選》卷十一改。

同儲麗江憲良、徐伯宏、康子静、應澤甫汝霖、應香谷揚州郭外看牡丹

烟花總是揚州盛，萬朵雲霞儘耐看。龍麝氤氲聯舊雨，仙心縹緲在重欄。環肥燕瘦洵傾國，宋艷班香爲結歡。明日春歸留不得，匆匆省識太無端。

題顧子長畫柏歌，爲于竹虚作

棱伽山民氣如虎，揮毫落紙驚風雨。須臾老柏兩株成，淋漓元氣吞千古。一柏拔地如人豪，獨立不懼參天高。一柏偃蹇如隱士，山中高卧呼不起。形奇狀怪身臃腫，規矩繩墨皆不中。空山盤踞不知年，飛出毫端引鸞鳳。此是山人自寫真，孤高倔起超凡塵。不求聞達於人世，惟知静鍊其精神。魄力雄渾得天厚，宛似禹王書岣嶁。山精水怪見輒逃，虹光夜出冲牛斗。畫家恒徑一掃空，畢宏韋偃將毋同。大材持贈空洞子，竹虚自號。高懸廣厦生清風。

壬申九月二十六日，于婿漢卿招飲養志園，持螯賞菊，詩以贈之，同座王子九、馬慎卿、孫厚卿、于希姚、于和伯，時漢卿有淮泗尋源之役

客游又到暮秋時，厚意難辭酒一卮。菊比曇華燦優鉢，園同芥子納須彌。身勞心逸方殊俗，會少離多合賦詩。奉使尋源行有日，仙槎遠去令人思。

蟹肥酒美晚菘香，四海親朋聚一堂。秋似美人無礙瘦，花如名士不嫌狂。知心惟有二分月，長物空餘一錦囊。怪我來揚尋舊夢，忍教松菊兩園荒。婺源薑園、宜興詩隱園。

謁史公墓、登梅花嶺二首

倚杖展公墓，嶺梅花正開。一坏千古峙，三客衆香來。臣職無遺恨，天公不可回。休談興廢事，且覆掌中杯。

直上梅花嶺，妙香容我聞。繁英插晴昊，疏影卧斜曛。血泪飄千點，冰輪照二分。傷春更傷別，愁絶杜司勛。

二月初四日，同鄉友平山堂探梅，雪航長老招食伊蒲饌，復到養志園探梅，漢卿婿煮茗以待，歸途得詩，以紀勝游

昨日探梅史公墓，吊古憫忠吟短句。今日探梅到蜀岡，繁花冷艶烘斜陽。題詩恐惹歐蘇笑，飽餐蔬笋發長嘯。憑闌愛看隔江山，江山怪我不知還。尋芳訪勝日復日，忘却年華過七十。不思荒徑闢三三，偏向殷家尋七七。西山日落側金盆，還要探梅養志園。拜別詩僧下山去，竹籬茅舍鷄犬喧。隴上寒梅正初放，羅浮鄧尉何多讓。紅英緑蕚門芳菲，翠羽明璫幸無恙。此是袁安卧雪時，也勞孟浩騎驢訪。梅源山下是吾家，予家婺源梅源山下。老屋疏籬近水涯。江山勝麗長留戀，閑煞門前萬樹花。

三月十八日，張石朋大令邀看牡丹於流水橋虹西草堂，得詩三首

鎮日東皇費翦裁，鼠姑報道幾枝開。主人高卧病初起，客子閑游詩又來。國色天香真富貴，小橋流水映樓臺。看花老去情彌篤，如醉如痴往復回。

不是花中第一流，芳名那得著千秋。環肥燕瘦美而艶，浩態穠姿温且柔。如此紅顔

難比色，笑儂白髮竟盈頭。蜂狂蝶姿真無賴，喧鬧花叢未肯休。

沈香亭北想當年，樂奏《清平》慕謫仙。龍麝氤氳薰舜日，雲霞綺麗燦堯天。回思勝會有誰在，道光間，余來揚州，與左清石太守、嚴問樵太史、符南樵孝廉東園賞牡丹，飲酒賦詩，今皆歸道山矣。顧影清流空自憐。亂後名園都落寞，憑闌能不感華顛。

立夏日，同戴澤民、張子猷史公祠看芍藥花尚未放，作詩紀之

蛺蝶翩翩舞曉風，引人入勝到芳叢。留春不住憑君殿，琢句難成借酒攻。金帶圍腰懷絕艷，祠堂回首吊孤忠。當階無限憐花意，盡在含苞未放中。

四月十一日，漢卿設清齋養志園，邀方外雪航、浩月、蓮依，親友王漪生、毛善長與余，飲酒賞罌粟花，得詩一首

老年無事看花忙，又探米囊到婿鄉。彩色麗春春已杳，杯盤延夏夏初長。半僧半俗皆同志，不郭不村一隱莊。飽食清齋談怪异，興酣還要上山堂。

四月二十四日，平遠樓前芍藥盛開，雪航長老招飲，適逢湯君敦之世厚、陳君百生、馬君貞卿載酒後至，遂與雪航同飲花下，歌以紀之，呈諸君子

我生愛花如性命，揚州芍藥天下勝。雪航長老折柬招，平遠樓前花極盛。輿夫負我來蜀岡，赤日當午炎風狂。到門一僧如鶴立，引我小坐東禪房。窗前竹石幽且邃，作畫論書得佳趣。余爲僧畫便面。消渴頻嘗第五泉，惜春要作將離賦。好友乘舟載酒來，花下相逢笑口開。賞心樂事那有此，名花名士名僧陪。葷素雜陳茶酒間，魚肉味遜筍豆莧。天然頭陀名不虛，余別號天然頭陀。貪食伊蒲年來慣。人生行樂須及時，年逾七十古尤稀。花光艷照玉堂客，祥瑞重徵金帶圍。老夫逢場猶作戲，謔浪笑傲人爭避。老顛痴伯久馳名，方外名流不我弃。當階紅藥翻復翻，吟翁嘉客皆歡顔。歐蘇遺韵今猶在，宴客山堂尚未還。是日，方都轉宴客平山堂。我醉高歌花亂舞，明年花發人何處。把酒酹花花粲然，綽約臨風嬌欲語。

玲瓏石 有序

龍池澄光寺中有頑石一塊，相傳密雲禪師成道於此，因名曰玲瓏石。余見其名實不符，因作此歌。

頑然一塊石，橫卧禪房中。四周無一竅，何以名玲瓏。石言君不知，質樸心自空。牝牡驪黄外，相馬得真龍。面壁逢達摩，説法聽生公。當時一點頭，玄關豁然通。我佛捨我去，冥冥杳飛鴻。暗室閉長年，守默誰與同。日月跳雙丸，而我長朦朧。幽潛固所願，庶得天年終。輒怪世之人，見怪情遂鍾。八十有一穴，袍笏日相從。壺中貯九華，情移蘇髯翁。鈍根問者誰，我佛道何窮。

石隱篇 有序

族叔佩西先生性好石，所居園亭左右前後怪石林立，極宇内之大觀，猶以爲未足，日率子侄歷巖壑，遍搜之，朝夕撫摩，不知老之將至，殆米顛之流亞歟。裘侍家君寄居陽羨十七年，不得隨吾叔流連觴咏於石林間，爲可悵耳。惓惓不置，作《石隱篇》贈之，後之攬者可以想見其爲人矣。

吾叔好石石來賓，奇形怪狀左右陳。石間坐卧忘朝昏，愛玩竟可不出門。平生祇與石交親，良由賦性同貞珉。結廬數椽臨澗濱，千石萬石呈嶙峋。獅搏象舞虎豹蹲，鸞翔鳳翥燕雀馴。莊嚴妙麗三世尊，蠻君鬼伯競逡巡。峰巒洞壑古黛皴，一片飛出巫山雲。其餘種類亦甚繁，大都巧妙不可言。登山臨水數十年，一一手置殊苦辛。席上素有待聘珍，竟隱於石豈無因。襄陽米老是前身，平泉主人何足論。鄙吝適足禍其孫，醒酒之石不與人。達哉吾叔非其倫，石桃去歲贈家君。何時理棹歸故園，同坐石床持酒樽。逐一題詩記以文，樂可忘世何憂貧。東坡肯以仇池分，韓幹二馬今猶在。

余得海浮石一峰，置之南園湛華堂座上，應敏齋觀察見而愛之，遂以持贈，并媵以詩

五岳圭稜衆所欽，中流砥柱合君心。贈君一品洞天石，他日歸裝壓鬱林。

瑞雲石歌

瑞雲之質高且豐，瑞雲之色青如銅。大穴容碗小容指，環觀四面都瓏瓏。何年飛到

館娃宮，千石萬石盡附庸。幾經兵火竟不損，依然卓立凌蒼穹。昔居華屋今草莽，榮辱循環亦適逢。我與石丈共歷劫，僥幸無恙非神通。千秋不朽惟文字，有形之物靡不終。偶然有作感今昔，寄興何勞計拙工。歌詩問石石不語，文殊摩詰將毋同。袍笏拜石溯米老，雪浪題銘傳坡公。壺中九華久不見，洞天一品隨虛空。得瞻瑞雲不能去，苦憶黄山六六峰。

正月二十日，同崔仲綸坐雲螺石望太湖聯句

著屐尋詩上小坡，玉谿。穿林拂面春風和。湖中水沸煮白日，仲綸。石上浪戛成旋螺。汪汪叔度不可測，玉谿。歷歷青山如此多。尋詩得詩且歸去，仲綸。山樵畫裏聞樵歌。玉谿。自北崦回望村落〔二〕，絶妙一幅山樵横卷。

〔二〕北，原誤作『比』，據《蕉窗詩鈔》卷十一改。

卷十六

婺源　齊學裘　子治

金石龕詩

次韵奉和張芥航河帥送銅鼓焦山歌

前年縱棹渡揚子，襆被信宿焦先家。石肯堂貯寶鼎二，完好似璧無纖瑕。蟠屈螭形繆篆繆，彭亨豕腹窪尊窪。寶氣飛騰雜蛟蜃，古色斑駁同蟾蟆。南仲陶陵款識具，釋者考者詳而奓。屢欲吟之意輒沮，袖裏有筆慚無花。漢爐雖佳瓦缶耳，詎可鼎足爲三耶。芥航先生性嗜古，文蘇墨竹齋中誇。先生得與可〔一〕、東坡兩墨竹，因名其齋曰二竹齋。雄文天馬脱羈勒，妙句仙翮超樊笯。快哉一旦得銅鼓，映帶二竹枝紛拏。亭臺頓覺增氣色，珠貝不敢言光華。梁園賓客證赤雅，謂伏波鼓毫無差。公云寶當天下共，閉置一室誰稱嘉。

〔一〕先生，原誤作『生先』，據《劫餘詩選》卷十五改。

焦山二鼎太孤寂，恐有鬼物相揄揶。扁舟載鼓將鼓嫁，旌旆照耀相欹斜。月波臺東待月出，潮静柔櫓鳴咿啞。夕陽樓西看日落，一碧萬里天無遮。古梅森梢肖龍虎，秋笋肥美逾鱠魦。元戎小隊并日住，未覺初地人聲嘩。清晨下山别鼓去，鼓不能送煩袈裟。滕鼓新篇再拜讀，背癢如得仙爪爬。此詩與鼓并不朽，僧舍何勞籠輕紗。頗聞澹園風日好，翩翩野鶴呦呦麐。當時擊鼓萬花放，姚黄魏紫紛交加。鼓聲歇處詩爛漫，光射牛斗疑將鎁。春間，澹園牡丹盛開，先生與家君倡和至七叠韵，觀察諸公和者甚衆。今歸江山永作鎮，海怪安得雄鬚牙。聞昔獞獠鑄鼓竣，招朋置酒燒豚猳。峒丁蠻女千萬萬，金銀作釵雨點撾。而今駱越無此俗，聲教久已漸荒遐。鳳儀獸舞九成奏，屏弃羌笛揮琵琶。鼓當聖代了無用，正好安穩棲耆闍。佛天清净香作土，人世遷移風捲沙。所以東坡解玉帶，至今手澤流僧伽〔二〕。古人名心固不免，神物亦競趨烟霞。長江如帶山如礪，公名千古垂無涯。

〔二〕今，原誤作『至』，據《劫餘詩選》卷十五改。

鐵壺歌 有序

乙巳冬十二月上浣，余寓吴門，畫賈提一鐵壺來售，壺式古樸可愛，以青蚨三百枚購得之。於是呼童蕩滌塵垢，貯之以酒，自斟自飲，不覺大醉，亦山林處士之一樂事也。有感於心，遂作《鐵壺歌》。

一壺中有容身地，壺公此日真宜醉。怪哉鐵壺何處來，壺公得爾心爲開。壺公生性本頑鐵，至剛氣質難磨滅。世實危脆無堅牢，塞北之花江南雪。花兮雪兮胡可長，微軀一現石火光。醉裏乾坤一何大，壺中日月一何長。温柔白雪之鄉非樂土，大千世界祇有醉鄉安樂堪徜徉。鐵壺鐵壺，胡爲到我天空海闊之居，損我杖頭三百之青蚨。製作古樸世所無，萬釘纍纍如貫珠。壺式未入博古圖，秦歟漢歟近代歟。呼童蕩滌去垢污，洞庭春色貯滿壺。自斟自飲讀我書，酒盡卷終眼模糊。吟魂縹緲游太虚，覺來索筆將墨濡。感時慨事滿紙書，書罷沈吟發長吁。眼中山魈木客工揄揶，不解世人尚此胡爲乎。鐵壺鐵壺，吾將携爾乘舟浮太湖。湖波三萬六千頃，化爲醍醐足供壺公一醉歌烏烏。

盧忠肅公佩刀歌

公之忠，貫日月。公之刀，能削鐵。愍公之忠咏公切，不覺心腸爲公裂。公當督旅鎮宣雲，殺賊百萬成奇勛。刀光震電賊膽落，聞聲鼠竄呼天神。一刀撑住東南壁，長城何止萬人敵。朝中倘使無權奸，塞外風雲凈如拭。吁嗟乎父死在路，不得奔喪。精忠報國，孤軍絕糧。戰死沙場還被謗，置公死者楊嗣昌。振龍何賢昌何惡，緋袍入府天下辱。議撫詭謀出外庭，汗馬功名受荼毒。往事追思涕欲流，佩刀在手風飔飔。年遠銹澀血痕積，磨之不去青光浮。魑魅魍魎見輒遁，夜深寶氣冲牛斗。刀兮刀兮爾無恙，殺賊安邦猶可仗。後之用者自有人，暫處鞘中莫惆悵。

周虎錞歌爲李鐵航作 宗本

鐵航示我周虎錞，高有三尺餘一分。徑長尺八闊尺五，鈕高四寸重廿斤。中虛椎首殺其下，鈕製虎形四足蹲。塵土銹澀色内蘊，斑斕錯落花繽紛。幼讀《周官》識樂器，金錞和鼓司鼓人。作樂之時擊爲節，不是應律而依辰。黿魚龍雉各有製，此製以虎何取焉。虎爲西方一義獸，示義之論非無根。宣和虎錞圖有七，纖毫無异誠堪珍。惜哉此器本無字，差遜鼎鐘書歲年。後世士人去古遠，斯器真形久蔑聞。六朝方有獲於蜀，復得次列鐃鐸間。繩繫懸之去地尺，盆水下置芒中陳。以手振芒作清響，音如雷發驚四鄰。禮圖杜撰笑竇儼，臆度成式終殊真。狀如杯盂成何物，屬於簨簴非其倫。可惜竇氏未見此，使其見之應汗顔。未睹前製便妄作，自欺欺人心何安。不如無書今始信，僞書祇合秦皇焚。鐵航好學世空四，滇南老屋風飄殘。讀破萬卷行萬里，馳驅南北忘飢寒。名宦兒孫生計薄，家無長物遺書存。不知何時得此器，寓齋相對娱清貧。我來揮拳試一擊，音遺太古和心神。聞鐘清夜發深省，聽鼓今人思帥臣。今聆錞音何所感，大千世界空微塵。收斂精神歸故我，豁然一竅開玄關。憶昔焦山擊銅鼓，山魈遠遁猿猱奔。驚濤駭浪震巖谷，作詩紀勝投焦仙。芥航河帥見輒喜，謂當勒石留海門。謂張芥航河帥井。追思老輩去世久，不覺涕泪流潺潺。廿年彈指了一電，天涯作客成孤鳶。今與鐵航遇吴下，浮萍適合憑風牽。索我爲錞紀體用，腸枯筆弱言無文。不揣固陋唯唯退，冥搜苦索窮朝昏。是詩是考渾莫辨，非格非律所能繩。長言不足復嗟嘆，錞之歸子非無因。廬陵博古古即集，南宫嗜石石來賓。方今聖世重韶護，錞也合獻虞廷前。鐵航善鳴國家盛，當與錞聲聞九天。

宋徽宗龍吟琴歌 有序

琴號龍吟，銘曰：『天圓地方，龍鳳翺翔。《南風》一曲，物阜民康。大宋宣和二年製。』今藏樊君曉埭鷗野草堂，出示索詩，作歌紀之。

吾聞舜彈五弦之琴歌《南風》，無爲而治帝德隆。徽宗之琴胡爲者，焦尾真成爨下桐。不能阜民之財解民慍，徒爲虚器陳宫中。嗚呼徽宗不納陳禾碎衣諍，六賊乘之竊國命。中外如琴甚不調，改弦更張猶可聽。奈何黄鐘毁弃，瓦缶雷鳴。君王有琴，彈亡國聲。金人鼓鼙震帝京，天子仿佛王門伶。君不見徽宗畫鷹神俊世所推，獨立顧盼何雄哉。胡爲屈志買和身受辱，有愧鷹鸇逐鳥雀。江山半壁等閑抛，鐵罄六州成此錯。舉族北轅生不還，空留遺器在人間。若非神物勤呵護，玉軫金徽那得完。宣和書畫盡歸北，此際此琴何處匿。流落中原八百秋，龍翔鳳翥無消息。樊君曉埭何時藏，寳氣夜出騰光芒。索我爲琴歌慷慨，唾壺擊碎真堪傷。方今聖世躋虞唐，《南風》一奏來鳳凰。天自圓兮地自方，斯真物阜而民康。我既歌，君且舞，凄凄一室風和雨。請君拂拭安朱弦，待我登堂爲君鼓。

鐵爐歌 有序

丁未十月朔，徐君迂伯於吴市見小鐵爐，指以示余，遂脱青蚨五百枚購之而歸，作歌紀之。

前年吴市得鐵壺，酒酣耳熱歌烏烏。今年吴市得鐵爐，與壺恰配真堪娱。上方且平中則虚，彭亨豕腹圓而腴。鼎立三足細不粗，花紋四面相縈紆。高有三寸徑尺餘，釘峙爐頂如三珠。製作古樸逾公輸，始於何代不知渠。十年市上無人沽，古吴縣前逢老迂。指爐示我笑相呼，我遂購買揮青蚨。欣然持歸日欲晡，見者笑曰公誠愚。金玉珠翠人争趨，君獨愛鐵胡爲乎。我聞此言發長吁，嗜好與俗酸鹹殊。銀塗博山非不愉，奇巧適足焚其軀。鼎彝燦爛無時無，大有力者方可圖。鐵爐鐵爐爾何辜，爲世所弃蒙垢污。一旦拂拭來依吾，得逢知己樂何如。置之案頭伴讀書，架以鐵壺壺不孤。焚香炙硯時所須，煎茶煮酒腸不枯。娱我清懷慰客居，行將携爾浮江湖。嗚呼何時鎔鑄成吾儒，君不見堯舜之化道爲爐。

竹刻琴劍紙鎮銘

一劍一琴，實獲我心。常思殺賊，要遇知音。

周饕餮尊歌

余得此尊三十載矣。製作華美，真周器也。居家之日無片刻離，偶有所感，歌以紀之。時丁未十一月二十一日也。

我有周代饕餮尊，其高九寸餘八分。口徑六寸腹徑尺，可容二斗重十斤。尊穿鼻作饕餮狀，環身鬱鬱雷回紋。入土不可測年代，瓜皮蒼翠花繽紛。製極精巧缺款識，饕餮取義懲戒存。縉雲氏子謂饕餮，饕餮貪獸何取焉。我聞大禹惡旨酒，酒能亡國兼亡身。尊飾饕餮意深遠，適可而止宜温克。此爲有位言之耳，酒人豪舉當別論。稱酒仙者李太白，頌酒德者劉伯倫。酒家醉眠竟千古，死便埋我真達人。他若淵明亦嗜酒，飲酒詩寫陶然春。可知濁醪有妙理，視被富貴如浮雲。斯皆以酒全其真，醉鄉終老忘朝昏。小飲或如鯨吸川，大飲直比龍吞淵。眇乎小矣視饕餮，酒腸灝瀚茫無邊。我得周尊三十載，處境愈窮交愈堅。家無擔石厨無烟，酒不空尊賓滿筵。鷫鸘典却作酒錢，吴門市上沽十千〔一〕。持尊對客興飛越，作大游戲仙乎仙。其外鴻毛何足道，糟丘麴部别有天。良田廣宅弃敝屣，一尊於我情難捐。客齋非爾相周旋，終年塊壘胸中填。嗚呼老饕老饕無屬厭。平。三凶與汝相比肩，千鐘百榼聖在上。饕餮何獨留人間，正須仗爾禦魑魅。醉鄉日月安千年，酒人除酒無别嗜。日對饕餮吟詩篇，詩成呼酒來吾前。抱尊痛飲忘華顛，萬事不如杯在手。絶妙此意誰能傳，嗚呼絶妙此意誰能傳，坡翁之外無可言。

漢銅龍滴水器歌 并序

余家藏銅龍滴水一器，以漢建初尺量之，其高一尺九寸，座徑七寸，旁四寸四分，頂上天池徑七寸，旁四寸。銅人高五寸五分。後有二銅匣，右匣盛火，左匣盛水。匣高二寸二分，長五寸一分，闊三寸。天池盛水可容兩甌。池外四周龍身蟠繞，龍頭右垂池外，口張角聳，龍尾左掉池中吸水，千迴百折，沁至龍唇，圓如明珠，

〔一〕上，原誤作『土』，據《蕉窗詩鈔》卷十八改。

遲遲而滴。下有銅人，右手托鉢承滴，流入腹中，直趨左足而下小池，從池中左旋右轉，注於左匣而止。銅人右手之側有香爐一座，右匣爇香，烟從柱内直上，環繞龍身，噴出如雲，爐中一綫篆烟徐徐而起。銅色如墨，無銘，蓋漢器也。先君曾云此器應可造尺量水知時，今去古已遠，久失其傳，徒爲玩器，良可惜也。吴門小住，忽忽八載，客齋相對，慰余寂寥，偶有所觸，作歌紀之。時丁未十一月二十有六日也。

銅龍巧製不可測，龍唇吐水如珠滴。滴下銅人托鉢承，水來無踪去無迹。龍頭突兀昂空碧，龍尾上掉天池吸。以尾取水寂無聲，千迴百折誰能識。龍身夭矯見復潛，飄飄雲氣龍身纏。龍在雲中仙乎仙，妙絶此境真難傳。銅人之前爐出烟，古香清妙如龍涎。火伏其下水其上，水火既濟龍安眠。龍兮龍兮曷不飛身騰九天，雲行雨施爲豐年。既不爲霖澤農田，屈伏乃等蠖可憐。龍身自古難久藏，胡爲寂寞棲空堂。坐聽滴水多蒼凉，一滴驚客心，二滴澆塊壘，三滴故態萌，四滴詩懷起，五滴六滴情復豪，拔劍起舞霜天高。猶龍老子我且學，蟠拏縹緲憑翔翺。窮途偃蹇那堪語，笑比銅龍飛不去。豈似畫龍未點睛，嶄然頭角空峥嶸。潛龍勿用計亦得，技學屠龍徒自精。君不見金張門第銅龍立，權貴豪華冠華集。繄余寒士僦蝸廬，座踞銅龍誰問及。又不見衛霍當年掌兵符，腰佩銅虎征匈奴。銅駝在昔荒烟没，銅雀於今片瓦無。銅龍何獨留塵世，望仙樓上曾安置。鎖含金獸晝漏長[一]，宫人望幸頻凝睇。流傳今日幾春秋，蜿蜒神物吾廬游。願將龍唇一滴水，洗甲千春潤寰宇。

周齊乙公萬壽尊鼎歌并序

鼎高一尺二寸五分，耳高二寸七分，深八寸五分，口徑三尺九寸七分，足高五寸二分，腹徑四尺二寸八分。容一斗，重一百四十四兩。三足銘曰：『乙公作萬壽尊鼎，子子孫孫永寶用之。』按《史記·齊世家》：太公卒百有餘年，乃有乙公得立。則所謂乙公者，太公之孫而君於齊者也。觀其器，周身雷回文中排饕餮十二首，與周節鼎同，真周器也。道光二十八年戊申五月既望，予泊舟維揚，以重價得於市上，珍重載歸，作歌紀之。

[一] 含，原誤作『舍』，據《蕉窗詩鈔》卷十八改。

我愛揚州二分月，訪古時停舟一葉。興來散步入市廛，古鼎照人驚突兀。雷回雲紜紛相纏，重巒叠嶂翠活潑。饕餮十二獰狀伏，對之凜凜寒毛髮。細觀款識知乙公，營丘故物完無缺。當年尚父佐伐商，右把白旄左黄鉞。八百諸侯會孟津，蒼兕誓師何英烈。兵權奇計王者師，九鼎遷來衆庶悦。營丘就國夜衣行，五侯九伯得征代。百有餘年乙公立，萬壽尊鼎所由出。奇模古質非今侔，寳氣騰空走妖魃。不知何代出人門，流落風塵誰肯拂。傾囊購買喜不勝，珍重載歸忘飢渴。遍求博雅證篆銘，復乞多聞考真實。焦山古鼎世所尊，輕重雖殊質仿佛。可憐被攫鈐山堂，寳物曾爲老奸屈。曷若斯鼎璧無瑕，流傳塵世不復没。宗廟大器處山林，何异太公釣渭日。伊余何人敢寳藏，鎮日摩挲轉愁疾。我祖得氏自營丘，珠還合浦真奇絶。才疏力弱鼎難扛，勉强作詩慚惡劣。

周諸女尊歌

尊高一尺三寸，深一尺一寸，口徑一尺三寸五分，腹徑二尺六寸五分。重八十六兩，容二升八合。口内有銘曰『諸女舉尊彝』五字，考阮相國《積古齋鐘鼎彝器款識》，與張叔未之弟季勤所藏諸女尊器拓本款識相同，蓋周器也。戊申夏五月十七日，余得於維揚市上，載歸吴門，作歌紀之。

維揚得鼎喜欲顛，頓增氣色書畫船。誰知寶物聚所好，次日復得諸女尊。高尺三寸深尺一，口徑尺三餘五分。重則八十有六兩，兩耳相對如圓環。翠潑巖巒澤可鑒，渾堅樸素無雲紜。人言質樸商所尚，定爲周制何考焉。我聞諸女諸姬例，孌彼諸姬詩不云。夫人與媵有侄娣，侄娣即是諸姬倫。奉匜沃盥妾御職，酒食是議女所遵。尊彝酒器諸女作，考諸經傳知其源。尊用於世固已久，虞氏之泰夏后山。著與犧象商周別，總謂尊彝合而言。尊彝銘器古遜用，周伯寶卣銘亦然。卣亦銘尊彝。此尊銘爲諸女舉，酒正之職非其人。祠禴嘗烝各有器，此器用典缺無存。裸以禮神兼禮人，酌用於人亦於神。酌裸人神相通用，尊彝《周官》分後先。《周官·冪人》先尊，以尊尊而彝卑；《小宗伯》先彝，以言其用則先彝耳。諸女周尊何國始，茫茫人海誰知津。擬拓萬本散寰宇，遍徵博雅探根原。藏之名山傳不朽，當與壽鼎留乾坤。

嗜古堂銅斗詩二十三韵

嗜古者誰歟，精製此銅斗。入土幾何年，土花堅且厚。出土幾何代，潤澤如瓊玖。色赤比丹砂，雲紜同紫綬。上方下則殺，口徑六寸九。款識嗜古堂，不知出誰手。兩環已無存，尚具饕餮鈕。饕餮戒勿貪，不貪庶無咎。一斗詩百篇，仙才世罕有。汝陽情更奇，朝天三斗後。五斗方卓然，焦遂誰堪偶。伊余不善飲，酒興無出右。一杯玉山頹，三蕉何敢受。家無擔石儲，座滿金蘭友。客至羨東坡，斗酒藏之久。罄矣瓶空存，何用謀諸婦。呼童典鸘鷞，沽酒供戰拇。田宅敝屣捐，斗則長年守。時時置案頭，伴我忘我醜。既爲釣詩鈎，復作掃愁帚。吟詩以遣愁，仗斗釋重負。湖海遍論交，得一知己否。知我其斗乎，長依烟霞叟。

戊申秋七月廿四日，有骨董家持古銅一器欲易楊蕉隱所藏新羅山人畫軸，余適見銅器，愛不釋手，欲蕉隱以畫易器，以器惠余。左青峙刺史知之，大爲不然，説器是贋，謂畫是真，豈可以真易贋，寧以畫贈余，萬不可以畫易器。長篇累牘，怒髮冲冠，不平之鳴，强余聽從。余亦負氣不平，特覆長札，旗鼓相當，不肯退避。俄而蕉隱至寓，又與舌戰移時，氣不能下。佛家所謂貪瞋痴愛四病，一時皆爲我患，可勝浩嘆。旋取銅器細審體制，手摹款識，始知近代僞作，不足典貴，於是心平氣和，遂以器還蕉隱，心中不覺大快。噫，欲之害心，甚於毒蛇惡獸，使無内劍斬欲，何以能除煩惱，使無良友箴規，何以能知己過。由此觀之，物貴割捨，友貴直諒，其亶焉矣。因思此事與東坡以石易畫約略相同，遂用東坡韵作詩自嘲，以志吾過

我有乙公鼎，巖巒潑青緑。饕餮戒勿貪，尊嚴立三足。周身雷回文，彭亨撑豕腹。終日坐相對，心廣境不蹙。二尊亦著名，諸女尊、饕餮尊。相伴如樵牧。龍漏豈

不佳，銅龍滴水器、丞相府壺漏。

配鼎已嫌瀆。何來一贋物，碔砆充美玉。魚目誤認珠，貪愛禍所伏。舍旃急舍旃，不疑何須卜。蕉鹿本虛無，安用空争逐。人物寄塵寰，變遷同陵谷。外劍漫驅邪，内劍先斬欲。明鏡一開奩，鑒物無私曲。改過勿因循，知否日月速。

卷十七

先大夫雙谿草堂書畫録

婺源 齊學裘 子治

卷

王右丞精能山圖，絹本，有跋。

林偉乾《深慰帖》，紙本，兩跋。已刻入宋帖、明《停雲館帖》，又刻入《寶禊室帖》。

胡瓌醉番圖，絹本，一跋。

周文矩藍關圖，絹本，四題一跋。

趙伯駒支公相馬圖，絹本。

蘇文忠書《虎跑泉》詩，紙本，有跋。

蘇文忠書方干詩，小楷三千五百四十三字，紙本，有題跋。已刻入《寶禊室帖》。

蘇文忠《與謝民師書》，紙本，多跋。已刻。

米南宮書《魯公碑》陰，大楷，紙本，多跋。已刻入《寶禊室帖》。

米老題郭河陽山水長歌，絹本。

蘇文忠贈辨才五古，大楷書，紙本，有題跋。

米南宮書《崇國公墓志銘》，小楷，紙本，袁清容、鄧善之、柳東陽、揭宏、陳眉公跋。

米襄陽、朱晦翁詩札，合裝，紙本。已刻入《寶禊室帖》。

米老贈友七律二首，大行楷，絹本。

米南宮雲山圖，紙本。

黄文節書梵志詩五古長篇，絹本。已刻入《寶禊室帖》。

黄文節草書《蠟梅三咏》，絹本。已刻入《寶禊室帖》。

米元暉海岳庵圖，自跋。已刻。

張無垢書《黄庭經》，絹本，宋昌裔、胡布跋。

張才參書。

劉松年百忍圖，絹本，有跋。

龔翠巖群仙獻壽圖，絹本，有跋。

王齊翰勘書圖，絹本，宋元諸賢題跋。
李伯時列女圖，紙本，多跋。
李龍眠忠節圖，絹本。
李龍眠維摩示疾圖，紙本，多跋。
董北苑夏山圖，絹本，思翁三長跋。
夏禹玉江山叠嶂圖，紙本，多跋。
白玉蟾詩，行書，紙本。
宋人揭鉢圖，絹本，陰陽本書《寶積經》。
李希古行旅圖，張伯雨跋。
趙大年山水，絹本，趙松雪、翁驌跋。
趙松雪相馬圖并書《馬説》，絹本；又雙駿圖，後書《馬説》，紙本；又八駿圖，紙本。
趙文敏畫陶淵明故事圖，一段畫，一段書，紙本，多跋。
趙承旨書《過秦論》三篇，小楷，紙本，思翁跋。已刻入《寶楔室帖》。
趙松雪墨竹，紙本，自題，邵二泉、吴匏庵跋。

趙文敏書《授筆要説》，紙本，吴孟思、吴匏庵、沈石田、文徵仲、楊循吉、祝枝山跋。

黄子久溪山圖，紙本，元明人多跋，思翁長跋在後。

倪高士師子林圖，紙本，多題跋。

吴仲圭山水大卷，紙本，石田長跋，常師之。

吴仲圭山水中卷，紙本。

吴仲圭山水大卷，絹本。

吴仲圭墨竹，絹本，自題長跋，邵二泉、吴匏庵題。

王蒙設色山水，絹本，皴細如髮，多跋。

王蒙設色山水，絹本，皴法稍粗，陳玉方師跋。

王孟端松石，紙本，有跋。

王孟端山水，紙本，卷首王子裕、祝枝山、唐六如、文徵仲題。

王孟端墨竹，紙本。

趙千里水嬉圖，紙本。

趙千里仙山樓閣，絹本。

王叔明秋山圖，紙木。

任月山八駿圖，趙松雪書《天馬賦》，絹本。

沈石田臨梅道人山水大卷，紙本，自跋。

沈石田風溪逸訪圖，紙本，文待詔題七絶一首。

沈石田江南山水大卷，紙本。

沈石田山水四段卷，紙本；又山水大卷，紙本。

沈石田山水大卷，紙本，自題卷首，後大書七律一首。

沈石田花卉，紙本。

沈石田設色山水，紙本。

文待詔書陶靖節《飲酒》詩，絹本，項子京印幾滿。

文待詔書《前》《後赤壁賦》，紙本。

文待詔書《江南春》詞，紙本。

文待詔書《西山》詩，紙本。

文待詔書《西苑》詩十首，紙本。

文待詔設色山水，絹本，董思翁跋，高江村藏。

文待詔書《秋聲賦》，紙本。

文待詔雁山圖并書《雁山》詩，圖紙，書紙。

文待詔山水爲補庵作。

祝枝山草書，紙本。

祝枝山書《離騷》，絹本。

祝枝山書杜詩，紙本。

祝枝山書《醉仙》詩，紙本。

祝枝山《滕王閣序》，楷書，絹本。

周東村山水小卷，絹本。

唐六如人物，紙本；文衡山書《飲中八仙歌》。

唐六如赤壁圖，絹本；王雅宜《書賦》，筥江上跋。

唐六如逸晚亭圖，紙本。

唐六如湖山春曉圖大卷，絹本。

唐六如《落花》，紙本。

仇十洲竹林七賢圖，絹本。

仇十洲仿右丞輞川圖，絹本，徐東海、施鳳來、文休承跋。陳玉方師書右丞詩。已刻入《寶稧室帖》。

仇十洲青緑山水，絹本。

仇十洲緑野堂圖，絹本。

仇十洲漢宮春曉圖，絹本。

仇十洲九成宮長卷，絹本。

仇十洲金明池圖，紙本。

仇十洲樂志論圖，絹本。

文沈合璧，紙本。

董文敏草書王右丞詩，綾本，趙君實、陳玉方師跋。

董文敏臨《羲獻帖》，綾本。

董文敏書《逍遥谷記》及《獵騎》詩，綾本，沈繹堂跋。

董文敏臨蘇黃米蔡四家帖，綾本。

董文敏書《石林記》，綾本。

董文敏《雨窗論畫》，紙本，陳玉方師跋。

董文敏書《洞庭》二詩并臨楊少師帖，絹本。

董文敏大字佛偈，紙本。

董文敏臨懷素《自叙》，綾本；又一卷，綾本。

董文敏書《輪臺行》，綾本。

董文敏書《邯鄲少年行》，綾本。

董文敏書《醉僧》詩，紙本。

董文敏書《驄馬行》，綾本。

董文敏書崔子玉《座右銘》及《二硯銘》，綾本。

董文敏書《升天行》，綾本。

董文敏書《九辨》，紙本。

董文敏書王右丞詩，紙本。

董文敏書韋司直詩，紙本。

董文敏書《樓蘭》《穎上》二詩，絹本。

董文敏書《送王侍御》，紙本。

董文敏臨二王帖，紙本。

董文敏臨《蘭亭》詩，紙本。

董文敏臨《鶺鴒頌》，綾本。

董文敏書懷素《草書歌》，紙本。

董文敏書儲光羲詩，紙本。

董文敏雲山小卷，紙本，自題二詩。

董文敏青緑山水，絹本，陳眉公題詞；又山水，紙本。

董文敏仿山樵山水，絹本。

董文敏仿大痴山水，絹本。

董文敏金箋書靈光不昧大卷。

董文敏殘墨，紙本。

葉原静《九歌》圖，紙本，豐吏部、王子新書，顧東橋識，陳石亭、羅印岡跋。

商惟吉青緑山水，絹本。

商惟吉山水，紙本。

倪鴻寶臨《十七帖》，紙本，秦南沙釋文，王虛舟跋。

倪鴻寶草書大卷，紙本。

楊椒山書《雁山記》，紙本，汪遯翁跋。

楊椒山詩翰大卷，紙本。

趙文度設色山水，紙本，王虛舟題首，寒木居士金文鼎跋，後附孟端札、思翁跋。

程孟陽山水，紙本。

陳堯峰溪山積雪小卷，紙本。

陳眉公摘句詩，綾本。

徐天池溪山無盡圖，紙本。

海江峰行書大卷，紙本。

海江峰山水，紙本。

朱白民墨竹，紙本，自題長跋。已刻入《寶褉室帖》。
姜西溟《送鄭高州》詩，綾本。
姜西溟書《杏花》詩，汪退谷書唐人《竹》詩，合裝，紙本。
姜西溟楷書，紙本。
吴漁山白傅湓江圖，紙本，陳迪書《琵琶行》并跋。
陸包山翎毛，紙本；又花卉翎毛，紙本。
范石谷十札。
鄒衣白書畫，合裝，紙本，錢禹田、秦南沙跋。
董蓉仙儒龍書《蘭亭叙》，綾本。
沈繹堂臨《争坐帖》，紙本。
陳白陽菊花，紙本，自題。
陳白陽花卉，紙本；又花卉，紙本。
陳白陽詩翰，紙本。
王覺斯祭友文，紙本。

王覺斯草書，紙本。

王覺斯草書杜詩，紙本。

王百穀詩，紙本。

鄒小山梨花雙燕，絹本。

鄒小山、錢竹初山水，合裝，紙本。

宋射陵詩，綾本。

楊龍友墨蘭，紙本。

戴文進山水，絹本。

藍田叔仿子久山水，紙本。

藍田叔仿大痴富春山圖，紙本。

江左山水，紙本，董跋。

王廉州溪山無盡圖，紙本。

王廉州仿燕文貴山水，紙本。

王廉州仿山樵山水，繭紙本。

王廉州山水小卷，紙本。
王廉州仿巨然山水，紙本。
王石谷金山圖，紙本。
王石谷平林遠岫，紙本。
王石谷仿子久山水，紙本。
王石谷臨石田古松本卷，紙本。
王石谷青緑山水，紙本。
王石谷長江無盡圖，紙本。
王石谷仿燕文貴山水，紙本。
王麓臺仿山樵山水，紙本。
王麓臺仿子久富春山圖，紙本。
王麓臺仿巨然山水，紙本。
王烟客山水大卷，紙本。
李日華枯木竹石，絹本。

孫樹峰行書，紙本。

歸文休書陶靖節詩，紙本。

居士貞雪景，紙本。

居士貞桃源圖，紙本，朱之蕃書記并題卷首。

文五峰鬥茶圖，紙本。

文五峰山水，紙本。

王雅宜《五憶》詩，紙本。

文門諸君子《吴越勝游》詩，綾本。

馬江香古器圖，絹本。

惲南田桃花山鳥，絹本。

惲南田梅花，紙本。

惲南田三花圖，絹本；文待詔三花七律三首。已刻入《寶褉室帖》。

惲南田百花圖，絹本。

惲南田牡丹長卷，紙本。

惲南田一竹圖，紙本。
惲冰花卉，絹本。
徐鄰哉臨《樂毅論》，紙本。
陳經野柱花果，紙本。
宋石門余山付法，紙本。
宋人盧鴻草堂十景，紙本，多題跋。
九龍山人偃石幽棲圖，紙本。
陳白沙詩翰，紙本。
程松圓九峰三泖圖，紙本。
黄石齋書《孝經》，小楷，紙本。
黄石齋詩翰大卷，紙本。
周之冕花卉，紙本。
朱虎袖珍山水，紙本。
孫漢陽牡丹，絹本，思翁題。

吴墨井雲山圖，紙本。

張文敏臨米書，紙本。

張得天臨董書，紙本。

張得天臨《樂毅論》，紙本。已刻入《寳褉室帖》。

劉相國真行草書冷金箋。已刻入《寳褉室帖》。

丁南羽羅漢十八尊，紙本。

丁南羽蘭亭圖，紙本。

莫廷韓楷書，紙本。

郭河陽山水，絹本。

文從簡無量壽佛，紙本。

陳琳岳陽樓圖，絹本。

錢叔寳山水，紙本。

陳子正花卉，絹本。

陳居中聖迹，絹本。

曹雲西湘江清隱，紙本。
國初諸老贈錢礎日壽序壽詩，紙本。
汪浣雲侍御梅麓圖，絹本，名公題詩甚多。
汪左泉春暉圖，紙本，先大夫自題五古一首，名公題詩甚多。
陳遵畫谿垂釣圖，紙本，胡芑香寫照，題詩甚多。
許定生女弟子梅花居士第二圖，絹本，時賢題詩填詞甚多。
無名氏壽録，絹本。
墨皇定武《蘭亭》。已摹刻《寶褉室帖》。
宋拓定武《蘭亭》，文待詔臨《蘭亭》附後。
宋拓定武《蘭亭》五字未損本，兩卷。
宋拓《玉板十三行》。已刻入《寶褉室帖》。

册

蘇文忠詩，紙本，『草没河堤雨暗村』七律一首。

米南宮書挽詞，小楷，紙本，董思翁臨本附。已刻入《寶禊室帖》。

黄筌《牡丹譜》兩册，絹本。

宋元集錦，十六幀，絹本。

宋元團扇，十二幀，絹本。

黄鶴山樵仿古山水，十幀，紙本，思翁題。已刻入《寶禊室帖》。

吴雲壑書《歸去來辭》，紙本，思翁跋。已刻入《寶禊室帖》。

趙文敏書《谷仙賦》，紙本。已刻入《寶禊室帖》。

趙文敏書《樂志論》，紙本。已刻入《寶禊室帖》。

趙文敏《心經》，小楷，紙本。已刻入《寶禊室帖》。

趙文敏書《不自弃文》，紙本。

元人宋仲温《送陸君序》，紙本。已刻入《寶禊室帖》。

沈石田山水，十二幀，紙本。

文待詔書《阿房宫賦》，紙本。

文待詔小楷《千文》，紙本，六十七歲書。

文待詔《千文》，紙本，八十七歲書。

文待詔青緑山水，大册，金箋，自題，十幀。

文待詔梅花，十二幀，絹本。

文待詔山水，紙本。

祝枝山楷書，紙本。

仇十洲山水人物，大册，十幀，絹本，有跋。

董文敏臨閣帖，十册，紙本。

董文敏自書告身，小楷，兩册，紙本。

董文敏書《千文》，紙本，七年寫成，自跋。

董文敏臨《右軍帖》，紙本。

董文敏書太白詩，行書，綾本。

董文敏書《沈太安人傳》，紙本，陳眉公撰，陸稼書補寫缺文。

董文敏書七律詩册，紙本。

董文敏詩册，紙本。

董文敏書蘇詩，紙本。

董文敏書宋人小詞，紙本。

董文敏山水二册。紙本、絹本。

董文敏唐賢詩意山水，十幀，紙本，王夢樓對題。

董文敏山水，七幀，紙本。

董文敏紀游山水，二十幀，絹本。

董文敏山水，八幀，横册，絹本。

董文敏没骨山水，十幀，紙本。

董文敏書畫合册，金箋。

董文敏書畫合册，紙本。

文徵仲赤壁圖并書《賦》，紙本。

文震孟分書《千文》，紙本。

文彭年書，紙本。

高忠憲《日録》兩册，紙本。

楊太史山水，絹本，思翁評，覺斯題。
明人山水，八幀，紙本。
明人雪景，十二幀，紙本。
姜西溟行書，紙本。
姜西溟楷書，紙本。
吴漁山設色山水，十二幀，絹本。
吴漁山設色仿古山水，小册，十幀，紙本。
吴漁山山水，十二幀，絹本。
吴漁山山水，十幀，紙本。
蕭尺木天下名山圖兩大册，絹本。
王元照設色山水，絹本。
楊誠齋詩册，絹本。
王百穀詩册，紙本。
王百穀游燕詩，紙本。

陳白陽花卉，小册，紙本。

陳白陽墨花，八幀，自題，紙本。

陳白陽設色花卉，十二幀，自跋，紙本。

陸包山山水，紙本。

王廉州山水，二十幀，巨册，紙本。

王石谷仿古山水，十二幀，大册，南田題，紙本。

王石谷山水，中册，紙本。

王石谷金碧樓臺山水，小册，絹本。

王石谷山水扇面，二册。

王石谷山水，十二幀，紙本。

王烟客山水，十二幀，紙本，國初諸老對題。

王烟客山水，十二幀，紙本。

王烟客手札，紙本。

惲南田山水，横幅，十二幀，紙本。

惲南田花卉，自題三跋，絹本。
惲南田翎毛花果，紙本。
惲南田山水，十二幀，絹本。
惲南田集錦。
惲南田山水花竹扇面，二册。
惲南田題畫詩款識尺素册，共五册，有絹有紙。
惲王山水合璧，紙本。
王良常楷書，紙本。
沈荃臨《聖教序》，紙本。
張得天臨褚河南《枯樹賦》，紙本，自跋。
王忘庵花卉，紙本。
王忘庵墨花，十二幀，紙本。
馬元馭花卉，紙本。
陳章侯梅花，八幀，絹本。

陳章侯花鳥，絹本。

金冬心花卉大册，紙本。

尤求仕女，十二幀，絹本。

嚴青梧仕女，十二幀，絹本。

邊景昭花鳥，絹本。

唐黄門《使廣紀行》上下二册，紙本。

俞紫芝《春宴桃李園序》册，紙本。

董易林《枯樹賦》，紙本。

王雅宜《離騷》，紙本。

王雅宜詩册，紙本。

大滌子詩畫大册，紙本。

王虚舟篆字《千文》，紙本。

王虚舟臨米楷書，紙本。

唐荆川《送行》詩册，紙本。

邵二泉詩册，紙本。已刻入《寶禊室帖》。
孫文介詩翰，紙本。
沈繹堂《枯樹賦》，紙本。
陳老蓮九歌圖，紙本。
丁南羽山水，十幀，絹本。
丁南羽菩薩，十六幀，絹本。
丁南羽羅漢，十八幀，紙本。
秦雪坡仕女，八幀，紙本。
元陳基書册，紙本。
姚雲東《三仙傳》，紙本。
汪退谷《洛神賦》，紙本。
沈朗倩山水，十二幀，紙本。
黄尊古山水，八幀，紙本。
彭瑶池詩翰，紙本。

嚴秋水尺牘，紙本。

范長倩書《許秘書園記》，紙本。

董、薛行書合册，紙本。

王文成尺牘，紙本。

秦嚴手札，紙本。

徐淡常手札，紙本。

陳杲手札，紙本。

明賢説帖，紙本。

國朝諸家行書，勵廷儀、張廷玉、趙熊詔、陳邦彦、王圓炳，紙本。

三朝名人畫册，十二幀，有紙有絹。

名人扇面，八册。

蔣拙存《寶界山房記》，紙本。已刻入《寶褉室帖》。

王、蔣諸家翰墨。

周渤海行書，紙本。

汪文和《心經》，紙本。

高章之指頭畫，紙本，陳邦彥題。

孫樹峰詩翰，紙本。

曾傳書《黃庭經》，紙本，謝淞洲摹老子象，王夢樓跋。

宋明之、沈青門合册，紙本。

趙七觀説帖。

文嘉山水，紙本。

王夢樓快雨堂臨書，紙本。

文休承山水，十二幀，絹本。

吕四明花鳥，八幀，絹本。

吴湘湄人物花卉合册，紙本。

錢稼軒花卉，紙本。

黄秋士摹蒲團小象，紙本，時賢題詩已勒石。

宋拓鍾繇荐關内侯李直表。

宋拓十七帖，二册。

宋拓《曹娥碑》。

北宋隔麻拓本右軍《黄庭内景經》。

宋拓《黄庭經》。

宋拓《樂毅論》。

宋拓《聖教序》全本，又元拓《聖教序》。

宋拓《聖教序》，缺《心經》，有名人跋。

宋拓閣帖魏晋十五種。

宋拓閣帖王羲之書，一册。

宋拓鼎帖，一册。

宋拓東方曼倩《畫贊》。

宋拓《廟堂碑》，又宋本《廟堂碑》。

宋拓《争坐位帖》。

宋初拓《祭侄帖》。

宋拓柳懸誠《大達法師碑》。
宋拓《姚公墓志銘》。
宋拓智永真草《千文》。
宋拓智永臨右軍《誓墓帖》。
宋拓《安西帖》《禊帖》三種，石庵跋。
宋拓《雲麾碑》。
秦板《九成宫》。
各種《蘭亭》册。
舊拓《星鳳樓帖》，十册。
《三希堂帖》，全。
《寄暢園帖》，全。
《戲鴻堂》，十六册。
初拓《天冠山》。
潁上二帖。

卷十八

婺源 齊學裘 子治

先大夫雙谿草堂書畫録

軸

關仝山水，大軸，紙本。
荊浩山水，大軸，紙本。
宣和御筆漁隱，大軸。
文同墨竹，大軸。
蘇東坡墨竹，大軸。
宋人得爵圖，又刻絲梅花寒雀圖，又無款宋人山水。
郭河陽關山雪霽圖，絹本，思翁題邊。
郭河陽山水。

吴雲壑雲山圖，紙本。

御題黄子久山水。

黄子久江山秋色。

黄子久陽明洞天圖，紙本，思翁兩題邊。

黄子久秋山高隱圖，沈度題。

黄子久洞天春曉，紙本。

黄子久設色山水，紙本，小幅。

倪雲林野高静對圖，紙本，小景，兩幅。

倪雲林高柯竹石，紙本，王烟客鑒定。

倪雲林山水，宋昌裔、楊士奇題。

王叔明稚川移居圖，紙本。

王叔明小景設色山水，紙本。

王叔明煮茶圖，紙本，兩幅。

王叔明山水，紙本，小景。

王叔明琴鶴軒圖，紙本。

王叔明墨竹。

趙文敏大字，大幅，絹本。已刻入《寶禊室帖》。

趙文敏書杜陵詩，絹本，何屺瞻、汪退谷題邊。

趙文敏書小詞，絹本。

趙文敏大行書，又小行書。

趙文敏行書。

趙文敏綺里季圖。

趙文敏枯木。

趙文敏人物。

趙仲穆雙松逸韵。

趙仲穆雙松高士，紙本，小景。

趙仲穆松亭坐眺。

吴仲圭柳溪仙艇，絹本。

吴仲圭山水。

吴仲圭醉學士圖。

吴仲圭蘭竹。

吴仲圭山水、顧問字合裝。

崔白笋雀，絹本，趙文敏題跋。

阿爾稗虎，絹本。

杜檉居伏生授經圖，絹本。

元人鵓鴿，絹本；又撲蝶圖。

馬文璧山水，紙本。

馬文璧溪山漁艇，紙本。

高房山墨竹，紙本，趙文敏題。

趙善長荆門道士圖，紙本。

方方壺雲山，紙本。

徐幼文山水，兩幅，紙本。

徐幼文陽山大石，紙本。
徐幼文秋山觀瀑。
徐幼文山水，鄭思題。
王孟端古木幽篁，紙本，四題。
王孟端仿雲林枯木竹石，紙本。
王孟端山水，紙本，石田題；又山水，紙本。
夏仲昭高梧修竹，紙本，陳蒙題；又墨竹，絹本。
夏仲昭瀟湘風雨。
夏仲昭古木修篁。
夏太常墨竹，紙本；又竹菊，紙本。
沈石田贈古誠齋詩畫，紙本，自題五古。
沈石田贈應和淡墨山水，紙本，長題。
沈石田竹堂看梅圖，紙本，自題七古。
沈石田臨大痴山水，紙本；又秋山，紙本。

沈石田寫蕉圖，絹本，自題七絶。

沈石田溪居秋色圖，絹本，少作。

沈石田枇杷，紙本。

沈石田仿山樵小景，紙本。

沈石田三星，紙本。

沈石田松鶴，紙本。

沈石田雪景，大幅。

沈石田白雲伴侣。

沈石田松間曳杖。

沈石田扁舟五湖。

沈石田仿山樵小景，紙闊一尺。

沈石田松石圖，大幅，紙本。

沈石田柳溪琴侣圖，設色山水，紙本。

沈石田小軒秋色。

沈石田麻姑。

沈石田桐陰高士。

文待詔林陰移艇圖，紙本，自題五絶。

文待詔菊社分題圖，紙本，自録七排。

文待詔雪景，絹本，自題七絶。

文待詔玉蘭圖，紙本，自題七律二首。

文待詔設色山水，大幅，絹本。

文待詔溪橋伫立圖，小景，紙本。

文待詔玉蘭。

文待詔小像。

文待詔桃花白燕，文門諸子題。

文待詔墨竹。

文待詔移艇看泉。

文待詔落花圖，王雅宜題。

文待詔雪棧。

文待詔雪景。

文待詔天遠臺高圖。

文待詔嘯志中林。

文待詔山水，少作。

御題文待詔金山圖，紙本。

文待詔青緑山木。

文待詔雪崖圖；又雪景，大幅。

文待詔蓮社圖。

文待詔山水，兩幅。

文待詔行書。

文待詔金書五岳真形圖。

文待詔山水，款書文璧。

文待詔墨蘭。

文待詔山水，自題。
文待詔茗林書卷。
祝京兆草書，董題。
周東村山水，紙本。
唐六如墨菊，大幅，紙本，自題七絶。
唐六如墨菊，小幅，紙本，自題五絶，何義門題二十八字。
唐六如仿李營丘枯李蒼松，紙本。
唐六如杖藜扶醉圖，紙本，自題七絶。
唐六如東坡笠屐圖，紙本，自題五古。
唐六如設色山水，大幅，絹本，無款，鄒鍔題出。
唐六如山家會琴圖，大幅，絹本。
唐六如笠屐圖。
唐六如菊花壽意。
唐六如美人。

唐六如仿劉松年。

唐六如對月鳴琴。

唐六如多子圖。

唐六如山水，兩軸。

唐六如林處士圖。

唐六如蘆雁，紙本。

唐六如松溪釣艇。

唐六如山水，紙本。

唐六如龍山菊宴，大堂。

仇十洲獨樂園圖。

仇十洲文玉圖，紙本。

仇十洲松亭高士圖，絹本，小景。

仇十洲荷亭秋思圖，絹本，小景，文待詔書《荷花》詩六首。

仇十洲嬰戲圖。

仇十洲竹鶴雙清。

仇十洲文昌。

仇十洲蓬萊仙侣。

仇十洲漢宫春曉，大幅。

仇十洲淵明像，文待詔書《歸去來辭》。

仇十洲秋景，絹本，文待詔題。

仇十洲金明池水嬉，絹本。

仇十洲西園雅集圖，吴世語書記。

仇十洲山水。

仇十洲壽意。

仇十洲納凉圖，大堂。

仇十洲人物。

仇十洲羅漢，文三橋書《心經》。

仇十洲真妃出游圖。

仇十洲仕女。

李成盤車圖，紙本，梁蕉林鑒定。

董文敏節臨《送劉太冲序》，大字，紙本。

董文敏書《藥奩銘》，紙本。

董文敏書太白《懷素草書歌》，紙本。

董文敏書《麥餅宴》詩，紙本。

董文敏書『歸去來、重整舊生涯』詞，紙本。

董文敏書《古硯》詩，紙本。

董文敏書六言絶句，大字，絹本。

董文敏書《影畫》詩，大字，綾本。

董文敏書五言絶句，綾本。

董文敏書《懷素草書歌》。

董文敏書元人詞。

董文敏書杜詩五古一首，楷字。已刻入《寶禊室帖》。

董文敏行書，四軸。
董文敏書石田詩。
董文敏仿北苑夏木垂陰，紙本。
董文敏仿松雪林塘晚歸，絹本，録松雪詩。
董文敏溪迴路轉圖，紙本。
董文敏寫權文公詩意圖并録文公詩，紙本。
董文敏紅樹青山圖，紙本，自書論畫一段。
董文敏設色山水，小景，紙本。
董文敏山郭幽居圖。
董文敏華山秋色圖。
董文敏設色溪迴路轉圖。
董文敏松亭石壁圖。
董文敏山水，泊舟鴛湖作。
董文敏寫唐人詩意水流雲在圖，絹本。

董文敏寒山流水，紙本。

董文敏山水，二軸。

董文敏雲林詩意。

董文敏平沙落雁，自題。

董文敏喬木清泉。

董文敏寫右丞詩意設色山水。

董文敏海鶴。

董文敏山水壽意。

董文敏仿倪雲林山水。

董文敏山水千秋釣艑。

董文敏行書冰泮寒塘。

董文敏字秋水，畫扇面。

陳眉公山水，大幅。

陳眉公桐陰高士。

陳眉公行書。

陳眉公秋山池館。

文休承爲項墨林五十四壽圖，紙本，皇甫汸長歌，休承書又記。

文休承仿米家山，紙本，自題七絶。

文休承石湖圖。

趙文度溪山深秀，紙本，思翁題。

趙文度山水。

趙千里秋巖游騎。

周之冕梅花水仙。

周之冕梅花寒雀。

周之冕梅花。

嚴秋水麻姑。

嚴秋水山水。

嚴青梧昭君。

徐天池荷花。

陳白陽蘭竹，紙本，自題五絶。

陳白陽荷花，大幅，紙本。

陳白陽行書。

陳白陽墨牡丹，自題。

倪鴻寶仿雲林山水，紙本。

倪鴻寶行書，紙本。

倪鴻寶山水。

黄石齋書《洗心詩》，綾本。

黄石齋山水。

王烟客仿北苑山水，紙本，思翁題。

王烟客仿梅道人山水，紙本。

王烟客小象。

王烟客山水。

王烟客青緑山水。

王烟客醉墨山水。

王烟客仿子久秋山圖。

王烟客八分。

王烟客仿山樵山水。

王麓臺仿大痴山水。

王麓臺仿雲林山水，紙本。

王麓臺山水，陳眉公題。

王麓臺仿大痴浮嵐暖翠圖，絹。

王麓臺夏山欲雨。

王麓臺仿子久山水。

王石谷仿山樵玉山草堂圖，絹本。

王石谷仿趙大年山水紙本。

王石谷仿子久山水，絹本。

王石谷仿王叔明山水，絹本。

王石谷臨思翁仿子久山水，紙本，録原詩。

王石谷仿大痴浮嵐暖翠，絹本，南田題五古。

王石谷竹外桃花詩意，絹本。

王石谷萬壑争流，絹本。

王石谷仿六如秋山讀書圖，紙本。

王石谷蘇堤春曉，紙本。

王石谷六如山水，紙本。

王石谷仿右丞寒山積雪圖，大堂，紙本。

王石谷仿山樵小景，紙本；石谷畫未竟，楊子鶴足成。

王石谷水複圖。

王石谷山水，笪題。

王石谷仿趙大年山水。

王石谷春山飛瀑，南田題。

王石谷仿徽廟寒塘瀲灩，絹本。
王石谷仿巨然山水。
王石谷仿右丞山莊雪靄圖，絹本。
王石谷仙巖積翠圖。
王石谷山静日長圖。
王石谷横雲流水。
王石谷山莊雪靄，小景。
王石谷青緑山水。
王石谷仿大痴青緑山水。
王石谷春耕圖。
王石谷溪林秋霽。
王石谷仿趙大年烟柳圖。
王石谷寫唐六如詩意，惲南田題，紙本。
惲南田仿子久山水，紙本，録原詩并跋。

惲南田仿趙善長高巖飛瀑，紙本，大幅。

惲南田仿梅沙彌高柯修竹圖，絹本。

惲南田仿子久秋山圖，絹本。

惲南田仿雲林長林邃谷圖，綾本。

惲南田臨松雪花溪漁隱圖，絹本，録元詩并跋。

惲南田梅花鸜鵒，絹本，自題七古。

惲南田牡丹，絹本，兩幅。

惲南田雪景，絹本；又仿宋許道寧雪景。

惲南田臨陳惟允游子吟圖，絹本，録東野詩并跋。

惲南田仿倪山水。

惲南田壽元圖。

惲南田九芝。

惲南田作霖圖。

惲南田桃花游魚。

惲南田鳳仙。
惲南田竹石。
惲南田秋池閑賞。
惲南田喬柯修竹。
惲南田花卉，小立軸，十二幅。
吴漁山梅天所作山水，紙本。
吴漁山蓬萊非遠圖。
吴漁山柏臺春曉。
吴漁山墨竹。
吴漁山瑶臺宴歸圖。
王百穀半偈庵圖，紙本，周時臣寫照，錢叔寶補圖，文休承添竹三枝。
王百穀小象。
王百穀行書。
徐俟齋喬松書屋圖，紙本。

徐俟齋仿北苑山水，紙本；又山水，紙本。

徐俟齋高松書屋。

徐俟齋、王忘庵合裝。

錢叔寶虎丘圖，紙本，袁福徵題五古。

錢叔寶山水，紙本。

錢叔寶春山游騎。

錢叔寶壽星。

王元照仿北苑山水，紙本，笪重光、方亨咸題。

王元照小像。

王元照行書。

馬遠山水，絹本。

馬遠放鶴圖。

錢舜舉山水，絹本。

錢舜舉春游圖。

錢舜舉鍾馗。

盛子昭山水，絹本。

盛子昭金谷圖，大幅。

盛子昭山水。

謝葵丘山水，絹本；贈杜用嘉草堂圖，自題七律。

謝葵丘山水，二幅。

尤子求漁樂圖，絹本。

尤鳳丘維摩傳燈圖。

尤鳳丘漁樂圖。

尤鳳丘金帶圍圖，絹本。

尤鳳丘西園雅集圖、祝枝山詩合裝。

謝時臣林亭清逸，絹本。

謝時臣雪景。

謝時臣松陰釣艇圖。

謝時臣疏林落木圖。

謝樗仙林亭清逸。

倪文貞仿石田山水，紙本。

王雅宜書《夜宴》詩，紙本。

王雅宜行書。

王覺斯行書，二幅，綾本。

王覺斯行書，長幅；又草書。

花溪老人山水，綾本。

花溪老人山水。

藍田叔仿倪山水，紙本，二幅。

藍田叔山水，紙本。

藍田叔雪景，大堂。

藍田叔山水，大堂。

吴梅村山水，紙本，二幅。

金冬心太白圖，紙本，自題。

張文敏臨右軍《蜀中山川帖》，紙本。

張得天行書，三幅。

張得天草書。

張得天臨帖，真書。

祁止祥仿北苑山水，絹本。

陳沱江梅花雙雀，紙本，大堂。

丁南羽松間讀書圖，紙本。

丁南羽三教圖。

丁南羽山水；又山水，大堂；又山水，大幅。

丁南羽松鷹，大幅。

丁南羽無量壽佛。

文五峰春山伴侶，小景，紙本，居士貞題。

文五峰藍關圖。

文五峰秋溪漁隱圖。
文五峰山水。
文五峰青緑山水。
邢子愿枯木竹石，紙本。
邢子愿仕女。
李長蘅山水，紙本。
李長蘅山水。
宋毛存墨竹。
吴文中大士像。
王齊翰鶯粟。
劉松年蓬萊仙境。
吴小仙人物。
吴小仙落鋤圖。
陳老蓮關雎圖。

陳老蓮西園雅集圖，大幅。
陳老蓮觀音。
陳老蓮松陰高士圖。
陳老蓮蕉石。
陳老蓮人物。
陳老蓮人物，瓶插紅葉。
陳老蓮右軍書扇圖。
陳老蓮仕女，二幅。
劉完庵山水。
鄒小山松鶴圖。
鄒小山梅花雙喜。
鄒小山芝仙祝壽。
鄒小山山水，又扇面。
鄒小山玉堂富貴圖。

孫衢花鳥，大幅。
沈峰山水。
陸包山得子圖。
陸包山水仙。
陸包山白頭三友。
陸包山牡丹孔雀，大幅。
陸包山雪景。
陸包山江南春色。
陸包山蘆花，黄姬水題。
王振鵬仙山樓閣。
李成寒浦歸帆。
王孤雲仙山樓閣。
孫雪居花卉。
孫雪居釣雪圖。

孫雪居茄。

黄荃荷花。

張君度掉艇觀泉。

張君度山水。

張君度燕子磯圖。

王忘庵杏花。

王忘庵桃花鸜鵒。

王忘庵牡丹，徐俟齋題。

邊景昭封侯圖。

張子正梅花。

王若水高冠圖。

王若水三思圖。

王若水蜀葵雙鴿。

王若水薔薇蘭竹。

松壺報喜圖。

高章之福禄綿長。

趙仲光蘭花。

項聖謨山水。

郭天錫松鶴，大幅。

達山扶桑出日圖，大幅。

王穀祥百齡圖，大幅。

沈朗倩山居圖。

沈朗倩松風暗澗。

張元春瑶池玉洞，大幅。

張元春山市晴嵐，金箋。

張元春聽泉圖。

張元春山水，長幅。

張元春青緑山水。

姚雲東皇華圖，紙本。
孫吴花鳥。
吴彬觀音。
曾鯨文昌。
宋石門桃源圖，又仿摩詰山水。
石濤梅花高士。
石濤竹菊。
石濤竹石。
石濤一甲連登。
鄒衣白青緑山水。
范芷庵菊花。
趙文淑花卉。
杜陵内史佛象，陸子傳書《心經》。
杜陵内史仕女。

呂四明四時賦色花卉，四大軸。

黄太松松鶴。

關九思鍾進士。

薛宣仿松雪山水。

戴清之大士像，董思翁題七絶一首。已刻石，送焦山定慧寺方丈收藏。

田公賦山水，王季重思任題〔一〕。

陸竹隱宜男多子圖。

王琨荷花。

鄭以寧蘭竹。

晴川、石谷小景合裝。

程孟陽山水。

高江村花卉。

〔一〕季，原誤作『李』。

顧昉松鶴。

蕭晨探梅圖。

蔣南沙和合圖。

蔣南沙花卉。

蔣南沙荷花翠鳥。

蔣南沙花鳥。

姜西溟楷書。

姜西溟行書，三軸。

新羅山人書眉紅葉。

吴匏庵詩。

蔣拙存楷書。

道廣春林携杖。

禹慎齋鍾馗。

鄒春谷花卉。

余秋亭花鳥。
王虛舟行書。
周公瑕行書。
姚姬傳行書。
目存山水。
目存歲朝圖。
目存霄漢春靄。
陳遵花卉。
蕭尺木山水。
劉原起山水，大堂。
朱翊濂行書。
楊子鶴歲寒三友，又山水。
高桀亭行書。
卞文瑜山水，二軸。

張宗蒼山水。

何義門行書。

陳虎文、高其佩扇面合裝。

高其佩指畫木公金母，兩大軸。

沈繹堂行書。

高澹游歲寒圖。

高澹游山水。

李杭之山水。

金壽峰菊花。

梁山舟行書，二軸。

元王繹敬姜教子圖。

李柰花卉，明諸家題。

沈密花鳥。

八大山人蕉石。

八大山人荷花。

李通甫仿山樵山水。

馬元馭花鳥。

張鳳翼行書，二軸。

笪江上行書。

笪江上、嚴頣隱書畫合裝。

文三橋行書。

文震孟行書。

王綦山水。

楊西亭足成石谷山水。

陳書花卉。

姜實節山水。

陳子正花鳥。

程青溪山水。

笠山赤壁圖。

查梅壑梅花。

王西室歲朝如意圖。

顧禹功蕉窗試茗。

凌約庵花鳥。

張魯唯字、董思翁畫合裝。

馬玉峰竹雀。

達摩渡江圖，無款，宋人筆。

明雪江仿雀青蚓寒鴉古木。

沈士充載菊圖。

沈士充松巖封翠。

林存義龍虎，二軸。

沈允治欹器圖。

金俊明梅花。

吴山濤行書。
孫樹峰行書。
王夢樓行書。
南蘭狎鷗畫鷄。
陳奕禧行書。
談志伊花。
陳率祖荷花鱖魚。
袁逵鍾進士。
董東山松石。
冒辟疆行書。
查二瞻寒林。
劉石庵行書。
汪之瑞溪山。

卷十九

先大夫雙溪草堂書畫録

婺源　齊學裘　子治

總　目

蚓字匣：沈石田江南山水，大卷。
秋字匣：朱晦翁，大卷。
蛇字匣：李龍眠，大卷。
共字匣：沈石田、唐六如山水，大卷。
一字匣：蕭尺木山水，二巨册。
奩字匣：王石谷山水，大册。
君字匣：王叔明山水，大册，十幀；仇十洲人物，大册，十幀。
家字匣：王元章梅花卷，王石谷大松卷。
兩字匣：李成盤車圖軸。
行字匣：王石谷山水，巨軸。
十字匣：郭河陽山水，巨軸。
三字匣：元四家山水，大軸。
字字匣：同。
氣字匣：名人扇面，八册。

壓字匣：惲、王扇面，四册。
鄴字匣：名人書畫扇，二十柄。
侯字匣：歷代書畫軸，十六件。
三字匣：同。
萬字匣：歷代書畫大軸，十二件。
籤字匣：歷代書畫小軸，四十件。

家字匣

唐王右丞精能山圖，卷。
唐林藻《深慰帖》，卷。
宋蘇文忠書方玄英詩，卷。
宋黄山谷書梵志詩，卷。
米虎兒海岳庵圖，卷。
墨皇定武《蘭亭》，卷。

米南宫書《崇國公墓志銘》，卷。

黄山谷草書《臘梅三咏》，卷。

夏禹玉山水，卷。

元吴仲圭山水，卷。

錢舜舉竹林七賢，卷。

明沈石田設色花卉，卷。

楊椒山書《雁山記》，卷。

陳白陽花卉，卷。

陸包山翎毛，卷。

吴漁山雲山，卷。

仇十洲輞川圖，卷。

惲南田三花，卷。

鷄字匣

東坡《與謝民師書》，卷。

白玉蟾詩札，卷。

劉松年百忍圖，卷。

趙文敏《過秦論》三篇，小楷書，卷。

宋王齊翰勘書圖，卷。

張無垢書《黄庭》，卷。

周文槼藍關圖，卷。

唐胡瓌醉番圖，卷。

米襄陽雲山，卷。

米漫仕、朱文公合裝，卷。

黄大痴山水，卷。

倪高士獅子林圖，卷。

王孟端松石，卷。

文衡山蓉江圖，卷。

唐子畏逸晚亭圖，卷。

仇十洲獨樂園，卷。

吳漁山《琵琶行》圖，卷。

王司農富春圖，卷。

野字匣

王孟端墨竹，卷。

沈石田風溪遠訪圖，卷。

祝枝山杜詩，卷。

宋拓顏魯公《論坐帖》，卷。

文待詔《秋聲賦》，册。

趙文敏書《不自弃文》，册。

王石谷仿古，十二幀，册。

陳白陽花卉，册。
吴漁山仿古，十幀，册。
董文敏書金丹四百字，小楷，册。
董文敏四字，楹帖。
董文敏七言，楹帖。
文衡山七言，楹帖。

鶩字匣

董文敏雲山圖，小卷。
董文敏青緑山水，卷。
董文敏殘墨，卷。
商惟吉山水，卷。
程松圓九峰三泖圖，卷。
莫廷韓楷書，卷。

王文成《論格致書》，册。

王雅宜小楷《離騷》，册。

姚雲東《三仙傳》，册。

宋張才彦書，册。

趙文敏小楷《心經》，册。

宋拓《姚公墓志銘》，册。

同字匣

董文敏臨閣帖，十册。

登字匣

董文敏臨二王帖，卷。

董文敏臨《蘭亭》詩，卷。

董文敏臨《枯樹賦》，卷。

董文敏臨宋四家，卷。

董文敏臨懷素自叙，卷。

董文敏書《懷素草書歌》，卷。

董文敏書儲光羲，卷。

董文敏書《洞庭》二詩，卷。

董文敏《升天行》，卷。

董文敏《邯鄲少年行》，卷。

董文敏《九辨》，卷。

董文敏王右丞詩，卷。

董文敏《輪臺行》，卷。

董文敏韋司直詩，卷。

董文敏《石林記》，卷。

董文敏《逍遥谷記》，卷。

董文敏《樓蘭》《潁上》二詩，卷。

董文敏《送王侍御》詩，卷。

董文敏《雨窗論畫》卷，陳玉方先生跋。

董文敏臨《鶺鴒頌》，卷。

俎字匣

董文敏自書告身，小楷，册，二本。

董文敏書太白詩，册。

董文敏小楷《千字文》，册。

董文敏臨《王右軍帖》，册。

董文敏詩翰，册。

董文敏書《沈太安人傳》〔二〕，册，陳眉公撰，陸稼書補書缺文。

董文敏書畫合册。

〔二〕沈，原作『□』，據卷十七補。

董文敏書畫合册，金箋。

董文敏没骨山水，册。

王右丞精能山圖，絹本。高七寸九分，長三寸有零。董文敏跋於隔水上，何吾騶跋，王虚舟跋并題籤。是卷以重價得於吴門。

林偉乾《深慰帖》，紙本。高七寸八分，長一尺四寸七分。本身二百三十字，唐林藻書。藻字偉乾，莆田人。父披，弟藴，并名當世。披爲華陽郡守，有子九人，世所稱九牧林氏者也。藻貞元進士，嘗試《珠還合浦賦》，人謂之神助。官至嶺南節度副使。有書名，而傳世甚鮮，宋《宣和書譜》所載惟此而已。今唐帖如歐虞顔柳，世所盛傳者，皆不復多見，况其餘乎？此帖僅一紙，歷數十紀而不失，可謂難矣。藏者永寳之。隆慶戊辰十月茂苑文嘉謹識。又六止生周天球跋，明人題籤。是卷以重價得於吴門。

周文矩藍關圖，絹本。高七寸五分，長二尺一寸九分。吴匏庵、王文恪、沈石田各題七古一首，梁蕉林跋，高江村題七古一首。是卷以重價得於吴門。

胡瓌醉番圖，絹本。高九寸六分，長二尺三寸二分。馬半查曰璐跋。是卷以重價得於揚州。

米襄陽雲山圖，紙本。高七寸七分，長五尺七寸七分。趙松雪觀款，項子京藏，月溪道人觀款，郭懋跋，陳炳藏款。是卷以重價得於揚州。

黃大痴溪山圖，紙本。高九寸九分，長四尺三寸二分。沈思孝跋，董春山跋，錢茶山七古一首，陸丹叔跋，潘庭筠七古一首。張星巖應均所藏，自題二絶句，又跋沈思孝出處。是卷以重價得於吴門。

蘇文忠《與謝民師書》，紙本。高七寸七分，長二尺八寸。三百五十字，首行『是殆不然』以上數字，乃以前缺字綴於此，不成文理。前缺一段，婁堅補於後并跋。陳眉公跋、董思翁跋、馮伯衡跋於隔水上銓。是卷以重價得於吴門繆氏。

黃山谷《蠟梅三咏》，絹本。高七寸六分，長六尺。楊嘉祚跋，張得天二跋，趙懷玉跋。是卷得於毗陵。

白玉蟾詩札，卷，紙本。前詩高八寸六分，長三尺六寸六分；後札高九寸，長三尺零六分。王虚舟跋。是卷以重價得於揚州。

蘇文忠書方干詩，卷。五言律三十五首，七言律二十七首，七言排律一首，計三千五百四十三字。王百穀跋，宋葆醇録趙文敏、李善長、文待詔、董思翁、陳眉公、張青父諸人跋，又記。是卷得於揚州。

黄山谷書梵志詩，卷，紙本。高七寸六分，長一丈二尺三寸。梵志詩三百六十二字，自記四十九字，共四百十一字。董思翁跋，在本身上；笪重光跋，梁清標跋。卷尾有高詹事記所得之價百二十兩，陸時化記所得之價二百六十兩，又酹中二十兩。是卷以重價得於吴門。

米南宫書《崇國公墓志銘》，紙本。高七寸三分，長一丈七寸四分。鄧文原跋，柳貫跋，揭宏跋，袁桷跋，陳眉公跋，梁芷鄰觀款，玉方師跋。是卷以重價得於京邸。

米元暉海岳圖，紙本。高五寸六分，長八尺二寸二分。元暉自跋，二十七行。紙高五寸八分，長三尺六寸三分。薛羲題，葛元喆題，貢師泰題，劉中守跋，鄧禹志跋，吴匏庵詩，曾環觀，米希文觀，邊猛生觀，董思翁録倪雲林《與陳叔方書》語，又二跋。是卷以重價得於清江。

李伯時烈女圖，絹本。高七寸，長六尺零。吴匏庵跋，文待詔跋，瞿中溶跋。是卷以重價得於吴門。

夏禹玉烟江叠嶂圖，紙本。高七寸，長一丈六尺。馬曰璐跋。是卷以重價得於揚州。

梅道人山水卷，絹本。高八寸三分，長一丈五寸。高鳳翰二跋，鮮于伯幾跋，宋仲温跋。是卷以重價得於揚州。

趙文敏書《過秦論》三篇，絹本。高八寸三分，長五尺四寸。自跋，董思翁跋，王虚舟跋，張謙跋，仇遠跋，鮮于伯幾跋，李仲賓跋，李衎觀款，先大夫梅麓公自題七古一首并跋。是卷董小查太史所贈。

米漫仕、朱文公書札合卷，紙本。米書高六寸七分，長三尺五寸七分；朱札高九寸，長一尺三寸。董思翁跋。是卷以重價得於梁溪。

倪高士師子林圖，紙本。高八寸三分，長二尺二寸四分。本身自題，董思翁跋於隔水絹上，陳仲醇、姚叔祥觀款，張孝思跋，笪重光跋，卷尾笪重光藏款，張覲宸記價三百二十金，項墨林藏款，曹懌記價四百二十金。是卷以重價得於吴門。

王孟端松石，卷，紙本。高八寸五分，長一丈五尺一寸五分。陳祚明跋，謝希曾二跋。是卷得於吴門。

文待詔蓉江圖，紙本。高七寸七分，長四尺四寸八分。前題『蓉江』二大字，分書，後《蓉江記》，行書，皆待詔書；楊儀《蓉江賦》。是卷得於吴門。

仇十洲獨樂園圖，絹本。高七寸九分，長一丈四尺八寸六分。文待詔書《獨樂園記》及詩，紙本。高七寸，長一丈一尺餘，紙多九寸。項子京藏，項禹揆跋。是卷以重價得於新安。

唐六如逸晚亭圖，紙本。高七寸五分，長三尺六寸四分。杜啓《逸晚亭説》，王文恪記，李傑詩二首，林小泉兩記，前記應裝後，沈杰書後，陳璚詩，張叔未廷濟跋。是卷得於吴門。

王麓臺臨子久富春山圖，紙本。高九寸，長八尺三寸七分。黄忍庵題，麓臺自題後。是卷得於吴門。

吴漁山白傅湓江圖，紙本。高八寸五分，長五尺九寸四分。自題絶句一首，張迪書《琵琶行》并跋。是卷得於吴門。

楹帖

文待詔七字聯。

董思翁七字聯。

董思翁四字聯。

陳基八字聯。

劉石庵八字聯。

劉石庵七字聯。

張得天七字聯。

張得天六字聯。

王夢樓八字聯。

陳玉方先生長短聯，八對。

姚姬傳年祖七字聯。

潘三松先生八字聯，二對。

李石湖年丈七字聯。

英煦齋相國八字聯。

費相國八字聯。

鄒相國炳泰祝曹太祖母八十壽聯。

匾　額

董文敏書『鷄樹館』三字額，紙本。

翁覃溪書『在山泉』三字額，紙本。

陳玉方先生書『春暉堂』三字額，紙本。

陳玉方先生書『小游仙館』四字額，紙本。

錢梅溪書『雙溪草堂』四字額，紙本。

潘三松先生書『湖山書畫樓』五字額，紙本。

挂　屏

董文敏書大屏，十六幅，紙本。

王覺斯書大屏，十二幅，紙本。

王虛舟書四體大屏，四幅，紙本。

錢載松石大屏，六幅，紙本。

鄭板橋蘭竹自題大屏，八幅，紙本。

陳玉方先生行書中屏，六幅，冷金箋。

陳玉方先生楷行書中屏，四幅，描金白蠟箋。

陳玉方先生書蘇詩中屏，四幅，紙本。已刻入《寶褉室帖》中。

同年書屏，六幅，描金白蠟箋。

　　聯屏甚多，年遠失記，不能盡録。

名人書畫箑

周東村山水。

唐六如漁父。

徐天池山水。

徐天池枇杷。
沈石田枇杷。
董文敏臨《垂虹亭》詩。
董文敏行書。
文待詔行書。
文待詔山水。
仇十洲羅漢。
周之冕花鳥。
周天球行書。
王麓臺仿子久山水。
王時敏山水。
王元照山水。
王石谷山水。
王忘庵墨花。

王孟津行書。
惲南田山水。
馬湘蘭蘭竹。
陳眉公行書小詞。
陳眉公蓮花。
陳白陽花卉。
陸包山花鳥。
吴漁山山水。
陳玉方先生書麓臺畫扇之陰。
陳玉方先生書南田畫扇之陰。

先大夫梅麓公生平酷好書畫，由庶常出爲宰牧，丁内艱，處爲經師，所得養廉、束脩及售手製鐘球、墨刻趙帖之資，多半購買書畫古帖，終日鑒賞，樂此不疲者四十餘年。晚歲去膚存液，手定《書畫録》如干卷，藏之宜興湖山書畫樓，不輕示人。辛丑六月，先大人忽冒暑氣而遂見背，豈不痛哉！庚申之變，蘇常失守，湖山書畫樓中物不可問矣。越四年，江南克復，學裘渡江至溧陽戴埠山中修理丘墓，回至宜興雙溪草堂，惟見空樓十間，了無一物，三徑全荒，老桂猶存。比之冒辟疆水繪園僅存基址、池塘，錢牧齋絳雲樓獨存典籍目録〔二〕，阮文達文選樓僅遺《閣帖》王書，差勝一籌。何則？樓未毁而樓中書畫流落人間猶有存者。

至方橋見俞星文表弟，得其手録《雙溪草堂書畫録》一册，後半霉爛無存，云是逃反回方橋時從破書堆中檢出者，真所謂『湯盤孔鼎有述作，今無其器存其辭』耳。星文少事先大夫，料理家務，收掌書畫，故有《書畫録》副本，以備查考。學裘今年七十有二歲矣，仲蔚蓬蒿，淵明乞食，維揚小住，羈旅無歸，雨窗清暇，手抄《書畫録》殘本，分爲三卷，刊入《見聞續筆》中，以公同好一覽。嗟乎，翰墨因緣，烟雲過眼，古今同慨，夫復何言！大凡寶物之在人家，譬如威鳳祥麟之在郊藪，來其暫，去其常也。惟有古今書畫録流傳世間，歷劫不磨。

〔二〕牧，原誤作『慕』。

回憶兒時過庭，親聆教勘書畫法帖真僞，歷代紙絹墨色异同，骨董家造作半真半僞之流弊，言猶在耳，何日忘之。忽忽五十餘年，兵亂之餘，先人手澤百難守一，强作達觀，實可悲已。

同治十三年九秋，學裘謹跋

卷二十

婺源　齊學裘　子冶

張壽齋先生家傳

先生諱陵，字次彪，號壽齋，又號魯岡，贈奉直大夫。世居安徽婺源縣甲道，爲著姓。祖諱啓瑁；父諱英疃，國學生，贈奉直大夫。先生生於乾隆辛丑年正月元旦。先生少業儒，性禀穎异，縣府試屢列前茅而不售。嘗慕范文正所云『不爲良相，當爲良醫』之言以自勵。年及壯，弃儒習醫，著《醫學探源》十卷、《壽齋醫按》四卷，頓遭劫火，惜未付梓。

先生事父母竭力盡孝，及卒，祭葬盡禮；撫兒輩嚴而使勞。三十三歲，督修始祖大三公祠，任勞任怨，分毫不苟。家務盡委長男，專心行醫濟世，寒暑晝夜來請必赴，畢生未曾受謝一文。鄉鄰有争鬥，極力調停，横逆之來，受之不怪。生意被吞而不問，欠賬不討而焚券。代友還銀，撫孤成立，爲人解債而留媳。族人陷粤而携歸，還産立嗣，輸租報本。一生爲人寬厚和平，光明正大，種種善舉，指不勝屈。按狀書此，可知其概矣。道光戊申年八月二十八日卒，享年六十有九。卒前一夕，握管自述歷游江南、江北、江西、浙江、廣東所見人事，大都仁義者昌，凶惡者亡。又囑兒輩曰：『吾爲爾輩累，事多不能如願，後有善舉，爾等當勉力爲之，勿忘吾囑。』越一日，食畢沐浴易衣，正身仰卧而逝。

配胡氏宜人，温柔淑慎，愷惻慈祥，事上孝，撫下慈，周恤貧窮，箴規娣姒，獨具卓見，女中丈夫。先生昔游粵東，久斷音信，外人訛傳先生被盜，宜人聞之怛然，謂兒輩曰：『人言汝父被害，決無此事。吾觀汝父孝友媚睦，尊祖敬宗，以敬持己，以恕待人，非存心以仁者何能爲是，豈有仁人而罹凶横若此哉？』道光甲辰年二月十六日壽終，享年六十有四。胡宜人生子六，長端告；次端諄，誥授奉直大夫布政司理問；三端誎；四端論，登仕佐郎，業儒；五端譯，國學生，業儒；六端藹，國學生，服賈。孫河渡、河炎、河杰、河麓、河泓、河澄、河滿。曾孫都金、都欽、都鍾、都鋒。

齊學裘曰：吾家與先生世姻好，兒時從先大夫梅麓公宦游江蘇二十年，流寓陽羨、綏安、吴門、上海、崇川、海陵、邗江四十三年，久不歸鄉六十有四載。雖未得見先生之面，而先生好善精醫之名，鄉人道之詳矣，僕亦聞之熟矣，中心藏之，何日忘之。同治十三年歲在甲戌，余客揚州地官第隨安室，適逢先生哲嗣端論、端譯、端藹三君，論心話舊，慰余寂寥，幸矣。端論年六十三，端譯年六十，端藹年五十四，弃儒服賈，孝友誠篤，極有父風。盛道拙著《見聞隨筆》一書，發潛德之幽光，表名流之盛業，有關世道人心，不類搜神志怪。過蒙獎飾，何以克當。不以學裘爲不文，遂出示先公行狀求作家傳，將載之家乘以永其傳。感且不朽，辭不獲命，按狀述之。

噫，壽齋先生古之仁人也，豈特一鄉之善士也哉！其心則阿衡之心，其志則文正之志，使其達而在上，致君澤民，先憂後樂，措天下於泰山之安，不卜可知矣。窮而在下，終日以濟人爲懷，能爲人所不能爲，忍人所不見忍，見義必爲，樂施不倦，抱如月朗，量似海涵。嗚呼，若先生者誠古之所謂儒者哉！先生哲嗣極敦孝友，無忝所生，不愧爲令子。詩云『孝思不匱，永錫爾類』，其是之謂乎？

同治十三年秋八月，候選府知事姻愚弟齊學裘謹撰

朱小尊

守府朱小尊彝，安徽太平府蕪湖縣人。幼失怙恃，惟母舅葉秋原是依，并從母舅學畫。咸豐六年，賊擾皖南，家鄉不能安處，隨同母舅避亂至徽州績溪縣。是時，彝年十七歲，以畫營生。越三年，至歙縣，遇許益齋太守、程采芝刺史，留在新安衛軍糧處作畫。十年春，吴肇舟刺史邀彝至休寧縣城局中繪畫，頗有生色。至是年十月，賊大隊攻陷徽州府，母舅同程采芝避至獅子山下，有程六齋、曹筱石諸君。彝同吴肇舟刺史躲避休寧山中，越一日，聞得母舅信息，當日尋至獅子山，與母舅會面。不數日賊至，彝又同母舅避亂至浙江蘭溪縣。是時已十一年四月間，母舅乃命從戎，往提台曾得勝營中，曾營紮在金華府東門外三十里五都曹村。四月底，由義橋諸暨縣行抵曾營，至都司滕劣鋒士卓處就事筆墨。五月初二日，賊首僞侍王帶馬隊賊數千騎、步隊賊萬餘，冲出金華府東門直逼曾營，不一時曾營大潰，尸横遍野，血流成河，曾提台、滕都戎陣亡。

彝在營中自分萬無理理〔一〕，跳尸堆上，逃出營門，走下稻田，泥水數尺深。至一小山坡，遇一賊，手執長矛，頭戴五色花草帽，身穿黑湖縐褂褲，問何處人，彝云蕪湖人。賊笑云：『我是廬州人，乃是同鄉，我不殺汝，汝有銀子否？』彝帶有元寶一枚，隨取出付之。賊欣喜非常，説汝同我走，可保無虞。少頃又來一賊，手執兩把大砍刀，走來便要砍殺，被這賊攔住説不得亂殺，是我捉得妖，不關爾事，爭鬧片刻而去。這賊云不必驚慌，我同汝去館子中歇息。剛行至館子内，門口來兩個巡查賊，一執大令刀，一執令旗，説此係妖頭，將彝一把拉去，尚有兩廣兵一同拉去。巡查賊云：『侍王有令，今日捉來之妖一個不留。』先到恭老虎處殺，恭老虎向彝一笑，説到侍王府去殺，即扯之侍王府。走至半路，離侍王府一箭之地，忽執令刀賊問彝在妖裏所做何事，彝云繪畫營生，賊聞大喜，即向拿令旗賊首説此人能畫畫，我們將他帶回館子畫畫，豈不妙哉？賊云甚好，執令刀賊即將彝送往館子中。賊首拉兩廣兵至侍王府，侍王命捆柱上，破腹挖心，慘不可言。

〔一〕理理，疑當作『生理』。

巡查賊官封遐天燕，湖北人，姓李名有福，當晚回館中將所殺兩兵一一詳述。彝與賊首各詢姓名，賊云：『明日五鼓大隊動身去破杭州，我著一弟兄送先生回金華府城内爲安。』至明日五鼓時，賊大隊起程，侍賊紮在大路口，親自查視，又殺百餘官兵。彝幸押送賊一路照應，少頃又遇巡查賊目來問此妖何不拉去殺，押送賊云：『此係我館内先生，祈勿加害。』巡賊即去。彝思數次絶處逢生，幸賴祖宗庇佑。押送賊係廬州人，沿途保護，緩緩而行，當晚至金華府城内館子中。賊云：『請先生畫畫。』彝即大揮禿筆畫官兵長毛交戰，兼畫各色花卉翎毛，又寫文書信件。賊酋大喜，待如上賓。越一年，同賊酋僞侍王大隊至溧陽縣。是年秋八月中旬，彝自溧陽城外乘一船帶十餘人，皆有思家之意。彝命開船，連夜駛至蘇州滸墅關叉河内，混過賊卡，投至華字營吴伯華毓芬觀察處，蒙觀察留置營中，將十餘人遣散回籍，并囑畫克復嘉善縣城圖。彝在吴觀察處數月，又至丁日昌中丞處繪圖兩年，并蒙栽培，保舉江蘇撫標守備之職，賞戴藍翎。

同治丁卯年，至滬上製造局繪圖，忽於七月下旬偶遇鄭雪湖世丈，詳詢顛末，始知母舅早經物故，遂將手迹見賜，人琴之感，觸目生悲。彝娶妻林氏甚賢淑，生子女各一。

光緒紀元七月十三日，余客揚州，朱小尊手書半生出處事略寄視，余遂録之以傳斯世。小尊年三十有四，與吾兒功成結契如同胞。小尊妙繪，能造古人之室，爲余寫七十歲小像，神色逼真，見者無不嘆賞。又繪無量壽佛祝余七十壽，又繪怪石美人、鍾馗秤鬼贈余，筆精墨妙，必傳之作也。小尊幼未讀書，居然通文藝，習丹青，卓然大家，得逃虎口，遂登龍門。如小尊者，真可謂出乎其類，拔乎其萃，入火不爇〔一〕，入水不濡，死而得活，困而能亨者矣。目之人傑，誰曰不然。

數定難避

布商某長在漢口辦布，租一大宅棧布，貨值萬金。一夜赴筵歸，見一人皂衣紗帽，持大筆書數大『火』字於己棧墻上，駭甚，急移去十餘里。半月後新移處火燒百家，商布焚盡，舊處并無火災，可見劫數難逃耳。

〔一〕爇，原誤作『熱』。

搶劫顯報

癸酉詹家某年三十餘，素行刁詐，强横鄉里，因西寇亂，以盤查奸細爲名，專奪逃出人衣物，并有被其害者。同治四年春，在田耕作，忽一小蟲飛入口内，腥穢不堪，遂覺喉痛，少頃頭腫，血出爲注，號叫七晝夜而死。遍體青紫，宛若杖傷，人皆謂其奪貨殺人之報。

張麻子

西寇所到，殺人如麻，尸積遍野。有何氏子年二十餘，逃至丹徒界，意欲逃避江北，途中適與賊遇。何見賊旗逼近，無處躲藏，急將尸覆身上以避賊。賊過盡，何起見月色微明，時已二鼓，整衣將行，忽聞鳴鑼呵殿而來，意賊繼至，復伏身尸下，聞人聲已近，繼聞驗尸報名。何偷覷之，見一官明服公案危坐，差役翻尸驗報姓名，傍一書吏執筆登册。及見何，駭曰：『此人當死於七濠口張麻子之手，何故在此？』驗畢而散。

何聞人衆去遠，坐起思此必冥官查明應劫人數，我該死於張手，數已前定，復奚逃？即望七濠前行。至其處，見男婦老幼三十餘人坐地怨泣，何問故，衆曰：『我輩至此，想過江逃命，不料無錢，舟不肯渡，衹得待死於此。』何聞言心惻，自思我有洋銀四十元，此身已在劫内，不如相贈，以救衆人。於是代給舟資，餘洋散與衆人作口食之資。衆盡登舟，請何同渡，何不肯行，衆再三强之，何堅執不行，天漸曉，喊聲大振，何曰：『事急矣，汝等速渡，無自誤也。』衆皆拜謝垂涕而渡。

少頃天明，見一賊麻臉黑色，持刀乘馬洶洶而來。何大叫曰：『張麻子你來了，我待之久矣。』賊便停馬，細視良久，拋一包於地，回馬竟去。何拾視之，見帛裹金條數枝，約重二十餘兩，洋銀十餘元，自知大劫已過，遂渡至江北，賃屋而居。後遇救渡衆人，感其德，作伐娶妻生子，平定後携家回里。

何係常州武進縣西鄉人，張志仁曾至常，聞友人章金魁述其顛末，惜忘其名，故特書之。

鷄火

饒之樂平有葉某，素行强横，人皆畏之，於是豪霸一村。葉家失去雄鷄一隻，鄰家一鷄羽毛相似，葉即冒爲己鷄。鄰婦誓不肯與，葉即叫罵，其夫自外歸，曰：『一鷄之小，何得如是。』遂與之。葉捉鷄至家，以破布條纏鷄足〔一〕，鷄奔出外，追之至鄰家，鷄竄竈前，見葉追急，飛入竈内，適鄰午炊，竈火正熾，鷄見火即出，足係布條已燃；復追入己屋，鷄見衆人圍捉，即飛上樓，著處皆燃，房屋盡焚。葉祇顧入屋搬物，被火燒傷，醫藥罔效，疼痛難禁，號呼數日而死。一生强横，竟受此報，人之强横不法者，當此爲鑒。

犬异

婺西樟村項姓，養一幼媳，年十二歲，家蓄一犬，吃剩飯盛之以籃，縣於梁間，每

〔一〕纏，原誤作『䌫』。

日項與妻出外則被犬竊食。項妻皆謂幼媳偷吃，常毒責之。隔壁空屋數間，某先生訓蒙其内，一日知項家無人，聞拖櫈聲，遂於壁縫窺見其家蓄犬人立而行，拖櫈至挂籃處，犬以後足立櫈上，以前足將籃探下，菜飯食完，將器皿安放籃内〔一〕，蓋好挂上，將櫈移開。其夫婦回，又責媳，先生聞之，則代白其冤，犬即怒視而吠，先生見之大懼，反身回館，犬即逐而嚙之。項怒杖殺之。

道光二十八年事。

忠　伶

伶人王兆悦居婺西之王村，幼失怙恃，無伯叔兄弟，漂流於外，至歙界，遇梨園收王習副净脚色。稍長，藝絶倫，一齣出則衆稱賞不已。尤精武藝，槍棒甚熟。因寇亂失業，時已娶妻生子，家亦小康。值團練招勇〔二〕，王即應募，屢與賊戰，斬賊目數十人，

〔一〕皿，原誤作『血』。
〔二〕練，原誤作『鍊』。

屢得戰功。後於咸豐十年與賊戰於思溪，賊敗而奔，王乘勝追之，爲伏賊所圍。雖一身被圍，尤能奮勇殺賊數人，寡不敵衆，力盡遇害。當局諸人厚葬之，入於忠烈祠。

輕薄賈禍

道光己酉，張志仁客於廣東，城外有洪聖廟即火神也，每歲正月十三至十八，居民各以紗絹製燈，人物鳥獸、花卉蟲魚，極盡精巧，燈火極盛。每夜士女雲集，混雜而觀，有少女美艷無匹，入廟觀燈。一輕薄子挨擠身旁，私探女手，摩弄再三。女不嗔不言，聽之而已。輕薄子喜極，俟女出廟而尾之。女已覺，低語曰：『休來，明夜候原處。』輕薄子聞之，喜不自勝。次夜，輕薄子候於廟，果見女來，仍立前處。輕薄子喜踐前言，復至女旁，又探女手，不料女手已伸，竟拉輕薄子手加意撫摩。輕薄子樂不可支，任其所爲，無何聞剪聲咯咋，輕薄子狂呼蹲地，女竟出廟，飄然而去。衆環視之，見某左手鮮血淋漓，中指剪斷，呼痛不已。

此事係張志仁目擊，記之以爲輕薄之戒。

賊破常州，民皆望江北而竄，有富家婦携婢逃至七濠口，婢因急渡江，荒亂中失去首飾盒一隻，內貯金銀珠寶首飾值數百金。後有費姓至，年纔十九，見袱裹盒知是逃難者所失，遂身坐其上，守候失主。

少頃主婢至岸，方覺失去盒物，婢即登舟，復至其處，尋覓不見，祇見少年坐地。婢向前萬福，問曰：『郎君到此幾時矣？』費答曰：『到久矣。汝問如何？』婢告以故。費曰：『物在，汝勿憂。但人將原物見還，當何以報？』婢思主人之物不能以物相酬，沈吟不能對。蓋費因見婢年十六七，風度嫣焉，心實好之而不能出諸口，則曰：『吾不重物。』婢已覺，遂慚怍，言曰：『身報可乎？』費聞言甚喜。時在夏末秋初，蘆葦叢茂，約會蘆中，費令婢先入，婢將蘆葉鋪地，裸卧以待。費入見婢赤身於日光之下，遂轉念曰：『天光朗昭，豈容人行此污穢事耶？』急以袖掩面，令其速起穿衣。婢恐不肯見還，又促之曰：『君來不妨，妾不食言，君欲妾報者正在此耳。』費曰：『汝休矣，前言戲之耳，吾敢没良心而欺天日哉！汝急著衣，携盒快去，此間不可久留。』於是二人急渡江而北，婢見主母，呈上手盒，備述費之難得，主人亦稱嘆不已。數月後，賊焰稍静，婢隨主人回家探望，登舟渡江。舟内二十餘人，行至江心，風浪大作，舟將覆，内有一白鬚老人曰：『汝等諸公或做虧心事，速速言明，可以保衆性命。』衆皆云無，忽見一少年狀貌甚偉，自陳在七濠口所遭顛末，立刻風平浪息，安穩到岸。衆叩其姓名，答云費某，於是婢之主人請與同行，詢知孑然一身，遂携至江北，贈婢賜金，令同居焉。

活人投猪

婺西畢坑有黄某、趙某友善多年，黄家頗裕，趙僅自給，離黄家數里。趙因歲晚缺用，向黄借銀十兩，黄即如數相付，款待以酒，殷勤相待，趙遂大醉辭歸，遺失銀於黄家桌上。趙至家，妻見其醉甚，即扶歸寢。趙昏昏而睡，毫不記憶，直至天明始醒，急搜兜肚，内竟空空，仔細思之〔一〕，記得銀放黄家桌上，起赴黄家查問，黄硬抵賴不承。

〔一〕細，原誤作『佃』。

趙無可奈何，垂頭喪氣而歸。妻駭其狀，詰得故，嘆曰：『何不早言，我有錢數千，如不足再質衣飾，何用借爲？』趙忿曰：『悔未與子謀，至有此失耳！』妻云無憂，鄰家母猪將産，買一蓄之，售出可償此債。

數日後母猪産，内一牯猪較大，遂買蓄之，猪長甚速。黄於猪産日得疾，昏卧經年不起。次年，黄妻令子向趙索債，趙告以售猪即可償，遂同黄子看猪。黄子一望實非猪，是其父，駭極，歸告母。前賴銀事，其母盡悉，即令持券并銀付趙，誑之曰：『吾母云正少猪用，今與叔商，貼叔糠食銀十兩，付猪繳約，與叔兩清。』趙諾，猪付黄子，至中途猪陡斃，黄子埋之，黄父霍然而愈。

此道光二十六年事，張志仁述。

點化不悟

景德鎮王家洲於同治七年四月下旬忽來一爛脚乞丐，手捧一桃大如飯碗，半青半紅，繞洲連聲呼曰『桃』，晝夜不息，人皆惡之，至五日遂不見。後於五月十二三連雨數日，水大漲，居民人口、房屋、猪牛逐浪奔濤，不計其數。王家洲上聚看者數百人，忽洪水冲開洲岸，洲在河心上，陷五百餘人。波濤汹涌，岸上人束手無策，不能往救，波浪滔天，洲遂没，人皆溺死。前丐是仙幻形點化，惜人不能解悟耳。

瓜蛇

同治十三年六月初旬，揚州南門外忠烈坊朱鐵匠家小徒買一西瓜約二斤，破開見内有一火赤煉蛇，長尺許，粗如指，蜿蜒而出，撲殺之。細視瓜皮，毫無破洞。

義夥

戴呈，婺之巖前人，少孤貧，二十歲時因偷富家竹，富家知之，將捉治罪，遂避於山中不能出。有種山者篷居，故戴得以棲身。種山者謂戴曰：『子徒避於此，終非久計，不如外地謀事，允爲長策。』遂助戴資斧，至常德府之德山，代客運簰至南京，往返數次。後遇洪姓客亦婺人，見戴爲人剛直無私，遂聘爲夥。

數年後，洪抱病，自知不起，托戴扶持妻子，料理家務，洪遂卒。洪時家金陵，子幼，資財數千，盡付戴經理，每年衹取工食，毫不多取。代洪延師訓子，洪子廢學，戴即苦言相勸，繼之以泣。洪子愧悔，發憤讀書，戴即喜。後洪子成孝廉，家業數萬，皆戴力也。

戴素不識書算，代洪經理數十年，并無賬籍。及老辭歸，謂洪子曰：『我不識字，故無賬籍可憑，當於汝祖先堂下焚香表我心迹，庶免後人口舌。』洪子不肯，戴堅執不移〔一〕，遂焚香對天立誓，又向洪祖先剖白一番，而後辭衆登舟。歸數年，無疾而終，年八十餘歲。其子孫綿綿昌盛，人咸謂其忠義長厚之報云。

陳孝廉功過顯報

陳茂才，南通州人，失其名，風度秀美，年卅餘，名士也。家貧，受徒爲業。道光

〔一〕 戴，原誤作『洪』。

丙午鄉試，陳至南京僦寓，至一家往後樓看房間，見床頭有竇銀五十兩，袖之出，謂主人曰：『房窄不堪住。』先是，一山西客寓此樓，是早動身，遺銀在樓上。陳甫出，客即奔至，上樓尋銀不見，問主家，回不知。客鳴官，官追店主，相延歲月，各耗錢財。

陳落第歸，患疽半年，銀盡瘡未愈，失館年餘，困苦莫狀。歲末往鄉間向契友貸錢，友不家，陳歸途中遇雪，急奔没脛，天晚不能行。忽憶前面有一生徒家，叩門，内一少婢出應，陳告之故，婢反白主。少頃一孀婦出，年三十許，態度妖嬈，延坐中堂，謂陳曰：『家門不幸，先夫去世二年，弱子往外家未歸，如此大雪，先生自何處來？』陳告之故。婦曰：『天雪又晚，先生非他人，屈宿寒家，明日回宅。』命婢瀹茗具饍，婦在殷勤勸餐，令婢掃榻鋪被請卧。陳入房門猶未扃，婦竟入，向陳調笑，拉與同寢。陳始亦惑，繼而思曰：『我淪落至此，若再作喪良事，能出頭乎？』遂詐欲大解，乃脱啓關出，冒雪而走。至半途，跌入坎下，昏暈雪中，矇矓間聞神語曰：『吾等計孛星也，因汝丙午南省事，上帝命纏汝，今可贖愆，吾等去矣。汝更努力，青雲不遠。』須臾陳醒起，如履坦途。至家妻猶未寢，問故，以他詞答。次日友來贈金若干。明年代覓館。己酉捷南宫焉。

陳對人自陳顛末如此。

燒尸惡報

如皋東鄉民懦弱，棍徒刁横，與縣役夥串詐人。道光二十八年，馬觀龍宰斯邑，糊塗貪婪，縱役索詐。岔河南水蕩中棍某，將路斃乞丐移至富家田間欲索財，富家不肯出，鳴於官。馬驗尸無故，殮之，令置官地。刁徒夜偷去，時秋末，恐尸腐，以鹽滷醃之，剃鬚易衣履，又詐一家，復如前驗訖。又復剃髮易僧衣，又移一家，其家自首，馬又驗之。刁棍想已經三次，未得幾文，夜以酒饌奠死者，祝曰：『同汝合夥三次，所得無幾，今汝吃些小苦，佑得多金，定厚葬汝。』以火燒其頭面，忽然烈焰騰起，焚其住屋，一家八口盡燒死。祗一幫工逃出，傭於他人，向人説報應如此，馬之糊塗如此。

還金德報

婺北坑頭潘祖蔭水作匠在長溪修何公祠，屋上墮傷尻骨，遂成癱疾，行乞三年，至長林得米斗餘，錢百餘文。回家至舡槽嶺，夜已四鼓，見二人先在亭内，潘至，二人已行。天將明，見亭隅遺金，潘拾而藏之。尋金人至，四望皆無，手足無措，潘叩之再三，失金者始實告。潘云：『金在，待有人至，我爾言果相合，即當還金。』少頃三四人至，失金者言果相合，潘舉全金還之。失金人欲與瓜分，不受；謝數金，更不受。

還家月餘，有一年少醫士至其村，自言萬病能醫，人不之信，適潘過，人指謂醫者曰：『此能醫否？』曰：『能。』遂出藥與服，曰：『服完當愈，宜謝我千文，候一月來取。』潘諾之。潘服藥，疾竟愈，潘辦錢二千文候醫士至，數月不來，人皆疑爲仙。後潘活二十餘年而卒。子一，名巖俊，長厚有成。

程孝子

婺源東鄉黄茆山島程氏子年十一，父子被擄，父逃，賊捉將殺之，子痛哭求賊以身代父死。賊憐而宥之，後得脱難。

劉烈女

張志仁見鄱陽牛頭山劉氏女年及笄，賊奸不從，被殺而死。

少林僧

上海王楞仙云，嘉興友述其地有某精武藝，居某鄉設米肆，偕友出游，夜就少林寺借宿，寺僧以火導入一室，即扃門去。某視室壁皆石，梁間惟一孔，鐵其櫺，心知有异，遂躍身毁櫺，挾友出，囑遠俟之，己乃復入待變。遲聞發扃聲，急操刃伏門左，僧入迭斃之，懼勢孤遂逸，遺一傘，柄刊名，某慮其執此追尋，然亦不敢返取。

迨歸年餘，鄉中忽來一丐僧，肩一巨磨石，遇肆輒置櫃，得錢始行。及某肆，某憶前事疑僧，乃呵曰：『知予肆例不給丐乎？』隨以手中帚掃磨石出數丈外。僧無言，即弃之走。又年餘，有僧踵門，某方食，潛置鏡於胸，含飯出。僧見某，遽前就合十狀爲指胸勢，而某亦遽噴飯僧頭，粒粒嵌入。僧旋遁，某驗鏡已粉碎。因虞其復來，特僞死，未幾一僧果繼訪，知某死，乞一瞻靈，入則徘徊良久，向幃三吁其氣而去。去後視僧足迹所經磚盡裂，幃内空棺扣之作破竹聲，某由是終身不負技云。

丁孝子

丁詩字韵堂，上海人。性專僻，好術數，於陰陽圖緯、風角壬遁之術，無不窮究淵奥，爲人卜，多奇中。事母至孝，嗜酒，母亦好飲，每日盡卜資沽酒市脯，母子垂簾而酌，入其室，頹然皆醉人也。母少不歡，終夜跪床前，不使之起即不起。蓋詩少孤，母窮，僦居僅容寢處，饔飧不給，縫紉紡織以佐之，教詩讀書敦品，可謂賢母矣。

詩貧不能娶，怡然膝下四十餘年，母子未嘗一日離。道光某年母卒，詩拊棺一慟，嘔血滿衣，遂得狂疾。途中見老婦，哭拜於地。書其母奇節苦行，拉雜千餘言，授其友某，若有所托，遂去百步橋沈水死。

卷二十一

婺源　齊學裘　子冶

盜女報仇

婺北有兩施村，相隔數里，內施村有施進保販木興化，時進保年逾五十，其子年纔十六，因身老子幼，遂將生意歸結千金，携子回鄉。至南京上新河，自雇一舟，舟人一子一女一夥，女年約十五六，頗有姿色。運資過船，停泊數日，開行至紙馬河，船即住下，舟人父子及夥皆登岸。施父子與舟人女守候舟中，其女忽望施子失聲嘆曰：『真可惜。』子聞告父，施大驚，即同子長跪女前求救，女初不言，哀懇再三，女方曰：『但有一事翁能允我，庶可挽回，如不能，即聽翁自處。』施此時正當危急，即曰：『但求吩咐，維命是從。』女問：『令郎定婚否？』施回尚未。女曰：『妾救翁後，身無所歸，如能允妾以終身，即赴湯火，亦所不辭。』施諾曰：『一總遵命。』女曰：『伊等至夜方回，待其回，再作計較。』女將跳板抛開，船離岸丈餘。

候至更許，三人醺醉而返，其父呼曰：『快快將船拍岸。』女將持棍立於船頭答曰：『要來即來，拍即不拍。』其父駡曰：『小賤人，不知汝父手段耶！』即縱上船頭〔二〕，被女一棍掃落江中。其兄大駡曰：『逆婢無禮，吾與汝不兩立！』亦一縱，甫立船邊，即被女挑墮波心。其夥逃竄而去。女向施曰：『翁勿駭，吾父兄盜耳，妾見其殺人多矣，今爲翁故，相繼殺之，以除二害。翁休挂口，免人駭聞。』施雖口内唯唯，心上便生計較：此女殺父與兄，毫不費力，若歸家，倘不如意，一家休矣。遂蓄謀害之念。當夜將船移至他處，來早施僞云船家不知何故逃去，登岸換船。女將船上銀錢衣物收拾過船，儼然一家子媳。

船開兩日，是夜泊舟江岸，施出艙見月色皎潔，喚女與子同上船頭玩月，女至，立足未定，施出其不意，推入水中。女認其失誤，躍出水面，手攀船邊乞救，施子欲伸手援之，施急推子艙内，持刀截斷女指，女遂入水而没。其子涕泣不已，施嗆之曰：『此惡婦也，若不早除，受害非淺，何泣爲？』遂詐言女失足墮江。

〔二〕縱，原誤作『蹤』。後『亦一縱』字同。

施父子運資歸里，娶媳，稱素豐焉。二年後有俞某代人送信，往來上新河雇船載貨，泊船未發，夜夢一女姍姍其來，襝衽向俞曰：『君帶客歸家，妾欲附君舟，斷不空勞，來日下午見風旋黄葉，則妾至矣。』次日傍晚，果見落葉入船。開行數日，船抵涇縣下坊渡〔二〕，將捨舟登途。是夜俞又夢女謂曰：『來日陸行，望呼妾名黄慧英，凡一路投宿出店、過渡過亭，望呼妾名。妾有金釵一枝，聊以爲報。』次日起貨畢，果見艙底金釵，於是依其所囑，一一相告。至清華街，是夜夢女來謝，并囑來早相會，求指視施村路徑。俞次早出店，果見女來，與夢無异，萬福相謝，并問路徑。俞一一指視，女謝而行。

至外施村，有與進保同名者，年亦相若，遂祟之。病經數日，人見其狀，知爲鬼祟，奄奄待斃。有數人來望病，見其狀，嘆曰：『此人一生忠厚，何故得此孽症？』病人忽於床上應聲曰：『汝等不知其紙馬河發財事耶？』衆曰：『紙馬河去蕪湖不遠，此人一生從未出門，何得有是事？内施村進保近年發財歸家。』病者曰：『是誤矣，汝家所用之錢，自當奉還，我去矣。』病者霍然而起。

〔二〕抵，原誤作『低』。

是早内施村人見一少女，身背黄包袱，右手執傘問進保家，有數小兒導之至其門，適進保晨起洗面，問諸兒曰：『汝等鬧至我門何故？』衆兒曰：『汝家有一美貌女客來，我來看客。』進保駡曰：『活見鬼。』一聲未絶，即倒在地，雙手亂搥，大駡：『臭心賊，吾父與兄殺人奪貨〔二〕，惡貫滿盈〔三〕。吾殺之救汝，汝既得我財，反害我命。我哭訴陰曹，令我來索命，又誤害外施村進保，坑廢錢財若干，汝速償，吾當稍宥。』其時舉家驚慌，急忙應允，立即加數償之。自後如醉如狂，或笑或哭，自打自摑，種種怪狀，日夜不寧。若其子來，即執手悲泣曰：『妾因愛君，遂遭毒手，今日此結，萬不能解，但與君無干，妾當留汝夫妻衣食，汝要立我神主爲嫡配，妾即禍不及君。』進保百般禳禱無驗，纏擾數月，摑面嚼指，摘髮毁體而死。

此是道光初年事，張志仁述。

〔二〕兄，原誤作『父』。
〔三〕貫，原誤作『實』。

忠勇節略

胡汝文，賈人也，金陵上新河木牙爲業。西賊犯南省，胡年將六十，携眷歸里。婺北清華，胡故里也。時值婺招勇團練[一]，乏人統北勇，胡挺身力任。與賊戰，賊屢敗。咸豐七年，賊擄浮之景德鎮，去婺界數十里，浮與婺接壤，要口煩多，西之練勇不足防守，西之民以浮精埠口自任，請北勇幫助。

時值胡病足未痊，遂令俞某統勇前往，俞率勇至浮之鯉魚橋，覷望不前。賊來破泥，民與之戰，殺賊數百，賊不得破，恨更甚。屢催俞往，俞竟不赴，又求火藥，俞亦不與。來日賊大至，滿山遍野皆賊，衆寡不敵，民遭圍困，俞坐視不救，反退數十里。胡帶疾乘轎趕至半途，聞民衆死難者三百餘人，殺賊五六百人，遇俞於途，胡大罵忍心害民賊，俞若罔聞，率勇回局。幸民死守，賊不能破。

後於咸豐十年賊據婺城，四鄉會同攻城，并請官軍共事，官軍失約，民人練勇死難

[一] 練，原誤作『鍊』。後『練勇』字同。

者數百人。胡執雙劍率數十人持鳥銃，且戰且退，退至五六里，足疾大作，遂謂衆曰：『汝等各逃性命，吾不能行，當從奮義諸公於地下矣。』賊追及，仍殺賊數人，賊不能近，遂以長槍刺之，中槍而死。身倚山挺立而不僵，面貌如生，常帶怒容。上司請於朝，蔭其子孫，立忠烈祠焉。

孝婦二則

如皋東鄉馬塘鎮，道光二十五年天旱，河水盡涸，茅屋被火。有王李氏生二子，長四歲，次纔數月。王傭書十里外，夫婦事上盡孝。是日婦見火起，老姑卧病在床，婦即弃兒負姑逃出，火勢正烈，不能復入，姑媳望火號哭而已。及火息，婦見己屋猶存，遂撥炭而入，兩兒皆無恙，屋上茅皆未焦。婦孝格天，劫火不燒其廬耳。

如皋豐利場堤外有徐繆氏，夫死，有二子，姑老子幼，家貧，織蒲包爲活。婦事姑極孝，咸豐八年秋初，夜忽海溢，婦聞聲急起，弃兒於床，負姑逃於墩上。海潮立長，回視水已淹墩脚，離墩面衹尺餘，姑媳望潮哀泣不已。及曉潮退，婦急至家，見茅屋毫未損傷，門户窗櫺皆泥堆塞，急推門入，見屋内地乾，二子嬉戲床上，負姑而歸。是年被潮淹死者數百人，房屋冲壞無算，而獨孝婦家保全無損，豈非天示節孝之報歟。

報子報仇

廣東王某盜也，年四十方得一子，愛同珍寶，而此子恒多泣，見王更甚。稍長，王提抱之，即拗而號，於是王遂不敢觸其怒。及數歲，性暴如虎，稍拂其意，即破皿壞器。最喜鮮衣美食，王竭力供其所欲，數年家漸落。

子年十一，大如成人，王一日忽發頭旋卧床，子即持王佩刀趨至床前，將王亂斫，王中數十刀，身無完膚。王妻奔出號救，四鄰交集，見其持刀狀貌，懼不敢近，遂鳴之官。官急往驗，見尸鱗傷，追其子來鞫問，曰：『汝父生爾育爾，有何負爾，爾直如此凶惡，是何理也！』子曰：『不然，吾奉陰曹主宰，命吾索命取財，何云殺父？』官詢其故，子曰：『吾前生閩人也，姓某，販紅茶來廣東，茶售即置貨載資而歸。不料途遇賊黨，持火銃刀槍凶涌而來，船户水手及夥驚竄，二夥墮河而死。吾顧資不捨，王至，執此刀將吾亂斫，挨入波中，冤沉海底。吾哭訴陰曹，陰曹令自報仇，今仇既報，當復命冥官，不得久纏人世。』遂以刀刺喉而死。官吏及觀者聞之，駭嘆不已。

此道光戊申冬事也。張志仁賈於廣東，得聞其顛末，遂書以爲惡盗鑒。

雷擊三則

道光二十四年十二月廿四夜，傾盆大雨，雷轟電閃，休邑東門外擊死一人，係肩挑貿易者。數日前往屯溪販魚，天未曉，行至半路，見一弃孩，身裹杭綢一匹，布兩匹，綑在孩身，將布解開，内有銀廿兩，紅帖一紙。某則取綢布銀，拋孩於水，帖遺於路。後有與某同販魚者，天曉，見紅帖，拾視之，上載孩姓氏并綢布銀，囑拾得者收爲己子。及見某擔中綢布相符，詢其小孩，某不能答，捏辭掩飾。至廿四夜二更，風雷大作，將某提出門外擊死，背上紅篆四字：謀財害命。張志仁於廿五日過休邑見之。

是日婺北瑣口潭俞姓兄弟二人，持銃呼犬入山打獵，終日無所得。及晚，忽見一遠方人來，身背重包，某弟謂兄曰：『有生活矣。』其兄不言，其弟則當背一鳥銃打死，取其包裹而回，并無知者。是夜兄弟卧床，二更時雷從床下擊上，擊死其弟，其兄遍身被雷火燒爛，令説其弟謀客情由，則不疼，否則疼甚。二十六日張志仁宿清華聞之。

景德鎮有婺北溪頭程某，自其父手内開一雜貨店，資本數千。其父死，程纔廿餘歲，又無兄弟，纔生一子，因見店中一夥黟縣汪姓爲人精巧多謀，程謂之曰：『我苦無兄弟，家中照料無人，此店與兄相共，兄力弟本，除本分利，兄意若何？』汪曰：『如此甚善。』於是則請出婺源俞某、黟縣吴某，作中立合同爲據。程每年至冬月來店内盤賬，付所餘回家，閱六七年矣。二十四年冬，程至店中忽染一病，頗覺沉重，請醫診視，諸言不妨。程病至三日遂卒。吴某係店内之夥，俞係自生理，即請俞來同具信着人報其家。其妻聞訃，立携二子率弟至景德鎮殯殮後，汪則向言店内資本，其夫逐年拔清。店内皆是借人本錢，并無程姓關涉。婦云：『店雖無我家資本，總是我家老業，必要貼銀數百以安生死。』汪云：『店内無餘。』堅不肯付。吴與汪同聲相應，蓋吴知受賄。俞力勸再三，汪硬不從。十二月廿四夜，汪、吴、俞及程妻子在店中正言其事，二更時雷鳴一聲，將汪、吴提出，汪遭擊死，吴被雷火燒其頭面及兩手，跪於地下，口中朗言汪某下毒藥中、謀命圖店等事，一一言明，店中全是程家資本，汪及他人絲毫無分。程妻及妻弟與俞皆驚呆，半日始醒，於是程妻托俞照應店務，遂盤夫柩回家〔一〕。二十八日過志仁村，程妻自述如此。

三處雷擊皆二更時分，特書警世。

淫報

道光己酉科江南鄉試，有一士子在場中，夜分或言或笑，時哭時罵，至四鼓不聞聲矣。隔號往探，見其衣裹頭，坐而不動，視之面上被刀碎割已死。卷上有一詩云：『孤魂漂渺十餘年，今日相逢矮屋前。誤我功名污我節，當初錯認是良緣。』場内貼出示人，

〔一〕柩，原誤作『櫃』。

可爲薄行之戒。

史公祠墓聯文

吾友嚴問樵太史題史閣部祠聯云：『生有自來文信國，死而後已武侯鄉。』爲祠中諸聯之冠。

巴少謙遇長面鬼

歙縣巴少謙善弈，年五十餘，客揚州，夜歸寓，行至柳巷，見一鬼物頭面長二尺餘，身長亦如之，脚着黑靴，蹣跚而來。巴讓路，舉目視之，見其鼻孔，巴覺頭疼，眼不能開，横行倚墻而立。危迫之際，忽聞人聲嘈雜而來，眼始能開，匍匐而歸，卧病六日而愈。

甲戌秋九月事也，冬十一月二十七日，余訪陳卿雲軍門於聞園，巴時下榻園中，與軍門算弈，偶談及此，故特書之。

胡翁德報

俞鑑泉世兄與余言，寧波黃氏子貧無賴，將賣父母合葬之墓地，時胡翁客居寧波，胡見地前水法頗好，偶一稱賞，店主人曰：『地主困乏，將賣此地與別姓矣。』胡爲嘆息久之。是夜胡聞間壁鬼語，哭泣之聲甚慘，公婆云：『子不成器，要賣丘墓，我兩人明夜露宿何處？真可傷哉！』胡聞之心惻。早起托店中爲中，要買黃氏地，約業主來議價。俄頃黃到，胡問黃地價若干，黃曰：『某還我十八元矣，如加二元，我便賣之。』胡令其立契，店主作中畫押付價畢，胡謂黃曰：『自賣之後，汝父母合葬之墓在我地上，永不准起。我非謀此地，實保汝先靈耳。』黃感謝而去。

是夜胡聞間壁兩鬼歡笑之聲云：『胡君真是我夫婦大恩人，何以報德？』夫曰：『胡君尚未生子，我訴閻君，願投子報之。』婦曰：『善。』胡早起到墓前拜禱：『願老翁到閻君前代求一子，足感厚意，何敢屈丈爲子哉？』是夜胡夢老丈同老婆來謝大恩，并言已代到陰曹求嗣，據云胡君簿上本有二子，四十二歲得一子，四十八歲得次子，言罷而退。

胡今年已六十餘，果得二子，重慶下俱已成立。黄氏子久去世，留一孫云。

詩丐

詩丐不知何許人，又不詳其姓字，有絶命詩云：『野性從來似白鷗，又携竹杖過通州。飯囊傍曉盛殘月，歌板臨風唱晚秋。兩足踢翻塵世界，一肩挑盡古今愁。而今不食嗟來食，黄大何須吠不休。』州官見其詩，憐其才，悲其遇，厚葬於郊外，刻絶命詩於墓前，題曰『詩丐之墓』。

道光年間，余游吴門，吾友余黼閣誦詩丐絶命詩，有感作七古一章云：『詩人境遇何多窮，通州詩丐詩真工。一篇傳世死亦足，不羨朱門飽粱肉。吟風咏月常晏如，酒囊飯袋毋乃俗。君不見夷齊餓死首陽山，歌詩長留天地間。景公千駟何足道，飽生不如餓死好。』黼閣亦有詩，感慨激昂，惜余忘之矣。

張子岡贈朱孝子詩

南昌張子岡璲少尉云，同治十年春，由都門南旋至高郵界首鎮，聞朱孝子名，因訪之。孝子年六十六歲，寶應人，工隨父業剃髮〔一〕，從不與人争利，好善樂施，飢寒不自恤。父歿二十年，母歿四十年，每日供養木主，誠敬如生。同治丙寅夏，清水潭壩泄〔二〕，民間田舍漂没無數，其父母冢當衝處，倉皇間，孝子奔伏冢上悲號痛哭，願隨衝去，水從兩旁瀉，竟無恙。爵相李公方署兩江總督，聞其事，奏請旌表，榮以頂戴，居人助金建孝子坊。孝子曰：『吾向鄙賤，敢辱朝廷頂戴，弃父藝耶？』有來訪者，叩頭謝不敢當，自陳風木之慟，涕泗俱下。

嗟乎，如斯人者，可以風矣！因賦五古一章，詩云：『寶應朱孝子，事死如事生。一朝洪流急，倉皇伏親塋。號咷痛叩禱，九天聞哭聲。堤决塋尚在，至孝通神明。聞諸賢大夫，章奏入請旌。綽楔界首鎮，過客皆心傾。紆途一把晤，款款言動聽。云孝百善

〔一〕工，疑當作『少』。
〔二〕壩，原誤作『灞』。

先，長跪勸衆行。漫謂辭鄙俗，真乃出至誠。賤不忘父藝，施舍兼勤能。我慚百不如，所喜母遐齡。愧爲升斗俸，奔走勞夢驚。貧賤實慰親，仕宦徒營營。孝哉朱孝子，聞者宜怦怦。』

僵尸

上海徐石史茂才名大有，吾故人也，嘗與余言浦東三林塘之垃坂有陳雨蘭者，耕種爲業，述及伊兄咸觀歿後五年成僵尸，一日田鄰夏子香在田戽水，時交五鼓，忽見浜南浮雲屋脊上咸觀盛服而坐，面白色，目有光，幸隔一浜，不致驚懼。鷄初鳴，忽不見，因告其兄雨蘭。是晚偕雨蘭往戽水，復見咸觀坐屋脊。黎明約村人持熱醋數斤，灌入柩内，聞柩中轉側之聲，良久乃絶。啓棺，見咸觀尸未爛，白毛遍體，鬚眉指爪長已五六寸，衣服如紙灰，舉火焚之，唧唧有聲。

烏魚精

江西南昌縣徐孺子亭，土人傳説出烏魚精。廬山瞻雲寺住持覺善字修梅，偶與友人到亭中乘凉，見一人遍身全黑，同人逐出，頃刻之間，風雨大作，游者捲衣而逃，行未半里，風雨頓止。時壬戌七月十五日也。修梅僧來邗上，與余述其事如此，余曰：『人逐烏魚，尚受其害，若逐犯老蛟之怒，生靈遭其荼毒，更不可問矣。吾願世人遇此怪物，急宜避之。』

凌氏義女貞孝

廣陵凌夢湘茂才名雲，才兼文武，獨立成家，偉丈夫也。年近古稀，授經爲業。同治十二年癸酉，館於吾婿漢卿家，吾來養志園，得與夢湘談詩論劍，聞其爲義娣請旌事，因叩其略。夢湘爲余述之曰：『此雲先母之義女也。雲幼孤，伶仃孤苦，一家衹母子與義娣三人而已。雲五歲，母始授經，娣即伴讀，如是者十餘年。雲授湯氏生長子煐，及煐就塾，皆娣維持調護。娣聞母欲爲擇配則泣，辭不應，迫之則曰：『俟母百年再議。』母知其志不可奪也，於是招親戚命爲義女。其後母年益衰，娣孝愈篤，母彌留時，猶呼雲等命之曰：『娣實凌氏功臣也，汝等宜以事我者事之，否則以不孝論。』雲等感深以泣，母乃含笑而逝。

期年後，雲之妻與長子長媳相繼而歿，又爲雲籌取繼室徐氏，又憐繩武幼失恃怙，愛之尤甚。庚戌年，次子鍾駿生，娣遂兼領。癸丑之亂，娣携繩武、鍾駿避難於董家莊，備嘗艱苦數年。至辛酉徐氏故，娣又爲鍾駿聘郭氏女，年十歲，爲養媳，教以婦職，長爲完婚。又爲繩武娶陳氏女。今鍾駿生二女，繩武生一男。凡四代婚教，五次喪葬，皆娣經營襄助，今娣年已七十有四矣，母臨終時所謂凌氏功臣者，於茲益信。

卷二十二

婺源　齊學裘　子治

五龍擊犼

紹興張子希運同克賢工詩，余友仲虞司馬學韶之令侄也。甲戌六月初旬從清江回揚，與余言近時河南陳州野地出一犼，渾身是火，燒毁民房無數。一日五龍下降，雷雨大作，龍與犼鬥一晝夜，人見火球一團奔騰往復，村莊房舍數千家頓成焦土一片。爲害如此，真是罕聞，究竟不知五龍能滅一犼否。

長星現

同治十三年甲戌五月間，有長星二座見於西北，黄昏時出，夜分時落，光芒直衝北斗之旁。

厲鬼

山陽萬家集有李某，在生無所不爲，終日以害人爲事，人恨而活埋之，死爲厲鬼作祟，尤甚於生前。人患受其害，延法師逋鬼禁入瓮中，逾時有小童掘地得瓮，開瓮取物，無一所得，但聞空中有云感謝之聲。厲鬼出瓮，不復行凶於人，頗肯護佑鄉里，夜出乘輿張燈，鄉人稱爲李大老爺，不敢有慢。高良澗有長鬚土地，李鬼畏之，不敢到高良澗。張子颺世兄與余言如此。

義馬

山東某武弁乘馬出差，途遇捻匪，下馬投入眢井。賊去，馬來窺井，欲救主人，盤旋井上不忍去。主人謂馬曰：『我不能出井，汝不能救我，留戀無益，不如捨我投生去罷。』馬泣泪如雨下，銜索垂井，某緣索得出，馳馬而遁。噫，馬真義哉！

余聞子颺述其事，特爲書之，以警世之事主者。

惡僕殺主顯報

安徽戴子開大令北上引見，跟隨本鄉人二名爲僕役，行至中途，二僕殺主投之河，劫其行李細軟金銀。返至袁江住客寓，忽遇主人舊役，駭問二僕從主入都，來何速也。二僕以主在途中病故答之。舊役心疑，到客寓，見主人衣服行李居然完備，遂密告地方官郭月樓觀察，與戴同鄉故友，聞之，出差速提，嚴訊得實情。適李中堂鴻章提兵過境中，稟中堂訊實，遂誅之，差速行李物件於其家。

同治初年事，甲戌三月三日，方子箴都轉濬頤修禊於揚州蜀岡平山堂，飲酒宴客，席上爲余述此事，屬爲書之，以告當世之官紳用僕者不可不慎云。

忠　馬

袁浦某漕帥發日行三百里文書到京，途中負文書旗牌墮馬死，馬即銜其文書包裹，直馳入都交卸。京官接文書，見馬不見人，知其必喪於途，差役循查，果得尸於山東驛路。漕帥奏聞，詔封馬職，配祀馬王廟云。

義犬塔

山東某乘醉夜行，犬隨其後，某醉卧在地，犬環侍之，忽見野火燒來，犬急下溪以身取水，撲草淋漓，往反數十次，犬力竭而斃矣。醉漢得濕草圍身，得免於焚。某感犬救命之恩，遂葬犬於野，築小塔以表之，名之曰『義犬塔』。嗟乎，世之爲人臣、爲人子、爲人弟、爲人友、爲人役者，能無愧於犬之忠心竭力焉，則亦幸矣。

以上二則，張子飂述。

鴨咬鷄脚

徐石史云嘉定南翔鎮有陳老慶者，開豆腐店，家蓄一鷄，頗肥重，爲對門糟坊主人所見，戲謂慶曰：『明日我備酒肉，君以鷄佐之，作一小飲何如？』慶然其言，因囑店夥詰朝殺鷄以待。及至天曉，覓鷄不得，而糟坊主人已携酒肉來矣，詢知鷄已不見，適顧塒中尚有一鴨亦極肥美，因謂慶曰：『何不即以鴨代之？』慶即令店夥提鴨，不意鴨從天井飛起，伏在店房櫃下，鴨竟不出，鷄忽狂叫，店夥將櫃掇開，見鴨咬鷄脚不放。

糟坊主人觀此情形，恍然大悟，鷄鴨微禽，尚通知覺，貪生怕死，况爲小民！無故殺生固非正道，君子見其生不忍見其死，聞其聲不忍食其肉，惻隱之心人皆有之，因與陳慶立誓戒殺，互相勸勉云。

梁心芳廉訪結獄

文登陳叔耕茂才云，梁心芳先生爲安徽臬司時，曾結一獄，有思錦心拔貢生，有才無行，子某孝廉娶婦賢而多財，伉儷甚篤，年餘因疾亡故，報其母，其母痛其女夭，傷其婿貧，無資應春明試，又知婿父無行，恐用女財，將女所遺首飾納諸匣中，聲言殉葬，將匣私授其婿，而婿父不知也。

孝廉停婦棺於後空屋中，束裝北上應試，其父知其棺内多藏也，倩無賴數人開棺，索無所得，匪人哄散。其父不能釘棺，遂置不理。其子下第歸，至婦柩前，駭見棺啓，急告其父，鳴官將檢尸。其父謂子曰：『婦年少不可眩露，可求免相。』子道父命稟官免相，祇求釘棺捕盜，數月無耗。其父急欲結案，謂縣令曰：『媳有婢，吾見婢有首帕，棺中物也。』令置婢於獄，株連數人多斃者，將以婢議抵矣。

梁廉訪目擊此案，心知其冤，欲出之，令不可。陳公曰：『當檢尸時，見其首有帕否？』令以未親檢對，陳公曰：『一人不能用兩帕，尸首如有帕，則婢之帕爲其主平日所賜可知；如無帕，疑其婢可也。』將棺提省親驗，首帕依然，始知婢冤。思錦心忽貌若狂，自言是我因財起見，以至成此大獄，遂議抵罪，旋死獄中。其子在家聞父死，亦自縊。陳公欲參此令，令哀求獲免，遂以婢嫁思錦心之少子，案乃結。

吴文節公

原任兩湖總督吴文節公文鎔，儀徵人，己卯翰林，爲督撫近三十年，有大臣風。咸豐壬子正月十五日兵潰，鄂州諸城，賊刺不殊，引劍自斷其吭。公十九歲入邑庠，學使按臨，值端陽前二日，文題曰『臨大節』，詩題『蒲劍』。公殉難謚文節，引劍自絕，詩文題已預定終身，誰謂數之不可信哉！

韓文川云。

丘大惡報

河南河内縣劉氏巨富，世單傳，一日劉以瘵亡，遺孀未三十，一子七齡。宗人有虎而冠者，出入公門交丁胥，欲謀其産，不得良策，遂密商門丁丘姓，丘曰：『事不難，我以錦囊授子照行之，家財反掌可得，然必以巨萬謝我。』虎冠者允諾，歸拆錦囊，果妙計。劉孀母家相距三十餘里，素往來不輟，忽一日日晡，母家莊漢誰某將車至，色倉皇，曰：『老太太猝中風，請姑太太携小相公坐車速看，遲恐無及。』孀驚痛，即登車，約略十里，宗人虎冠者率無賴十餘人攔車問何往，孀告以母猝病，宗人曰：『壯夫少婦同行，非奸拐何？』遂扭莊漢跪地鞠之，鞭撻雨點下，莊漢叩首承奸拐供，通奸定期約逃，歷歷如繪。宗人喝令將車與人送河内縣，三更官坐堂審訊，劉孀素勤女工，每歸必帶刀尺，今知機阱已成，不可置辨。到堂不言大哭，以剪自剖其腹而死，縣中以該婦羞忿自戕報上臺。莊漢因尚無口供，照和奸主母減死擬流，又以無主僕名分，矇矓貲以千金，令其逃徒赴遠省立業，永勿回鄉。十日事定，宗人與丘、縣共分其產，自大令以次均染指焉。此即丘姓錦囊毒計如是如是。

未幾冤聲四起，母家屢訟，以其女已死，無可質問，雖有賢宰，難爲平允。日久風聲傳播，生員動公憤，歷控各憲，至巡撫始批發河北道親提嚴審。宗人大懼，復求計於丘，丘曰：『無害，但必再予我萬金，事方濟。』宗人如數付之。本官亦憂疑，丘稟：『小的暫假三月，自有布置，必不累老爺。如本道提小的，但求立限三月必提丘姓，小的去以家口住署中爲質。』本官知其能，許之。是時撫豫者乃貴子，本道亦素奢侈，皆好著細毛衣，不惜重價購買。丘往涇陽皮樓得异色皮甬萬金，僞作皮貨客。先游大梁，再游武陟，以异色皮甬賤價售於中丞觀察，止取三成之值，幕丁用事人，無不以皮貨賄之，與之交歡如友朋。事畢，内署方開篆，始行文提丘大，定期本道親臨縣境，檢驗審問。縣中以人証俱齊申復，并不用立限三月。嗣本道至，集人証親鞫，點單上第一名丘大，及帶至案對面相視，丘大即客冬皮貨客某姓也。本道驚詫失色，遂含糊訊問，以孀死明係畏罪羞忿，死由自戕，何從檢驗，陰囑縣令諭劉氏宗人捐萬金修學宮，并諸生厚潤而息忿恨，仍以原案詳復。丘大隨詳文赴省，更行賄於院，奉批如詳結案，從此更無伸冤之日。而宗子之産十耗六七，丘大之囊轉豐，自謂高枕無憂矣。

未幾本官二子死，痛切病肺，官亦死。丘席卷所有裝十八車載歸陝，准備安享，詎行至鞏縣老犍坡山溝内，山水突至，親丁十六口、隨從八口，車與輜重皆成虀粉。水退，縣中往驗，獨丘大之尸尚因辮髮繞於樹上，首級脱如梟示者，峭石薄如刀，適剖其腹，儼凌遲之狀。山水冲決，無尸可覓。天報極惡，侍於丘大一破其例，造物之巧，較丘大錦囊如何爲哉！惟宗人虎冠者未聞天誅，七歲孤兒不知下落，想傳此事者殆有漏與？

成衣匠奸計

鎮江楊宇和述一事，有鄉人新娶，滿月後送其妻歸寧，途遇成衣匠某謂鄉人曰：『爾氣色不佳，當有大難，須在房中避過百日，方無事。』鄉人信之，送妻至岳家而返。以告父母，果然足不出房，茶飯則其母從窗中送食。月餘，其妻帶箱而歸，妻爲送食，鄉人忽發狂疾，婦奔出房，將門倒鎖。一日晚婦曰：『房中馬桶數日不倒矣。』乃開房門，忽鄉人自内跑出門外投於河，衆大嘩救，杳不可得，燭之則遺鄉人之衣於河灘，婦號哭不已。鄉人之父母見子已死，婦又年少，不如嫁之，已爲擇配，婦不願嫁。後其母爲主婚，許配成衣匠某郎，前途中所遇者，遂嫁之。

後輿人議曰：『投河無尸，一可疑也。姑爲擇配則願守，母爲擇配則願從，二可疑也。』於是訟於官。因思發狂投河事甚匆茫，萬無既到河邊，猶從容脱衣之理。立提成衣匠及婦到案，嚴刑之下，盡得其實，從床下得鄉人尸，奸夫淫婦皆置於法。初，婦之未嫁也，與成衣匠有私，二人預爲設計，先令避災不出房門，婦歸時某即藏於箱内，乘夜謀殺之，埋尸床下。某素識水性，佯狂投河，皆某所爲，却從别處上岸，又置鄉人之衣於水邊，使人益信爲鄉人之死。其計甚巧，然終不免敗露，官法難逃，世之作惡者盍其鑒諸。

打鬼愈病

有兄弟二人共收得五十千頭小會，適妹染病，母欲爲女送祟，二人告母曰：『此錢抵某事之用，不可散用。』妹病未愈，母又言，不得已從之，用盡五十千文，以冀病愈。乃聞病人冷笑曰：『爾等好不公道！問佛燒香〔二〕，爾既請客，我等一樣是客，何不請我？你道用了五十千文就罷了麽，如今再罰你用五十千方罷！』兄弟二人大怒，一持門門〔三〕，一持木柴，大駡曰：『爾既是客，當我請客之時，何不便吃？既請過了，又出此言，我知道你在此麽？是我教你不吃的麽？』言罷滿房亂打，病遂愈。

蜈蚣精

道光甲辰六月念五日，姻家某部郎六十壽，往視留飯，席中有上虞董君亦來京鄉試者，酒半嘆曰：『今日某公壽日，去年今日幾爲我忌日。』衆愕然問故，董曰：『我向就開封府書啓館，胞叔向就陝西臬署刑館，去年六月十九日，忽足至，發函知叔得危症，呼召共往。時逢大雨，騾車歇夏，不得已雇二把手車，隻身襆被行。二十五日酉刻抵陝

〔二〕 問，原誤作『間』。
〔三〕 持，原誤作『特』。後『一持木柴』字同。

州東夾村，距城十里，陰雨密布，雷聲殷殷，不敢前進。視道旁有廢寺，遂止宿焉。停車於戲臺下，二車夫挈瓶出汲買村中餅餌，雜以瓜茄，飽餐抵足臥於戲臺下。

『余見廢寺無僧，有戒心，隨車夫略啖餅二葉，周行殿上，見佛像後有空室如斗，雙板扉殘破，余解被囊置室之階下，閉目假寐。不意風聲漸緊，天昏黑，電光繞殿如金蛇，須臾忽見一火球自山門對面山飛下，飄空直入寺門至戲臺，照二車夫鬚眉畢見，火球旋至大殿拜石前，盤旋不已，忽作爆竹聲，火球裂而爲兩片，若蓮花二瓣，矗立殿上，火球内一美人躍出，紅衣緑帔，高髻冶容，真絶代姿也。蓮瓣火光照耀，如龍女之在佛光中，美人徐理襟袖，向佛膜拜不休。約一刻頃，復翻身蓮瓣相湊仍合爲球，依舊旋轉，由舊路飛回山上。此時霹靂一聲，大雨如注，余則神魂飛越，不知己身之何在。四更雨止，坐以待旦，呼車夫登車就道，詢以昨夜事，但云熟眠無所見。

『到陝叔病已愈，留半月侍奉，仍回汴。道出舊地，見廢寺成一堆瓦礫，訝之，詢之土人，僉曰：「公欲知异事乎？七月五日大雷雨擊死大蜈蚣一條，長丈四尺，廢寺震倒。好事者剖蜈蚣，節節皆緑石如緑松可玩，并無寶珠。」余始知廿五夜所見即此怪也，假使知有人，余其有今日之生乎？』坐有一客曰：『彼方求佛救護，安肯害君？如此美人，若於逆旅中花晨月夕遇之，君真得死所矣。』相與一笑。

改過自新義賊

文登陳叔耕云兒時居鄉，一日莊門旁賊穿一穴，酒房内見一少年賊，醉卧在地，腰纏青蚨三貫，禀知家大人親臨察看，大人命以醉醒湯灌之，賊旋醒，仰見多人，倉皇起身跪地叩首謝罪。大人以好言訓戒，命其速去，將三貫腰纏賜之，可作小本經紀，賊感深涕泣，願爲莊佃種地，效犬馬之勞以報盛德。大人曰：『汝性必好吃懶做，以至做賊，安能作長工種地？速去速去。』賊曰：『聖人云「過則勿憚改」，彌天大惡當不得一「悔」字。小子日前做賊，小子之過也。今蒙大德寬恕，不治以法，反施以恩，小子負慚無地，願爲佃丁以報大德。』大人聽言察意，遂收用之。

某忻然起立，從事耕作，不辭勞苦。其爲人也極其誠篤，諸事可靠，大人予以莊屋數間，妻以使女一名。某迎母奉養，連生三子，長男、中男務農，少男業儒。某年近五十，總理陳莊始終如一，允推義佃，陳氏賴之。諺云：『放下屠刀，立地成佛。』

某之謂歟。

巧姻緣

榮成郭登雲茂才號挹青，十七歲入泮下場，人甚老成，家甚寒，文登陳叔耕茂才與之善，憐其才，憫其窮，邀其同寓濟南應試。寓之對門有開茶爐母女兩人俞姓開店，女年十八，端莊流麗，日來送茶水，郭生面重，見之跼蹙不安。叔耕時年二十一歲，因謂俞母曰：『郭老爺至誠君子，見汝姑娘來送茶，跼蹙不安，此後送水，煩汝親來何如？』因戲謂之曰：『汝家姑娘有婆家未？』嫗曰：『未字。』陳曰：『我欲代爲作伐〔一〕，將姑娘許配郭老爺爲正室，不知意下如何？』嫗聞言無語而退。

越日嫗來謂陳曰：『昨日作伐之言是戲是真？』陳曰：『婚姻大事，安敢戲言？』嫗曰：『老身歸與女商，女欣欣樂從，一言既定，拜煩陳老爺作伐。』陳曰：『郭生家

〔一〕代，原誤作『伐』。

寒，財禮不能如數奈何？』嫗曰：『祇要青蚨六十千文，做幾件粗布衣服首飾，候場後雇一驢子，從夫婿歸耳。』陳遂代爲部署一切，下定送盤。考畢，郭生、俞姑連騎于歸。完婚後，連生三子，皆茂才，教讀爲業。現入棲霞縣籍。

郭挹青今年四十餘矣，叔耕偶談及此，故特書之。古語云『千里姻緣一綫牽』，良不誣也。

王金聲

王金聲，淮安府安東縣人，忘其號。咸豐九年，俞培之少尹允超與金過於沭陽，時年一百零四歲，夫婦齊眉，婦亦百餘歲矣。自言六十餘始游泮，七旬外中壽榜舉人，百歲登進士第，欽點翰林。精神充足，步履輕健，齒牙堅固，耳目聰明，飲啖不异少壯。人問有何術致此，答云：『别無他奇，惟早睡早起，白晝不假寐，肢體常令小勞，淡嗜欲，節飲食，少用心而已。』聞至今猶健在，已近一百二十歲，惜乎未見其人也。

張吴氏貞孝節烈傳略

婺西甲路北山人張某業儒，年十六而卒，吴氏未嫁而夫亡，决志守節，往事翁姑，生事以禮，歿葬以禮。族叔公憐而立嗣，嗣子名德祖，木業鄂州，咸豐二年被擄逸出。代子娶婦生子。八年毛賊犯婺，遭賊殺死，年已六十餘，子婦與孫無恙。

卷二十三

婺源　齊學裘　子治

產怪物

儀真南門外關帝廟東，邵廷禄妻產一怪物，人身赤色，頭面反轉向後，兩角向前，不辨男女。其面目似狗非狗，似猴非猴，手如鴨掌。甫出產，僵立地下，聲如裂帛。母遂驚死。

道光二十四年事。

孝女鳳姑

王茂才云儀真南門外大馬頭，陳德愷有女鳳姑年十七，事親極孝。當咸豐三四年間，逆賊擾儀，貧難自給，陳欲投充鄉勇以糊家口，女泣陳曰：『父母逾四旬已非少壯，何重妻孥而輕己命若此！家内尚有數千文，衣飾變賣，尚可買稻舂米零賣，稍得微利，亦堪度命。』父以無力辭。女見父有難色，遂獨任其事。女體素弱，從此日夜舂簸，暇則兼事女紅，刻無寧晷。越二載力竭成癆，吐血而死，時年甫十九。德愷至今尚在，每言及此，涕泗交流。噫，世之男兒有力而不能養親者，誠可愧矣。

奸僧欺騙

王云東臺縣庫吏沈瑞堂與余友，一日余至署訪沈，見庫門封鎖甚固，余曰：『此庫中竟有許多寶藏耶？』沈曰：『除征解錢糧，平時庫内并無銀錢，獨有一物，爾試猜之。』余曰：『不過歷年要緊案卷，犯人凶器，驗過尸首等物耳。』沈曰：『吾固知爾不能猜也。五年前鄉海間有被奸僧欺騙者，僧與其妻通，勸其夫將勢割去，始得生天成佛。某即將刀割下，幸未死。弟兄叔侄知其情事，持勢鳴官，捕拿奸僧，不知其處。現今其人尚在，而此物則以石灰竹桶盛之，封藏庫内矣。』

生魂索命

儀真南門外水巷顧廷高，有女名引鳳，嫁與張藻爲妻。張家小康，廷高屢次借貸，一日謂女曰：『爾將衣節逐日暗地携回，假作尋死狀，恐嚇夫家，便得大財。』女信其言，舍傍有塘，邊甚淺，女故尋隙炒鬧，投塘尋死，不料其塘中央甚深，竟溺死，死後廷高得婿家銀二百兩了事。纔一月，女忽白日回家，但聞其聲，不見其形，説：『我陽壽未終，不因爾貪財聳令，何以致死？我現在渾身水淋，痛苦非常。』坐處皆濕。家人延僧超度，女曰：『我乃生魂，非鬼也，作此胡爲？』鄰人謝國安來探視，女起立曰：『四伯有是理乎？』或有以無不是之父母勸者，女曰：『生爲父女，貪財逼命，尚有父女之情耶？』又有勸其往夫家者，女曰：『夫家無害我之心，我不能往也。』次日將父一推，跌地成癱，將所得財物醫藥用盡，三年後死。張姓復娶，家道依然，現住揚城。

王春寅茂才口述如此。

誤人自誤

王云揚州徐志彬本賈家子，由附生捐職縣丞，分發江西。初到省，問同鄉友某曰：『初見上司，履歷如何呈法？』某曰：『爾未曾看戲耶？我輩做官如唱戲一班，將手本數頁全行放開，如天官賜福狀便得矣。』徐信其言，依法行之。上司曰：『爾胡爲作此態？』徐曰：『此同鄉友所教耳。』問何人，徐以姓名對。上司曰：『吾察其人似非長者，不料其輕薄至此，彼已應該委署矣，即將彼應署之缺着爾去代署。因爾尚讀過幾卷書，爲人老實肯聽人話也。』某悔之無及，且爲同寅所竊笑云。

冤冤相報

儀真陳家灣河西義益當典，山西人所開，欠同鄉某銀萬金，某來索本利，典東欺其愚，又不務正，稍與子金誘其游蕩。有地保小劉九者，某與爲友，勸其恐嚇典東，方肯還銀，必須帶刀自刎，務用左手持刀，方不得死。某從其言，登時殞命。其時某無親丁在旁，小劉九向典索詐若尸親然，得銀二千兩。娶妻某氏極淫，有開海味行之宋九，因起屋缺銀三百兩，向劉九借用，期至來春本利還清，劉九之妻有外交，欲去劉九而嫁所歡，將夫灌醉，亦聳令帶刀至宋九家自刎殞命。

經官相驗，宋九家用去千金。劉九之妻亦將其夫索詐當典二千金盡行用了，不知去向。此道光三十年間事。至咸豐三年兵亂，典東埋銀二萬兩於井中，填滿磚瓦。賊退，稟請地方官會營起窖，約以均分，不料井中銀化爲無有矣，反花去人工使費若干，怏怏回籍。

觀此一重公案，典東之慳吝欺愚，財散固宜；同鄉某之游蕩痴騃，死由自取；小劉九之借命詐贓，非常奸毒，報應昭彰。獨宋九之不擇交而借銀以致延禍，亦殊欠分曉矣。

小老爺

王云道光年間，豫工二卯開捐，有浙江官家子徐本原年甫十六，捐一從未，原俟將來長大再捐分發，不料掣籤第二，其時湖北房縣典史缺出，派徐補授，不得不去到任。堂翁疏懶，一切小事悉委代訊，有兩小苗和奸結訟一案，徐曰：『此等醜事萬不可做，幸爾兩人年尚輕，想係初犯，此次姑寬，下次斷不能貸。』群苗在階下候審者，咸以手加額，喜曰：『老爺年雖輕，話却有理，吾輩當贈以錢。』須臾各於腰間探錢擲於庭中，皂隸拾之得二千餘文。自是官聲大振，凡苗人有訟，不赴縣堂，俱來捕署，都呼爲小老爺云。

賭誓靈驗

鎮江趙某在東臺洋藥棧作夥，有開烟館之張寡婦與棧錢貨來往，皆趙經手，結帳時趙謂婦曰：『他賬皆清，惟某日以金簪所押洋藥一斤，未曾還手。』婦曰：『我分兩次還過，不然金簪何以見還？』趙極口抵賴，同往城隍廟賭誓。趙曰：『我如有心錯帳，千刀萬剮，墜江溺死。』婦曰：『此事我不能親見，須取我能目睹者，我自給錢耳。』趙復誓曰：『我若負心，跌斷足拐，不能還鄉。』

一月後是日天晴地乾，忽如有人推跌，脛骨折斷支出，痛不可忍。店東以其犯誓敗壞店名，略贈川資，令其回家，家本無親屬，同鄉以某行止不端，衆皆不齒，流落東臺爲乞丐焉。

王小珊小傳

王大姑娘字小珊，貌中人，放誕風流，艷絶一時。有女字月英，亦殊色。大府某張筵蘭陵，欲奪其女，小珊進曰：『草木賤質，幸蒙殊寵，何异羽化登仙，俟黄麻詔下，當先送入相府薰衣。』某公不能强也。會張玉良擁敗卒至，艷小珊名，侵曉率健兒露刃入室，掣其衾帳，小珊赤身立床上，大聲呼曰：『大帥愛儂，即大帥之姬侍矣，可露醜縱部曲觀乎？』張乃叱退群卒，解衣被之，小珊徐徐著衣服，戟手駡張，啓樓後窗墜下。張遂遁去。蘭陵不守，避居如皋。文登于漢卿集句爲楹帖云：『我未成名卿未嫁，别時容易見時難。』澧州黄子湘書以贈之，時漢卿、子湘均罣吏議也。

雲間軍門方解兵柄游海陵，小珊拿棹徑迓其舟，軍門問來何意，對曰：『公今爲天下第一人，公始一無賴賊耳，儂賤倡也，亦願爲倡家第一人。公不可不識儂，儂亦不可不識公。』帥大笑，挾之游數月，贈以巨金。小珊遂杜門謝客，學作書畫，曾見其爲田渥齋畫梅一枝，勾勒如生，頗具宋元規模。漢卿題三詩云：『雌蝶雄峰種種因，紅蛾忽脱繭中身。春纖洗净燕支涴，端爲梅花寫喜神。』『草壓苔纏綴玉枝，形相枉費比紅詩。疏烟如織春星動，夢醒師雄又一時。』『病酒情懷懺綺年，蕪城新柳又成烟。小桃一樹猶豐艷，莫雨荒山伴老禪。』同治十二年癸酉三月十一日，于婿漢卿述於邗上隨安齋。

潘功甫掘井救旱

咸豐二年春，吴門潘功甫舍人先知大旱將至，廣掘功德井於城中數十處。井中得銅觀音一尊，供奉古寺。是年大旱，居民賴之。潘即於是年冬去世，知兵亂將至，無疾而終。

翦鷄毛

咸豐二年，陰兵到處出現，有形有聲，城鄉之民鳴鑼以御之。余時寓居吴門友來巷，一夜聞鷄亂叫，燭之，見鷄翼盡爲鬼物翦去，來朝詢之鄰家亦然。越七年庚申之變，蘇常失守，變异之兆已萌於此。前人記乾隆四十五年夏秋間，蘇松常鎮一帶訛傳陰兵遍野，樹頭皆有火光，隱隱有旗幟，黑衣紅褲，層布如林，惟面目模糊不可辨，往往入人家翦鷄毛、辮髮、婦人乳頭、小兒陰莖，鳴金逐之，東伏西起，至曉始定，舉國若狂。有李生者夜卧置盆水床前，聞窗上畢剥聲，甲士高尺餘，由窗隙入，徑登榻，擊之墮盆内，一紙人背插鷄毛，持利翦，唇際血點殷然，就燈燒之，呦呦作兒啼聲。未幾山東臨清州有王倫之變，皆其妖黨所爲也。誰知越七十三年，親見妖异於蘇松常鎮之間。噫，何我生之不辰也。

謀地顯報

婺源斤竺村李某善堪輿，見某村有山龍一穴好地，於是廣買田畝於此村，倩地主耕種十餘年，不取其租。一日到佃户家追租，旦夕收畢而返，佃户無租畢償，遂索其山地以償積欠，佃户無法，衹得從之，遂將山塋以獻。李得地旋殁，藏於此山。越數年其子長大，亦好堪輿之術，見其父墓大不愜意，謂此地不但無福，而且有禍，遂掘起棺木，置之菜園地上，不封不厝，雨淋日炙，棺朽骨露，子亦夭折。

俞雪齋口述謀地之顯報如此。

小善可爲

婺源程植三云吾曾祖冠珊公振燮，庠生，祖輔廷公承訓，庠生，游宦嶺南三十載〔一〕，官至太守而終。咸豐二年羊城失毀，相傳失毀之處即祖居官之地，舉家驚惶，恨無竹報。曾祖出探消息，天降大雪，遇樵夫於塗擔柴求售，換米濟飢，曾祖憐其貧，除柴米之外另給米一斗。樵夫感謝，問封公姓名而去。是夜二鼓聞叩門聲，啓門視之，即雪地賣柴者，問其來意，樵曰：『我到家聞近鄰服賈廣東回家者，急問府報有無，鄰翁曰有，故特送府報到府以慰翁望耳。』曾祖大喜，謝之以米，不受而去。曾祖因誡孫曾曰：『勿

〔一〕 宧，原誤作『官』。

以小善而不爲也，爾曹其識之。』

固執可笑

吴子敬翁與余言：人之處世最宜圓通，不可固執。寓居京都時，見一車夫載乾糞一車從東而來，有山西人騎騾向東而馳，踏翻車糞，車夫大怒狂叫，要騎騾客掃街償糞。客遂下騾贈車夫一千大錢，免其掃街，車夫不依，客又添大錢四千文，車夫怒曰：『即與我五十千文，我亦不掃，何况五千！』祇管箕踞車旁吃烟。斯時觀者如堵墻，客憤極，自取箕帚掃糞盈箕，遂覆車夫頭上，耳目口鼻中皆爲糞填塞。一市之人大笑而散，客亦從容騎騾而去〔二〕。視世之作威作福、占上風而不知轉帆者，都如此類。吁！可嘆也。

〔二〕 容，原誤作『客』。

猫鼠斗

有乞丐得一山鼠養之，甚有力，能與猫斗，常與人家賭輸贏。鼠見猫來，卧地仰天，四足收縮，聲色不動，猫見鼠伏，起威撲鼠，鼠躍嚙猫喉而斃之。乞人屢得勝采，衣食不虧。數年後乞人携鼠賣技，到大典當内斗猫勝采百金，猫斃十數頭矣。厨人抱一老病黄猫出與鼠斗，鼠仍然卧地仰天縮脚以待，病猫見鼠形狀，轉身而去，鼠見猫退，遂翻身而立，詎知猫陡回頭，嚙鼠斃之，置之地，徐徐而去。乞人見鼠死，哭泣之哀，達於户外，典東還其采銀而遣之去。

余聞人述悍鼠爲老猫所擒，不覺喟然嘆曰：古之君臣士庶爲鼠輩小人嚙斃者不知凡幾矣，而鼠輩小人之能嚙斃君臣士庶者，皆由君臣士庶初以輕視之，繼以猛制之，不忌器而投之，不知貴而攻之，故墮其羅網而不悟。今觀老猫之捕悍鼠，不動聲色，退而避之，使鼠技已窮，鼠心無憚，然後出其不意，攻其無備，回頭一嚙而斃之。行所無事，毫不費力，而鼠害已除，殆所謂大智若愚、大勇若怯者歟，故特記之爲天下後世欲除鼠輩跳梁者鑒。

飛頭猺

廣西邊界猺人種類甚多，惟飛頭猺最奇异。日間入市貨財交易，夜間身卧在床，頭飛上絶壁，口含風蘭、石斛等物，飛下溪澗含魚蝦，運至床下，天曉出外入市貨殖而回。

嫁金蠶

廣西境内有金蠶，食綾緞，每日裂帛飼之。金蠶遺矢如飯粒，置矢於飯中，與人食之，即是蠱物。凡客寓妓家，蓄蠱以害人。金蠶喜處凈室，忌猫鼠，主人服伺不周，少不如意，便遺害主人，一家相繼而斃。主人懼害，即以金銀緞帛包裹金蠶置之於途中，聽憑途中人收取，謂之嫁金蠶。有金蠶不願去者，雖嫁去仍復來也。

妖女

廣西人家每每添人進口，不知來歷，不知姓名，其女在人家親操井臼，亦儉亦勤。

家中若少錢帛五穀，女即自外運來，無須動問來由。惟男子不可與近，近即化爲血水，其毒如此。一方之内有一妖女，則東家失財，西家失米，竊案纍纍，不勝其擾。地方官排家親查户口，見多一女之家，察得無來歷者，則掘一土窟，將妖女蓬頭赤體立在窟中，煎一缸礬水，澆其腦上，便化爲血水一潭，妖害遂除。否則雖凌遲支解，逾時復活，亦一奇也。

蟒呼人名

廣西多蟒怪，客商路過山澤間，若有呼名姓者，切不可回頭答應，倘若答應一聲，是夜必有巨蟒來寓噬人。客商落店，店主必問今日途中有呼君名者否，君曾答應否，如曾答應，即速出銀三兩去租飛蜈蚣來除蟒害。飛蜈蚣租來置床頭，三更時聞大風起窗外，蜈蚣即便飛出窗外，須臾如大樹倒地，聲震房廊。蜈蚣復飛入匣中。天明啓視窗外，則見巨蟒斃於地下。記之特爲游廣西者鑒。

瘴毒

廣西烟瘴之地，惟女妖瘴氣最毒，女妖赤體卧峰尖之上，下體毒氣冲出，被風吹壓在地，人觸之立斃。惟古玉赤金能收毒氣，游斯地者宜佩古玉赤金，庶不受其毒焉。

木龍井

婺源城北門内大關帝廟，廟旁有木龍井，傳聞昔年帝君殿前雙龍蟠柱，殿上有琉璃燈一盞〔二〕，香火道人夜夜添油，達旦不息。忽一夜未三鼓燈息油乾，道人疑其徒偷油，到夜間伺之，見柱上木龍下飲燈油，怪而逐之，雙龍投井而没。

〔二〕上，原誤作『土』。

雷擊長舌

殷家溪，婺源村名，王某貧極，歲暮天寒，無計度臘，同子抬一水缸入城求售。有人欲買之，旁有一人曰：『天寒賣缸，其窮可知，其價數百文足矣。』王某聞而不賣，復抬別處，轉灣路滑，其子失脚墮地，其缸撞破。父怒子不小心，順手將擔杼撻之，其子遂斃。歸告其妻，妻痛其子，投繯死。王某見妻子皆亡，投水死。幼子失母亦殤。黑雲忽起，雷擊長舌之人於街心。王某家從此蕭條一貧如洗。噫，一言傷人四命，死有餘辜，書之爲出話不慎者戒。

程植三云。

忍氣免禍

婺源梅田村有水碓一座，村中某爲人長厚，從不生氣，家小康，倩工人舂稻未完，有外鄉主僕二人挑稻來舂，欺其力孤，奪其碓而自舂焉。工人憤極，歸告某，適某邀人爲葉子戲，漫應曰：『汝去，我即來。』工人去，見某不來，遂鬥，鬥不過，復回家告之故。某見工人手足受傷，與工人曰：『春米有何大事，彼要争先則讓彼先舂，况彼是外鄉人，事理宜相讓，何必生事？』從容起身，同工人來與理論，未到碓處，聞人説某家僕人失足墮死。某告工人曰：『若非我性能忍，幾同汝入縲紲中矣！忍一時之氣，免百日之災，「氣」之一字，可不忍歟。』

孫致和親見其事。

放蠱

程植三云余於同治己未年負販到柳州，住行家，欲覓妓館，友曰：『有，特不敢去耳。此地無官妓，祇有私家子，稍欲親近，世不能還鄉，以藥迷人，謂之放蠱。』余曰：『不告而行可乎？』曰：『是欲速死！伊之放蠱不拘時耳，明告歸鄉，或一年半載約期而返，伊復用藥解之，不然，藥性到期必發，一發便死。』余聞而懼，從此不敢尋花問柳矣。

亡父救子

婺源孫致和云叢樹江村李氏守節，一子出門謀食，年餘，李氏夜聞敲門聲，問爲誰，曰：『快開門，回家取川資。』聲類其夫。李氏開門一觀，無所見，遂辦酒食，焚紙錠。是年其子在湖廣木排傭工，一日排泊岸，衆工人晚食，忽聽火房柴堆墜聲，往睹無异，如是者三。衆怪之，查人數，少一李家子，急上岸尋，見李泥塑倒地，負歸救醒。問其故，曰：『適安排，見一鬼來引，昏迷不知，故遭其害，後見吾父來與鬼鬥，鬼敗而遁。聞父語吾去邀人來，因得活。』辭歸告母，算其遭害之日，即家中聞敲門時也。諺云出門人必有祖宗護佑，信然。

扶鸞奇驗

王春寅茂才云道光甲午科江南鄉試，予師汪西如秦先生六月中旬與數友扶鸞問闈題，乩云：『今年題目不必問我，須問唐伯虎便知。』先生因擬作『天何言哉』一節、『大哉堯之爲君』『唐虞之際』等題，謂虞爲虎頭，必堯舜題也。比考，則題爲『執圭』一節，始知伯虎字六如也。先生是科中副榜，卷本在正榜，因拆彌封時，主考謂學政曰：『此人名姓太奇，何取南宋兩大奸臣合而爲一？』以是降副。可見凡事皆由前定，而命名亦不可不慎。

扶鸞知警

王茂才云咸豐六年二月二十九日[一]，揚州二次失守，雷藿郊大帥營内扶鸞問軍務，乩云：『軍務大事，不可泄漏，但後日過節了。』又云：『我説錯了。』二十九日爲清明節，不知何以云錯。後於清明日失守，擄去四千餘人，城中婦女被污投井者不計其數，始知誤『劫』爲『節』也。事之前定有如此。

[一] 年，原誤作『月』。

害小姑惡報

王茂才云儀真南門外水巷内徐應增家素豐，夫妻亦相得，家有寡嫂，并一妹，名老姑娘，因貌陋，三十餘歲尚未字也。母甚愛之，臨終時吩咐兒媳曰：『此女甚苦，吾之衣飾當悉予之。』兩嫂懷恨。女與乳母獨居後樓，足不履地，次嫂設計賄乳母，勾男僕導奸，日久懷孕，俟其將分娩時，次嫂謂其夫曰：『吾若犯淫，若何待我？』夫曰：『血吾刃耳。』嫂曰：『汝妹犯淫，獨不血爾刃乎？』夫怒甚，上樓見妹分娩，次嫂用烟筒頭及鐵尺亂砍小姑頭，血流被面，寡嫂在旁嬉笑自若，絶不攔阻，登時隕命。

越一年晚間，有人敲門，僕開門不見一人，如是者數次，主人呵曰：『無故將門開閉，胡爲者？』僕請主人來聽，果有人敲，見其妹抱一小孩徑入内，嫂適懷孕八個月，口稱老姑娘來索命，并謂寡嫂曰：『爾當時見死不救，爲分衣飾地耳。先將設計害我者追去，十年後與爾再會。』言畢五臟悉突出而死。十年後家道日衰，寡嫂忽得瘋痰，喜食人糞。兄亦貧，難自給，咸豐六年死於城隍廟施粥廠。

蜈蚣飛天

咸豐四年，揚州失守，甘泉王春寅茂才陷城中，五月五日仰觀天際，見一大蜈蚣二三丈長，自西北飛至東南，鑽入黑雲而没。同治十二年正月二十五日，予訪程植三鹺尹於揚州瓊花觀旁，得見王茂才，年五十五歲，古貌古心，爲義學師，口述親見蜈蚣飛天如此。

王茂才袁江認子

西賊陷維揚，王春寅之第三子名廷瑄，年九歲，母蔣氏懼賊逼脅，以先人木主容像付次子廷璧曰：『汝速逃，以存宗祀。』次子去，母遂投井而死。長子廷璽痛母，駡賊，被賊刺死。次子廷璧出城，被賊擄去。四子廷璋失乳死。一女尋卒。季冬郡城克復，瑄與父病卧廡下，官兵舁以出城，投營訊鞫。問官徐公德元，字培之，安徽建德人，嘗令甘泉，爲瑄父受知師，一訊開釋，而瑄已失散。次年，徐公在淮候檄，瑄父往投依其宇下，十一月徐公往袁江，未返，瑄父忽心動，因往探消息。路經板閘村舍，見兵勇數人，載輜重，擁一兒，酷似瑄，呼兒隱叩之，果瑄也。載兒者係陝甘兵馬姓，將携之蘭州矣。馬曰：『非得重資，不可得也。』瑄父往見徐公，告之故，徐公慨給五金，瑄獲歸，更名徐復，志厚德也。

王茂才口述其事，故特書之。

吴觀察忠烈

光州吴紅生觀察葆晋由中書京察出守揚州，貌嚴内寬，愛民如子。咸豐八年秋，補淮海道。九年春，袁江失守，河帥以下俱幸獲生，而公獨於百子堂前罵賊遇害。精忠致命，大節凜然。

王春寅茂才爲公門下士，述公死事如此。

卷二十四

《吴門出難記》

婺源　齊學裘　子治

定遠　方濬頤　子箴

予與玉谿相聚於揚州八年之久，知其大難不死，行誼卓絶，爲今之古人。每向之詢當日亂離情狀，輒欷歔爲道一二，弗能盡也。日者手一册見視，曰《吴門出難記》，且告之曰：『子平日所問於予者，具備於此。惜乎拉雜不能成文，子爲我删而存之可乎？』因撮舉其略曰：

咸豐十年庚申四月十二日，學裘寓吴門友來巷，聞粵寇逼近會城，因遣從侄富文、奴子平福偕兒子功成往尋張蘭坡借去避難之船，予待船來，再携婘屬出城。予偕三弟學斗訪周大令存伯於玄妙觀，則已遁去。就茶肆飲，薄暮始歸。三弟居臨頓路，相距才數里。是日日光异常，映墻作血色。夜思成兒不寐，達旦甫欲出城，而賊於四更啓城而入，巷内聲汹汹，予亟命媿屬暫避於所居之側輿夫矮屋中。予則携青蚨三百，懷乾棗舃《一撮金》課書一册，扶杖出門，小童阿喜持雨傘隨其後。行不數武，一賊踵至，年可二十許，其色甚和，問予奚往，以何爲業。予詭曰：『賣卜，將出城謀生計。』賊舍之而去。予行至西巷口，遇一紅衣騎馬賊，群賊擁之而趨，問予盤門在何處，予指令向西北，意將隨之出城，馬速，追弗能及。過王府基，見叢冢間男女紛紛露處，予曰：『此非樂土，宜早出盤門。』衆諾而行。予扶杖緩步，聞一賊呼予曰：『止止。』回顧則見老少二賊手無寸鐵，比肩而來，亦詢予何業，予對如前，索予褎中物，以錢予之不受，示以課書，頷首縱予去。時阿喜已不知何往。

天將夕，徬徨入人家後門，院宇深邃，由庖而室而堂而廳，張燈懸彩，四無人聲。予徘徊其中，倦則隱几而寐，亡何日暮，信步至後堂，登其樓則是新嫁娘所居者，羅帳錦裀，宛然在目。案有果餌，飽啖之，惜乎無茗，遂登床擁衾酣睡。天甫明，聞人聲起，褎所携物，曳杖下樓，至前廳遇木工三人，似舊相識，駭予居此，儻賊至索財，將何以報？幸速去，毋少留。予詢若輩將何往，曰：『屋主人命吾三人守屋，吾三人奚能爲，亦將去矣。』予喜與三人結伴行，行未里許，遇衆返自盤門、齊門者曰：『門皆有賊守之，不能出。』予折而回至干將坊巷，見一水船柴房有小樓，登而少憩，飢則啖棗，欻見一人携幼子而上，予招之同坐，詢之，曰：『我有一妻四子，妻與三子皆爲賊擄，予携幼者將往尋之。』分棗與幼者食。又見一人登樓，耳語曰：『此爲吾業，鬻柴水度日，賊來擄吾妻，吾夜宿林莽中，旦歸取食。』因出大瓮所藏角黍分以餉予。予嫌其冷，且告以食棗不飢。問予居何處，予告之，詢其姓名，曰：『吴桂山。』予見其人樸誠，因假屋以居，俟得間出城，偕往江北可乎？桂山曰諾，讓榻於予，己則卧樓板上。是夜城中火，喧嘩不絶於耳。聞對河賊索金帛有投河死者，憑窗目睹，心爲惻然。日間幸無賊踪迹至此。

予睡至四更，遽然心動，亟呼桂山起曰：『此樓不可久居，汝速送我歸寓。』桂山遂同下樓，中途見尸骸横地，紆道避之，至友來巷敂門，則老僕張元、小童阿喜應門而出。箮室陳姬潛處鄰家，與老嫗聞予歸，請予至彼，煮粥食予，云：『昨夕結女伴出城，不果而返，小婢如意已爲賊擄。』翌晨見賊往來搜括，千百爲群，幸不傷人，云僞忠王有令，不許持刀入人家。十五夜三更後，予命老輿夫出所囤米三十餘石，分送四鄰貧户，户三斗，汝亦取三斗，食完再取。輿夫勸予留米，勿以予人，予曰：『汝烏知之，賊數日後必按户索糧，多藏無益也。汝除分送之米，視倉内尚存幾何？』曰：『八石有奇。』

『汝取幾何？』曰：『五石。』曰：『事敗矣，汝一間屋而有米五石，賊斷不汝留也，其分匿他處。』輿夫唯唯而退。未十日，賊果來索糧，輿夫米盡爲攫去，獨予所囤之米獨存，故至十一月二十二日出城時訖未絶糧也。

半月後，輿夫與其二子皆被擄，其妻與幼子幼女尚居屋中。一日白善橋大士閣火，賊拋大士象於厠中，有人俟賊去，出象於厠净滌之，奉安閣上，香火如故。未幾三弟來拉予出游，過富人之居，入其門，闃其無人，登其堂，燈巨於缸，至其室，光明輝爛，登其樓，則八寶爲床，四面皆嵌頗黎，繪秘戲圖，曲房複室，使人心醉。坡公詞云：『燕子樓空，佳人何在，空鎖樓中燕。』予乃親歷其境耶。三弟婦，程辛田先生之女，生一子甫七齡，賊入城，弟婦死之。三弟携子入賊館，遇賊之僞文職官，詢弟家世，賊頗知先子文名，待弟頗善，日令刈馬芻，夜則擊柝，一更後聽弟眠，父子同居勿禁。故至三年克復，得保舊居，父子皆免於難，此其中殆有天焉。

忽忽秋盂，予方安處於天空海闊之居，忽二賊至，延予入館，與金陵某先生彈琴咏詩爲文字交，屬勿見却。予以昏花老眼病廢之人，館中安所位置，其善爲我辭焉，二賊遂去。越兩日又有四賊至，予瞥見之，即從巷中逸出，登對門小樓潛身於屋檐下。賊搜得之，訝爲妖，一賊曰：『殺之可乎？』一賊曰：『不可。』一賊曰：『拋之下樓可乎？』予大呼曰：『偷生數月，不如墜樓而死之爲快也。』語未畢，賊推予下墜，瓦片紛紛如雨，恍惚間若有人掖予坐於井闌之側，毫無所苦，色不變，心不動。二賊下樓見予狀曰：『此真妖矣，不殺不可。』一賊覓石撞予腦骨，骨無損。忽見一賊酋至，怒批二賊之頰曰：『安民已久，何得溷入人家，以石撞老人頭，白諸侯王，汝罪當死。』二賊駭而竄，予徐徐散步以歸。大難不死，至今思之猶凜凜也。

八月予方撫琴，有金陵爲賊者六人闖然而入，二賊守門，四賊呼七十七歲之陳嫗導往內室。予曰：『老嫗耳聾，汝有事儘可問予。』賊遂呼予進，予懵懂不知畏懼，既入內，賊索予金，曰：『予本無金，即使有之，陷城半載，已爲他人索去，爾來晚矣。』賊怒，先鞭陳嫗背，嫗啼，予叱之曰：『忠王安民已久，汝安得如此不遵法度。』賊益怒，以長繩繫予左拇指，擲其半於屋梁之上，一賊抱持予，一賊牽繩下縋，予身重與賊相抗，賊無力不能舉予起。危急之際，忽聞堂前呵殿聲，四賊皆遁。予自解縛同陳嫗出，不見一人，詢之鄰翁，乃知比鄰毛氏媪來予家乞火，守門賊拉之入，媪叫號，直巡街群賊過此，聞聲而入，械賊釋媪，五賊踉蹌而逃。予又得免此厄，終日以琴書自怡，不復問門外事。

偶出游，遇短髮頭陀熟視予，遽問曰：『先生姓齊否？』予曰：『然，師何以知？』曰：『某乃寧國祠山廟主持僧，先生於某年薄暮過山寺宿，蒙貺番銀四餅，先生乃忘之耶？』予延之至家，詢其何以來此，僧欷歔泣下曰：『廟中十三衆皆遇害，僅留某不殺，脅從至此，欲歸無路，願先生指迷。』予教以出胥門過東洞庭，抵湖州登岸，便入寧國界，待時而動，萬勿造次。僧拜謝而去。

楊敬之者，白下手民，其父爲小吏，死於賊。敬之得雲騎尉世職，曾爲予刊書三稔。甫歸家即陷於賊，偶至吴門訪予，持巨室所藏法帖名畫、古瓷衣裘見贈。予嘆曰：『家藏金石丹青、縹緗籤贉，身陷危城，皆非我有，尚敢妄取他人之物乎？速將去。』敬之笑曰：『我孑然一身，留此何用？因先生嗜古，聊爾借花獻佛耳。』言罷徑去。無錫東庭鎮張某爲村中訓蒙師，多男無以爲生，遣其十二齡幼子名壽康者服役予家。予令之磨墨伸紙，甚勤謹，予甚憐之。既長，予薦之友人爲宰官者，得多金，辭其主，返東庭市布，賊擄之至此，詣予拜而啼，予慰之曰：『「素患難，行乎患難。」得間而逸，庶可自保。』麾之速去，恐爲賊所側目也。一日來一世家子，方面大耳，年二十餘，從者十數人，屏退左右，密告予曰：『夙仰先生名，來此訪求半月，今得一面，幸矣。』詰其姓氏里居，笑而不答，第云：『吾家四十餘口盡死於賊，一身甘受僞職，統領萬人，所以忍辱不死者，將圖復仇耳！先生曷爲不早避地而陷於此乎？』曰：『予故有舟，爲友人所假不歸，故罹此厄。』某曰：『無憂！先生何往，小子當遣護將送先生出，大江南北皆無阻滯。』予以死守先人手澤不忍輕去答之。見予筆筒中有退羊毫，愛之，予贈以二管，褎之而別，後遂杳然。此九月間事也。

一日三弟過予，偕往干將坊巷茶肆，見春桃當爐瀹茗。春桃者，故人黄榖原之婢也，貌醜而心慧，匿榖原之姬人俞氏於密室，不使賊見，已則設茶肆以養其主母，真義婢也。三弟曰：『弟幼時好射鼅爲箭的，鼅死無數，賊未至之先，弟以黄白珍寶諸物窖於陸氏廢園墻脚亂石之下，一日鼅出望天，有二賊童見鼅捉之，鼅入亂石，爬石覓鼅，不見鼅而窖物遂爲賊攫去，豈非射鼅之顯報哉？』又曰：『弟偶至古寺，見群賊開棺出尸，植立於墻，若鬼陣然。有一少女之尸貌如生，群賊方戲弄之，弟不忍視，遽出寺門。』兄弟二人行至瘟將軍廟，見所謂瘟將軍者，土偶無頭顱，再視之則赫然紫面挂於旗竿之上，蓋賊所梟也。入東禪寺，見諸佛象破腹斷臂、斬首斫足者，縱横滿地，象教之衰，一至於此。佛猶如此，人何以堪！又謂：『玄妙觀三層寶閣，閣板無存，玲瓏如鳥籠，然柱礎爲賊所碎，空洞見底，而衆柱懸空不仆，亦一奇也。』回過干將坊巷，四月避賊之柴房小樓一片焦土，吴桂山不知何往矣。

十月初旬，有新賊至友來巷占民居，彼云打館，予移寓大石頭巷，與僞官蘇福省知府姚某之屋比鄰，姚本縣令降賊，所居後園墻甚短，與予屋毗連，微聞其媿屬將易服僞爲難民出城，姚亦思逃之遠方，云有悍賊將至，不可以居。適予舊鄰人蔡允三囊在吉勇烈公標下充馬兵，現爲賊之護將，力勸予出城，免爲賊所害。心然其言，猶不肯抛弃先人手澤，且盼大軍指日克復金閶，庶乎書畫碑帖、一板一石皆可無恙。延至十一月冬至後，我軍不至，不得已决計出城，允三先賄門者以什物兩袋，予番銀三餅，難民一口予制錢七百，予則携杖挈物，陳姬、朱三太、陳嫗各有所持。三太者，俗稱也，夫爲府吏，蚤寡，避難同居，故偕之出。蔡允三、趙長子則各肩一袋隨其後。行至半途，見一真人立館前，真人者，賊目之婦也，見陳姬與三太，欲留爲綉娘，遣賊奴阻予行。允三叱之曰：『此老兄弟之戚也，無須留。』蓋賊之相稱無貴賤長幼，皆曰兄弟云。至閶門則門隘僅容一騎，遇賊兵入城，據鞍顧盼，予六人者皆從馬腹旁側身而過。

既出城，則見遍野皆賊之潰卒，行抵湖田允三打館處，窗牖晶瑩，茵褥華美，予至此心神交泰，飽飯出游。回思六月陳姬病劇，日惟飲茶，竟得不死；青蚨三百用罄，忽得林乳娘寄存番銀十餅，陳姬、朱三太以之製餅餌售於人，獲息以資日用。予曾見賊目娶婦，亦行新迎禮，新郎以黄巾裹頭，衣藍綉袍、黄馬褂，旗傘紛紛，如迎神賽會者，從者皆紅巾，乘馬數十百人。又見饋物者，羊豕鷄凫、桃梅菱芡之屬皆陳於桌，桌凡十。其他見聞怪异之事難以枚舉。

予住湖田一月，吴人趙長子覓得常州大蒲鞋頭船，予偕陳姬、朱三太、陳嫗、文學，文學者，琴友包巢仙之弟子也，包爲道士，予與文學素相識，向在湖田奉母而居，其母命之送予過江，故同舟；允三之室人亦隨行，允三所托也；趙長子夫婦二人，婦任氏居陽湖東洲村〔二〕，故同舟到東洲村度臘。先抵鰵背村登岸，宿任氏支祠，翌日至東洲村，寓任金寶家，賃其叔屋兩楹，金寶之伯父孝廉某杜門不出。陳姬於是市牲醴以祀先人，共慶一門得出坎窞也。

〔二〕洲，原誤作『州』，下同。

倏過歲除爲辛酉元旦，鄰家排日招飲，人日予作兩函，托文學持書渡江，一致通州石港于婿漢卿，詢兒子功成消息，一致伍祐場王婿仁庵〔二〕，俾兩婿知予無恙，仍在人間。資斧告罄，廑存青蚨一貫，俾文學爲旅費。文學欣然而往，真義士也。予携金寶買小舟，貸居停米三斗，往宜興訪諸弟妹消息，半途聞賊兵過，舟子不敢行，予笑曰：『賊中怕賊，一步不可行矣。速去，有我在，庸何傷！』舟子從之。至和橋鎮，見予家醬園鹽肆之屋十焚其七，遇張木工，問諸友朋，皆流離四散。到徐媪家，見其女白大已長成，未爲賊擄，見族叔達夫卧床病革不能語。問弟妹消息，徐媪云：『去夏曾見之，今皆逃亡，莫知其鄉。』問城可入否，曰：『不能。』予悵悵回東洲村。唐文學、平福從石港回，得漢卿書，知成兒在彼讀書安善，趣予渡江。寄予資斧，予得酬文學之勞，又浼文學送陳嫗返無錫。允三之室人則寄居於金寶之母家，致書允三，屬其自爲料理。蓋以少婦同行，恐有不測，難以對我故人。予則偕陳姬、朱三太、任金寶、平福過江，文學送至江干而返。

〔二〕祐，原誤作『佑』，據卷七《犬鳴冤》條改。

抵石港，泊北莊，漢卿迓予笑曰：『外舅辛苦賊中來。』予笑曰：『三生石上再來僧。』成兒見予，雀躍而前，予女見予形容憔悴，潸然下涕。漢卿衣我衣，食我食，喜可知矣。俄頃張蘭坡來見予忸怩，以假船不歸陷我賊中殊有慚色，予則萬事歸之天命，概不尤人，遂了却一重公案。成兒欲讀《文選》《左傳》，苦無其書，予鄉人施魯堂於石港設米肆，招予飲，并以二書贈成兒，高誼至今不忘。任金寶者，幼貧，爲人牧牛耕田捉魚，習成衣匠，苦其師之荼毒也，逃至少林寺。寺僧留之，教以拳勇技擊，奉僧爲師。師涅盤，金寶歸耕，遇予，乞提携，願爲兵殺賊以報國家。予壯其言，奇其技，遂作書薦之上海大營。果立戰功，官守備。賊平，退而歸農，間爲拳師教弟子，采藥醫傷者，一村賴之。朱三太年四十餘，無夫無子，無以爲家，予爲嫁之。

迨吴門克復，予往溧陽戴埠山修治先塋，重至吴門，遇允三，則神氣健王，皆大歡喜，其室尚在，予亦見之。越一日，北寺前見文學市木器爲業，奉母與姊同居，留予住一夕。明日途中收養避難幼童，甫七齡，無錫人，載之歸泰州漢卿寓，名曰添壽。至十三歲，予至上海也是園爲應敏齋校刊《陳龍川集》《蔣劍人文集》，逾年添壽爲人誘去。七年後，方石來過揚州訪予云：『添壽已爲伶工演劇於丹桂茶園，足以自給。』屬石來勿向予言。石來本名嘉進，其父在松江偕人以質庫爲業，父歿遭亂，其繼母爲鎮江剃髮匠楊某以計奸之，遂以嘉進爲己子，占其居，市骨董焉。適予至肆向嘉進購海浮石，予直載石登舟，而楊歸責嘉進賤賣石，撻之見血，趣之詣茶肆覓予再索錢。予見其血污衣，啼不止，心疑之，問其里居姓名，具以實對云：『我尚有姊孀居在城，我年九歲，終日受楊敲朴，我母亦遭凌虐，我訴於姊，姊曰：「汝姊夫死，誰助汝者，矧楊與吏役爲友朋，冤烏得白。俟弟年長，再圖報復可耳。」三浮石皆我父物，我欲易之市履，而楊攫錢去，鞭我再來索直，否則將置我於死地。』時楊在樓下，嘉進在樓上訴於予，座客聞之，素稔楊不法事，皆爲不平，而華亭張古愚明府諸幕賓偕予茶話，見之咸憤然。予携嘉進入華亭署訴於古愚，遣役捕楊，楊遁，嘉進交里正收養。予不能待，別古愚而就敏齋之聘。兩月後，古愚命役挈嘉進持書至，云案已結。二年後屋歸嘉進，嘉進不欲居松江，恐爲楊害，故來依予。予命成兒教之作字，名曰石來，不忘海浮也。越一年，書賈華春江售書於予，見石來愛之，乞爲弟子，予因以石來歸之。

予出難時，聞人言城中收尸局計收八萬九千五百有奇，城外數相等，則皆飢病而死，非死於兵。吁，可謂浩劫也已！洎同治十一年，林乳娘至滬上，其子以鎔銀爲業，至予寓，陳姬款之數日，還其銀。十三年，鰲孫生，即招林撫之。

夢園主人敂予吴門出難事，言之不詳，趣以筆代之如此。

予惟玉谿遇難，從容暇豫，神識堅定，以卜紿賊是其智，以米濟貧是其仁，墮樓不死，撞石不死，縋縋又不死，可以知已〔二〕，而猶戀戀於先人手澤守之不去是其孝，更有大過乎人者。玉谿之由危而安，由險而夷，冥冥中天相之而神佑之。故骨肉完全，白頭健在，鋒鏑無損，鉛槧重親，日坐隨安室中，校刊其先世遺集。自號老顛，吾以爲玉谿固不顛不老也。予爲記之，予之文亦藉玉谿以不朽云。

湖北節孝婦張章氏孺人行略

節孝婦章氏，湖北武昌府江夏縣白沙屯人，太學生張國啓之妻。生子二，長瑞堂，次海山，俱弃儒服賈；生女二。於咸豐癸丑年夫國啓病卒，時節婦年二十九歲，翁姑老

〔二〕知，方濬頤《二知軒文存》卷二三作『去』。

而子女幼，家寒無餘，又無叔伯，兼髮賊猖獗，武昌失守，隨奉翁姑携幼子女避亂於湖南長沙府益陽縣暫居。斯時也，舉目無親，以女紅爲活計。誰知姑思子憂鬱成疾，服藥不效，逾年而卒。節婦賣衣飾備棺盛殮，葬於益陽南山。

咸豐丁巳年，武昌克復，仍奉翁携子女回籍，訓子讀書。以後男婚女嫁，治家有方，喜施捨，和鄉鄰，凡親族鄰里無不欽敬。同治十年，翁病篤，延醫調治，衣不解帶，食不安席，旬餘而殁，遵禮安葬。事親教子，兩事俱全。

現年五十一歲，光緒元年請旌以垂不朽云。

古畫

同治十三年癸酉三月初六日，兩淮鹽運使司方子箴世大兄六十歲誕辰，諸同人登堂祝壽，款留食面飲酒，暢觀近得古畫長卷，第一段梁蕭賁山水，第二段唐楊昇山水，第三段五代史瓊山水，第四段宋董源山水，神采奕奕，精妙絶倫，後有蘇東坡、王晋卿、黄山谷三跋，真海内奇珍也；又有楊昇繪仙山樓閣小卷，梁芷鄰先生長跋；又有董北苑雲山圖長卷，皆神品也；又有元鮮于伯機《蕪城詩》卷，以上四卷皆梁芷鄰先生家藏之寶物。三年前曾見僧縣掃象圖、東坡書《歸去來辭》卷，皆梁氏寶物也，都轉以重價得之，可謂探驪得珠矣。余皆得見之，至再至三，足增眼福矣，故特記之以志欣幸云。

騙驢冤報

丁發乾，清河縣漁溝人，耕讀爲業，胞弟普渡僧住在興教寺。同治八年六月二十八日，忽來莊廣生云其胞弟普渡由揚回淮，病在湖心寺内，特遣伊來送信。乾即於二十九日雇驢隨莊赴淮，乾、莊步行，忽莊上驢，加鞭飛去，乾隨到寺，并無莊，亦未見渡，始知被騙，莫可如何。旋赴揚看渡，不意渡赴蘇州，興教寺有僧普田助資五百文，乾即復回。七月初七日，舟抵淮地平橋鎮登岸，撞見莊拉驢前行，其驢非前雇之驢，乾扭莊索原驢，莊即將驢及袋口等件弃下而去。乾即牽驢到淮城南門外關姓驢店住下，細談騙驢情形，關姓當晚亦云山陽有剌驢一案。初八日回家走至湖嘴，撞見山陽縣差，云驢係劫贓，驢主受傷，即時拿下。

先是，初六日馮庚有驢行夥于三同驢夫王有、王四在行，來一桃源人聲音雇驢，云往安東要賬，言明價錢三百六十文，即是而去。至晚聞人説淮北紅橋有一驢夫被人砍傷，驢被搶去等語。有去看之即王四，問及情由，即是日間雇驢之人所害，尚未至死。當即報山陽縣發差，嚴追凶手，調治王四。初八日原差拿住丁姓，搜出袋中白布大褂，褂上微有血點，縣官即爲實據，不由分説，痛打三千竹杖，香燒兩腋，指爲散勇行凶搶劫，申詳督憲，立請定案正法。

初十日乾堂兄發祥與乾母趕至山陽署鳴鼓伸冤，縣官面諭，如再獲剸驢人，即放你堂弟發乾，呈詞不收。後有山陽縣獄兵楊姓云，認實騙驢賊莊廣生家住寶應，隨夜至寶應鳴保同方快拿住莊賊。送縣過堂，僅招騙驢一案，剸驢案賊云在山陽，求送山陽，寶應縣當備文書飭差送至山陽縣署，發祥亦同鳴冤，縣官不理，單傳莊賊與差人趙洪坐花廳串供，并不考問。第二日鳴冤，當堂微問，押界各人回籍。後發祥又與合族親鄰紳耆人等伸冤督憲，承督憲仰府質訊明確，具詳察辦。伸冤人等聞之，莫不欣然。聿至九年正月，乾斃獄中，又稟至撫憲，發揚道提訊，終未伸雪。

十月春間，莊賊在清邑班房自以兩手掌嘴，口招騙驢、剸驢兩案均係己做，無故冤枉丁姓，説完即死。十一年，山陽縣王宏遜，號子範，四川人，在蘇州，及子并刑席費姓、差人趙洪，先後被鬼追去，臨死均説到淮安算賬等語。

可嘆縣官訊案，不追凶器，不對時日，憑原差之言，嚴刑屈招，隨意定案，宜其死矣。爲民上者，可不慎歟！興教寺常住僧人普渡以案卷視予，特爲書之。

稀見筆記叢刊

已出版

獪園　〔明〕錢希言 著
鬼董　〔宋〕佚名 著　夜航船　〔清〕破額山人 著
妄妄録　〔清〕朱海 著
古禾雜識　〔清〕項映薇 著　鐙窗瑣話　〔清〕于源 著
續耳譚　〔明〕劉忭等 同撰
集異新抄　〔明〕佚名 著　〔清〕李振青 抄　高辛硯齋雜著　〔清〕俞鳳翰 撰
翼駉稗編　〔清〕湯用中 著
籜廊瑣記　〔清〕王守毅 著
風世類編　〔明〕程時用 撰　闇然堂類纂　〔明〕潘士藻 撰
新鐫金像評釋古今清談萬選　〔明〕泰華山人 編選
疑耀　〔明〕張萱 撰
退庵隨筆　〔清〕梁章鉅 編
述異記　〔清〕東軒主人 撰　鸝砭軒質言　〔清〕戴蓮芬 撰
仙媛紀事　〔明〕楊爾曾 輯
狐媚叢談　〔明〕憑虛子 編
藏山稿外編　〔清〕徐芳 著
見聞隨筆　〔清〕齊學裘 撰
見聞續筆　〔清〕齊學裘 撰

即將出版

在野邇言 〔清〕王嘉楨 撰 薫蕕并載 〔清〕王 曇 撰

松蔭庵漫録 〔民國〕尊聞閣主 輯

搜神記 〔唐〕句道興 撰 新搜神記 〔清〕李調元 撰

陰陽鏡 〔清〕湯承蕡 輯